重庆综合经济研究文库

分析宏观形势 · 预测区域发展 · 提供决策服务 · 建设一流智库

Research on Major Issues in the Chongqing's Social Credit System Construction

重庆市社会信用体系建设重大问题研究

黄利军　张　峰　张　锐◎等著

中国经济出版社
CHINA ECONOMIC PUBLISHING HOUSE
·北京·

图书在版编目（CIP）数据

重庆市社会信用体系建设重大问题研究 / 黄利军等著. -- 北京：中国经济出版社，2025. 4. -- ISBN 978-7-5136-8134-6

Ⅰ. F832. 4

中国国家版本馆 CIP 数据核字第 2025EE2669 号

策划编辑 姜 静
责任编辑 郑 潇
责任印制 李 伟
封面设计 任燕飞工作室

出版发行 中国经济出版社
印 刷 者 天津嘉恒印务有限公司
经 销 者 各地新华书店
开　　本 710mm × 1000mm　1/16
印　　张 18.5
字　　数 235 千字
版　　次 2025 年 4 月第 1 版
印　　次 2025 年 4 月第 1 次
定　　价 98.00 元
广告经营许可证 京西工商广字第 8179 号

中国经济出版社 **网址** http://epc.sinopec.com/epc/ **社址** 北京市东城区安定门外大街 58 号 **邮编** 100011
本版图书如存在印装质量问题，请与本社发行中心联系调换（联系电话：010-57512564）

课题组成员名单

顾　问

易小光　重庆市综合经济研究院原院长、研究员

丁　瑶　重庆市综合经济研究院院长、研究员

鲁英杰　重庆市综合经济研究院原总工程师、正高级工程师

组　长

黄利军　重庆市综合经济研究院副院长、正高级工程师

副组长

张　峰　重庆市综合经济研究院社会信用处处长

张　锐　重庆市综合经济研究院高级工程师

课题组成员

蔡红波　重庆征信有限责任公司总经理

李雪梅　重庆市综合经济研究院高级工程师

张　睿　重庆市综合经济研究院工程师

莫　平　重庆市综合经济研究院工程师

刘　春　重庆征信有限责任公司高级工程师

郑　琼　重庆征信有限责任公司工程师

燕　鹰　重庆市综合经济研究院工程师

序 言

完善的社会信用体系是供需有效衔接的重要保障，是资源优化配置的坚实基础，是良好营商环境的重要组成部分，对促进国民经济循环高效畅通、构建新发展格局具有重要意义。党的二十大报告明确要求“完善产权保护、市场准入、公平竞争、社会信用等市场经济基础制度，优化营商环境”。党的二十届三中全会提出“健全社会信用体系和监管制度”“推进政府信用建设”“构建环境信用监管体系”，信用体系作为市场经济的基础制度正受到社会各界广泛关注。当前，我国经济已由高速增长阶段转向高质量发展阶段，在政务诚信、商务诚信、社会诚信及司法公信等领域暴露的失信问题，已成为影响社会稳定、阻碍经济高质量发展的主要因素，亟须运用信用的理念、信用的制度和信用的手段为经济社会高质量发展探索新的发展路径。

重庆是中西部地区唯一的直辖市、国家重要中心城市，近年来，全面贯彻落实党中央、国务院决策部署，立足新发展阶段，贯彻新发展理念，积极融入新发展格局，在加快建设全国统一大市场背景下，充分发挥西部大开发的重要战略支点和长江经济带西部中心枢纽作用，敢立潮头、勇于探索，积极推进全市社会信用体系建设，信用基础设施进一步夯实、信用法规制度逐步健全、信用激励与惩戒措施作用初步显现，信用在促进经济高质量发展、城市高效能治理、营商环境持续优化等方面展现了独特的魅力。

课题组成员作为重庆市社会信用体系建设的亲历者和见证者，深度参与社会信用体系建设，主动作为、认真思考社会信用体系发展和相关工作推进过程中出现的重点、难点和热点问题，形成该研究成果，供社会信用体系建设工作者、信用研究学者及相关爱好者参阅。

本书以推进社会信用体系法治建设、公共信用信息管理与信用平台建设、社会信用制度的运行机理及实现、信用赋能社会治理能力提升、信用促进资源优化配置、规范和发展信用服务市场为主线，从六个部分逐步展开研究，第七部分是结合当时社会信用体系建设开展情况及一定时期的重点工作，向相关行政机关提交的决策建议。

第一章推进社会信用体系法治建设，解决重庆市社会信用体系建设面临无法可依的问题，学习借鉴先进地区立法经验，从立法定位、立法技术、立法目的方面展开研究，为推动重庆社会信用立法发挥了积极作用。

第二章公共信用信息管理与信用平台建设，紧扣当前“数字重庆”建设，打造“信用重庆”3.0版，提出建设“渝悦·信用”应用的目标、原则和内容，促进重大改革实施。

第三章社会信用制度的运行机理及实现，明确了社会信用制度的运行机理是失信惩戒和守信激励，提出了奖惩措施实施的具体原则、方法及相关政策建议，确保激励与惩戒措施依法依规实施。

第四章信用赋能社会治理能力提升，以国办印发的《关于加快推进社会信用体系建设构建以信用为基础的新型监管机制的指导意见》为依据，提出重庆开展信用监管的总体思路、重点任务和实施路径，为决策部门出台信用监管方案提供参考。

第五章信用促进资源优化配置，针对党的二十届三中全会提出的“加快建立民营企业信用状况综合评价体系，健全民营中小企业增信制度”等要求，提出以信用的理念贯穿市场资源配置，特别是金融资源配置促进中小企业高质量发展的途径。

第六章规范和发展信用服务市场，主要解决当前我国信用服务市场不发达、服务主体不丰富、信用产品不健全等问题，提出了符合重庆地方特色，培育信用服务产业、发展信用服务市场的重点内容和政策建议。

第七章决策建议，主要包括关于加快打造“信用重庆”升级版的建议、关于重庆加快实施信用监管的几点建议、运用社会信用制度促进重庆优化营商环境的几点建议、信用赋能重庆中小企业高质量发展的几点建议等四篇相关决策建议。

本书在出版的过程中得到了重庆市发展和改革委员会、重庆市综合经济研究院相关领导和同志们的充分关心和支持，在此表示衷心感谢。因作者的研究视角、学术见识有限以及时间跨度等，书中难免有疏漏和错误之处，在此恳请各位读者进一步交流探讨、批评指正。

作者

2024年9月

前 言

社会信用体系建设是社会主义市场经济体制和社会治理体制的重要组成部分，是促进我国社会主义市场经济高质量发展的一项开拓性、创新性工程。建设完善的社会信用体系是全面落实科学发展观、打造和谐社会主义社会的关键基石，是优化社会主义市场经济结构、强化及转变社会管理方式的重要手段，对提升社会全体成员守信意识，营造优良信用环境，提升国家整体竞争力，促进社会发展与文明进步具有重要意义。

一、社会信用缘起

“人无信不立，业不信不兴，国不信则衰。”社会信用体系概念的提出最早可以追溯到1999年，中国社会科学院世界经济与政治研究所设立“国家信用管理体系”研究课题，时任国务院总理朱镕基在研究报告上作出了批示“同意以上海资信有限公司为基础，开展城市信用体系建设试点工作”①。党的十八届三中全会提出“建立全社会房产、信用等基础数据统一平台，推进部门信息共享”“允许合作社开展信用合作”。随后，2014年国务院印发的《社会信用体系建设规划纲要（2014—2020年）》（国发〔2014〕21号）明确了社会信用体系的概念，分析了我国市场经济发展面临的信用问题，提出了社会信用体系建设的总体思路、重点任务、诚信文化教育、信用基础平台建设与信用信息应用、社会信用体系的运行机制等内容。2022年，中共中央办公厅、国务院办公厅印发的《关于推进社会信用体系建设高质量发展促进形成新发展格局的意见》（中办发〔2022〕

① 林钧跃.为什么说社会信用体系建设起始于1999年?［EB/OL］.（2021-09-15）［2021-09-15］. https://baijiahao.baidu.com/s?id=1710944602794417043&wfr=spider&for=pc.

25号）指出“完善的社会信用体系是供需有效衔接的重要保障，是资源优化配置的坚实基础，是良好营商环境的重要组成部分”，对社会信用体系的作用和定位作出了明确的界定，也对社会信用体系建设的推进形成以国内大循环为主体、国内国际双循环相互促进的新发展格局，促进金融服务实体经济，提升全社会诚信水平等方面作出了具体部署。

在新的时期，党的二十大报告要求“完善产权保护、市场准入、公平竞争、社会信用等市场经济基础制度，优化营商环境”。首次将社会信用作为市场经济的基础制度写入党的纲领性文件，也为社会信用体系经过20余年的发展到底是什么做出了最终的定论。党的二十届三中全会六次提及“信用”和“诚信”，要求“加快建立民营企业信用状况综合评价体系，健全民营中小企业增信制度”“健全社会信用体系和监管制度”“完善中介服务机构法规制度体系，促进中介服务机构诚实守信、依法履责”“把依托行政权力、政府信用、国有资源资产获取的收入全部纳入政府预算管理”“构建环境信用监管体系”“健全诚信建设长效机制”。信用已经成为提升治理能力、优化资源配置、促进经济高质量发展的重要手段。

二、社会信用的内涵

社会信用，当前还没有明确的定义，国内广泛运用《上海市社会信用条例》中的定义，是指具有完全民事行为能力的自然人、法人和非法人组织在社会和经济活动中遵守法定义务或者履行约定义务的状态。由此定义也可以看出，社会信用体系建设涵盖了广泛的内容，政治、经济、社会、生态和文化等各领域都离不开信用，无论是思想意识、行为规范还是经济和社会活动都与信用密切相关，从涵盖的范围、演绎的发展过程可以看出信用体系建设是一项长期、艰巨而复杂的系统性工程。

政治层面的信用主要体现在以政府为主体的行为状态。政府是社会信用体系建设的示范者和领路人，诚信的政府就是最优的营商环境。守信的政府可以取信于民，政令通达，百姓信服，失信的政府将会掉入“塔西佗陷阱”，导致公众对政府的决策和政策产生怀疑，进而影响社会稳定、阻碍市场主体良性发展。

经济层面的信用涵盖了各市场主体之间相互的信任关系。通常说的市场经济就是信用经济，亦指信用经济是市场经济发展到高级阶段的状态，市场交易制定的规则、签订的契约公平公正，完善的社会信用制度可以有效降低制度性交易成本、促进资源优化配置。

社会层面的信用代表了社会各类主体和客体的相互信任关系。即政府与市场之间、市场主体之间各种行为状态真实可靠，各种法律法规能否客观公正保障各方合法权益，社会行为规范是否合法合规、是否符合公序良俗，相关的激励与惩戒措施能否发挥有效作用。

生态层面的信用代表了人与自然的和谐关系。也可以理解为人类的行为顺应自然发展做出的承诺，当人类的行为符合自然发展规律，意为人类履行对自然的承诺，自然表现为风调雨顺；当人类的行为违背自然规律，则可能会出现自然灾害，洪水泛滥、旱魃肆虐，这也可以理解为自然对人类违背承诺的惩戒。

文化层面的信用主要表现为意识形态、思想道德。习近平总书记在庆祝中国共产党成立95周年大会上提出道路自信、理论自信、制度自信、文化自信等“四个自信”，其中文化自信要求对我国优秀传统文化继承和发扬光大，诚信是我国优秀传统文化、传统思想价值体系的重要组成部分，也是我国社会主义核心价值观的重要组成部分，要求从诚信文化宣传、树立诚信意识等方面，让诚信的理念深入人心，共建全社会诚信氛围。

三、社会信用体系建设内容

从《辞海》给出的定义来看，体系可以描述为具体的物体或抽象的概念，从具体的物体层面来讲泛指一定范围内或同类事物按照相应的秩序和内部联系组合而成的整体，其是由不同系统组成的；从抽象层面来讲是指由若干有关事物或某些意识相互联系的系统而构成的一个有特定功能的有机整体，如思想体系、作战体系等。实践证明，社会信用体系既有具体层面的主体，也有抽象层面的客体，从其内涵可以看出，社会信用体系涵盖的内容非常广泛，从参与社会信用体系建设的对象来看既包含政府、企业、自然人及各类社会组织等具体的主体，也包括保障社会信用体系运行的法规依据、作用机制等抽象的客体。因此，社会信用体系建设的内容应至少包括确保信用体系建设有序开展的政策法规制度、支撑信息共享开放的数字化平台、社会信用制度的内在运行机理及实现、信用赋能社会治理能力提升的作用、信用促进市场资源优化配置的路径、培育和发展信用服务市场等内容。

（一）确保信用体系建设有序开展的政策法规制度

法规制度是社会信用体系建设的重要组成部分，是社会信用系统建设有序推进的基础保障。依法治国是党的十五大确立的党领导人民治理国家的基本方略，社会信用体系作为我国社会主义市场经济一项特有的制度，也必须有法可依、有法必依。国家层面根据发展的需求和出现的问题出台了一系列行政法规、政府规章和部门规章，地方层面根据国家先行先试要求以地方性法规、政府规章及规范性文件等形式出台了推进区域社会信用体系建设工作的制度性文件。

国家层面。由于信用体系建设起步晚，相关法规制度也在逐步推进完善，在此过程中，国家社会信用体系建设的牵头部门也于2014年由中国人民银行牵头变更为国家发展改革委、人民银行两家共同牵头。2002年我国首部征信业行政法规立法工作启动，法规最初的名称为《征信管理条例》，2013年3月，更名为《征信业管理条例》正式发布实施，这一行政法规填补了我国征信业法规制度的空白。但该条例由于层级较低，相关概念、涉及的事项责任划分不明晰等，目前正处于修法阶段。随着党的十八届三中全会胜利召开，全面深化改革一系列事项逐步启动，2014年，国务院出台《社会信用体系建设规划纲要（2014—2020年）》，作为我国社会信用体系建设的首部国家级规划，是我国社会信用体系建设的顶层设计文件，也是到2020年整个社会信用体系建设的战略性、指导性、纲领性指导文件，为后续社会信用体系建设开展的相关工作提供了根本遵循。

地方层面。按照国家要求和地方社会信用体系建设工作需要，为推动信用信息归集管理，2011年11月24日，陕西省第十一届人民代表大会常务委员会第二十六次会议通过《陕西省公共信用信息条例》，并自2012年1月1日起施行，该条例成为全国首个与信用相关的地方性法规，该条例的主要目的是规范公共信用信息的征集、披露和使用活动，实现公共信用信息资源共享，为经济社会发展提供信用信息服务。2017年6月23日，上海市第十四届人民代表大会常务委员会第三十八次会议通过《上海市社会信用条例》，并于当年10月1日起实施，作为全国首部社会信用综合性地方性法规，以完善社会主义市场经济体制、创新社会治理体制、提高全社会信用水平、增强诚信意识为主要目标，体现了上海作为全国改革先锋创新的勇气和担当经济中心的精神，也为后续其他省市开展社会信用体系建设相关的综合性立法提供了借鉴。截至2024年7月，全国31个省级行政区（港澳台除外）已有27个省份出台29部地方信用法规，其中，陕西省与内蒙古自治区出台社会信用条例的同时也保留了《陕西省公共信用信息条例》《内蒙古自治区公共信用信息管理条例》，北京市已发布相关条例草案，处于征求意见阶段，安徽和福建已提请审议或列入立法计划，西藏相关工作也在持续推进中。

（二）支撑信息共享开放的数字化平台

数字化平台是社会信用体系建设的基石。信用从字面意思的理解应为信息的应用，可以说没有信息就没有现代信用的发展，信用就是无根浮萍，作为信息的载体，数字化信用平台的智能化、智慧化、便捷化程度直接关系到信用信息的归集、处理和应用能力，关系到信用的作用是否发挥到位。

从国际知名的邓白氏、穆迪、标准普尔等信用服务公司发展的过程来看，信用信息的丰富程度和信用信息的处理能力是公司发展的核心生产力。1830年世界上最早的从事信用调查的信用服务公司在英国成立，至今已经将近200年历史，在没有数字化手段的支撑下，当时的信用服务公司主要的任务是发动员工通过走访、函询、调查等方式收集客户信用信息，再通过人工统计、分析、归类等信息加工手段形成信用产品提供信用服务。随着现代信息技术的高速发展，传统的手工、机械方式已经不能满足快速、准确、便捷的信用服务需要，信用平台的建设可以有效满足信息归集的时效性、信息处理的快捷性、信息应用的便利性，给信用主体各方获得信息的对称性提供了条件。

当前，我国社会信用体系建设采用政府主导、市场共建的模式。因此，根据各个时期牵头单位的不同，信用信息平台建设应运而生了两大公共信用平台（系统）。一是人民银行主导建设的中国人民银行征信系统，该系统包括个人信用信息基础数据库和企业信用信息基础数据库，其中企业信用信息基础数据库始于1997年，并在2006年7月实现全国联网查询，截至2023年9月，该系统记录了全国11.64亿自然人信息和1.27亿户企业和社会组织信息，建成人工窗口、自助查询机、网上查询等多种获取市场主体征信信息的便利渠道。二是国家发展改革委主导建设的全国信用信息共享平台，该系统涵盖了全国企业法人、自然人、事业单位、政府机构及各类社会组织的行政许可、行政处罚、行政裁决、行政确认等行政管理信息以及司法判决、公共事业服务、金融等信用信息，已经成为全国涵盖主体类别最多、信息最丰富的公共信用信息管理平台，截至2024年4月，该平台归集各类信用信息超过780亿条。全国性信用信息管理平台的建设，为推动社会信用体系建设奠定了坚实的基础。

（三）社会信用制度的内在运行机理及实现

社会信用制度作为社会主义市场经济的基础制度，是我国根据自身国情提出的一项创新性制度，其作用机理主要通过激励和奖惩实现，褒扬守信者、惩戒失信者是该制度运行的核心逻辑。因此，谁是守信者、谁是失信者，判别的标准是什么？怎么褒扬守信者、怎么惩戒约束失信者，具体的依据是什么？成为该制度能否真正落地应用的关键。当前，国家对守信者和失信者没有标准的定义。2016年，国务院《关于建立完善守信联合激励和失信联合惩戒制度加快推进社会诚信建设的指导意见》提出了守信者、诚信市场主体、失信主体、严重失信主体的概念，但也未明确具体的概念和判断标准。本书在后续的研究过程中结合学术界对相关问题的研究情况，提出了守信和失信的相关概念，并按照各地方的实践情况和重庆的发展实际，对守信激励机制和失信惩戒机制进行了有益探索。

关于守信激励。近年来，各级各部门针对企业（含个体工商户）法人在行业中的表现设置了一些守信者的专门称呼，如市场监管领域“守合同重信用”单位、税务领域“A级纳税人”、海关“AEO高级认证企业”、环境保护领域“环保诚信企业”等，并针对守信者给予了简化审批手续、压缩审批环节、降低监管频次等便利性措施。目前，对自然人的守信认定较少，国家层面也没有权威的解释，一些地方在实践探索过程中运用信用评分来进行认定，如厦门的“白鹭分”、杭州的“钱江分”、成都的“交子分”等，将信用评分达到一定分数的市场主体认定为守信者；一些地方将政府认定的“年度好人”“优秀志愿者”等认定为守信主体，给予交通优惠等公共服务方面的激励措施。实施过程中一些人认为诚信是市场交易的基本准则，对守信者的激励超出了社会公平原则，是对公共资源的自由裁量，不利于市场竞争。但是，大多数人认为对守信激励还是必要的，让守信者的示范和守信的“获得感”能在心理上发挥积极的慰藉作用，这也将对道德风尚、诚信氛围的形成有绝对的引导作用。

关于失信惩戒。从2014年国务院《社会信用体系建设规划纲要（2014—2020年）》发布算起，社会信用体系建设步入快车道，其间，也出现了信用滥用、泛化等问题，为规范失信惩戒措施的执行，2020年国务院办公厅印发《关于进一步完善失信约束制度构建诚信建设长效机制的指导意见》（国办发〔2020〕49号）对失信惩戒工作进行了严格的限定。2022年国家发展改革委出台《全国失信惩戒措施基础清单（2022年版）》，2024年结合相关法律法规的调整和部委信用体系建设工作开展情况，更新出台了《全国失信惩戒措施基础清单（2024年版）》，明确了失信惩戒、失信惩戒措施的定义、失信惩戒的范围、设列严重失信主体名单的层级。从一系列规范失信行为的规范性文件可以看出，国家层面正严格限定信用惩戒的范围，确保惩戒到位而不越位。从各级各部门的执行情况来看，部分领域针对严重失信主体制定了特别的管理制度，如最高人民法院的失信被执行人制度、市场监管部门的严重违法失信企业制度、税务部门的重大税收违法案件当事人制度等。但是除了严重失信，无论是对于未达到严重失信标准、同一失信行为多次发生的情况，还是非主观轻微失信，暂时还未有特别的规定进行说明和明确的应用范围。

（四）信用赋能社会治理能力提升的作用

社会治理体系和治理能力作为国家治理体系与治理能力系统中的一个子系统和重要的组成部分，实现政府社会治理能力现代化是推进国家治理能力现代化的应有之义。很长一段时间以来，市场主体“一管就死、一放就乱”“服务有猫腻、管理有特权”的现象长期存在，难以寻觅破解之法，直至社会信用体系的建立，社会信用制度逐步发挥作用，该问题才得以解决。2014年出台的《社会信用体系建设规划纲要（2014—2020年）》中明确提出“社会信用体系建设是加强和创新社会治理的重要手段”。2022年，中共中央办公厅、国务院办公厅出台的《关于推进社会信用体系建设高质量发展促进形成新发展格局的意见》（中办发〔2022〕25号）提出“在信用领域稳步拓展规则、规制、管理、标准等制度型开放，服务高质量共建‘一带一路’，为推动构建更加公正合理的国际治理体系贡献中国智慧、提供中国方案”。信用正成为国际、国内治理体系极具魅力的新手段，对公共服务、行政监管、业务协同能力发挥着积极作用。

公共服务。随着“放管服”改革的深入推进，公共服务以“一网通办”“一件事一次办”“民呼我为”为手段，真正实现以“数据多跑路、百姓少跑路”为目标，以充分整合应用信用数据为基础，进而提高公共服务效能。一是实施差异化公共服务，聚焦企业和群众办事慢、办事难、办事繁的问题，梳理高频事项，通过分析信用数据判别主体信用状态，对守信主体实施容缺受理、告知承诺制办理，优化办事流程、减少申请材料，以信用的理念提升公共服务的温度，让守信者增强守信“获得感”。二是实施便捷的公共服务，通过数字化手段，实现多部门信用信息综合应用，企业和群众可以通过政府服务平台、地方信用网站直接获取自身的信用报告，用于上市融资、就业、行政审批等领域，积极推进传统的人力服务向人机交互转变，提升了公共服务的快捷性和便利性。有效推动公共服务从政府“有什么、给什么”向百姓“要什么、送什么”转变。

行政监管。行政监管是治理体系的重要组成部分，监管是否精准、措施是否得当、效能是否高效是现代化治理能力提升的重要标准。“撒盐巴”似的无差别监管、随意监管等传统模式无法满足第四次产业革命带来的新兴业态变换的需求，必定催生新的监管模式。首先是监管的精准性要求，如何精准识别监管对象、如何匹配专业的监管人员、如何把握监管对象的潜在风险，可以通过分析挖掘信用信息蕴含的价值准确对监管对象进行画像，针对不同的监管对象委派相应的监管人员，促进高效监管。其次是监管的科学性，除了监管对象画像的精准性，对待不同的监管对象也可采取差异化的监管方式，例如，对守信企业少监管、少打扰，优化监管频次，避免因监管干扰企业生产的事件发生；对失信企业强监管，提高监管频次。最后是监管的协同性，通过数字化手段的综合应用和信用信息的挖掘，可以有效提高各监管部门的协同性，避免各部门各司其职、分头行动，例如，由市场监管部门通过监管信息系统发起食品安全企业经营状况监管，卫生健康部门、环境保护部门等共同参与实现只上一次门，避免对企业的多次打扰。通过聚焦重大突发事件、城市运行、安全生产、生态环保等重大风险隐患防控最急需的领域，突出高效协同，提升政府治理能力。

（五）信用促进市场资源优化配置的路径

在市场经济条件下，信用是促进资源优化配置的重要手段。信用体系的构建对市场经济的发展质量和效率具有决定性影响，它将市场参与者的信用状况作为资源分配的关键参考，有助于建立一个公正和有序的市场环境，促进有效的市场竞争机制，即优胜劣汰，从而提高经济运行的效率。目前，我国正处于经济转型的关键时期，市场在资源配置中发挥决定性作用，提升全要素生产率的需求日益迫切。然而，信用的缺失和信用水平的不足导致市场基础薄弱，运行效率低下，这在很大程度上制约了市场机制的有效运作。总的来说，信用体系建设可以促进政府的监管资源、市场的金融资源和社会的人力资源得以优化，可以有效降低市场的制度性交易成本。此外，随着消费在我国经济发展中的作用日益凸显，消费的升级和增长越来越依赖于信用环境的优化。

政府的监管资源。在当前我国经济发展方式转变的关键时期，市场在资源配置中起决定性作用，提高全要素生产率的要求越来越迫切。信用体系的建设有助于解决信用缺失和信用水平偏低导致的市场基础不牢、运行不畅的问题，影响市场机制的作用发挥。例如，通过信用分级分类监管，可以在食品药品、工程建设等重点领域提升监管的精准性和有效性，同时，信用体系的建设也促进了消费作为经济转型发展的内生动力，消费升级和消费增长依赖于信用环境的改善。

市场的金融资源。由于我国企业在信用建设上缺乏法律的严格规范和约束，它们对信用体系的重视不够，这导致企业资信等级普遍不高。这种状况是企业难以获得融资以及融资成本高昂的根本原因。许多国内企业，特别是中小企业，由于信用等级不高和信用缺失，在融资过程中出现了“环节多、信用少”的问题。“环节多”意味着企业在融资过程中需要经过许多中间环节。为了应对融资主体信用信息不透明、治理结构不完善和产权不清晰等问题，金融机构和信用服务机构必须采取措施来控制和分散信用风险，这无疑增加了融资过程中的环节和成本。而“信用少”则是指企业长期缺乏信用。我国企业普遍存在“短期贷款长期用”的现象，这增加了资金周转的难度和成本。特别是小微企业，它们很难获得中长期的融资支持，通常只能申请短期的流动资金贷款，而在贷款到期前，往往难以通过短期的经营收益来实现资金的周转。为了保持资金的连续性，许多企业不得不依赖小额贷款公司或民间融资来“续贷”，支付高昂的利息。一旦资金链出现问题，企业就可能面临破产的风险。企业是最重要的信用主体，提升企业的诚信度对于改善融资环境、拓宽融资渠道和增强融资定价的话语权至关重要①。因此，解决企业融资难和融资贵的问题，首要任务是提高企业的诚信水平，这也是我国社会信用体系建设的重要任务，信用对中小企业的促进作用将在本书的第五章进行详细讨论。

社会的人力资源。社会信用体系建设可以促进社会人力资源优化。一是可以提升人力资源市场的透明度和效率，使得用人单位和求职者之间的信息更加对称，从而提高人力资源配置的效率和质量。二是可以对人力资源服务机构和个人的信用状况进行评估和记录，促进市场主体之间的公平竞争，防止不诚信行为的发生。三是可以为人力资源的流动和配置提供重要的参考依据，帮助用人单位更准确地评估和选择所需的人才，同时也为人才提供了更多的就业机会。四是信用体系的完善有助于促进就业市场的健康发展，为求职者提供更多的就业信息和机会，同时也为创业者提供信用支持，降低创业门槛。此外，信用体系建设可以有效鼓励人力资源服务

① 郑之杰.完善社会信用体系建设　助力实体经济降低成本［EB/OL］.（2018-04-23）［2018-04-23］. https://credit.shandong.gov.cn/28/71021.html.

机构提供更加专业和高质量的服务，通过信用评级和信用记录，提高机构的服务质量和市场竞争力。

（六）培育和发展信用服务市场

19世纪的欧洲和北美，随着行业分工的深化和经济交易范围的扩展，交易双方之间的信息不对称问题日益凸显，传统的基于社区经济的诚信机制已不再有效，商业欺诈行为变得普遍，信用风险随之增加。为了防范欺诈，一些企业不得不在交易前派遣专员前往对方所在地进行实地考察，以评估对方的信用状况。在这样的历史背景下，1830年，全球第一家信用服务企业在英国伦敦诞生，其核心业务是进行信用调查，旨在向交易双方提供对方的背景和信用资料，以此减少不信任和欺诈行为，降低交易难度，推动交易的顺利进行。自成立之初，信用行业就迅速发展壮大。随着行业的进步，信用服务的供需双方开始追求更深层次的服务，不再局限于信用调查信息，而是在此基础上提供更加专业的信用评估服务。到了1841年，全球第一家信用评估机构在纽约成立，这标志着信用行业从单一的调查阶段迈向了评估阶段。

随着经济和社会的发展，信用评估的应用范围扩展到了各个行业，信用行业也开始进行更精细的分工，并逐渐形成了四大主要类型的信用机构：第一类是商业信用评估机构，例如邓白氏公司，它们接受委托，对企业的信用状况进行调查和评估，为委托方提供决策所需的信用信息；第二类是个人信用评估机构，也被称作消费者信用评估机构，例如益百利公司，它们主要负责收集和提供个人的信用信息及评估报告[①]；第三类是面向资本市场的债券信用评估机构，即信用评级机构，如穆迪、标准普尔、惠誉，它们主要评估债券发行人或债券的信用等级；第四类是信用认证机构，如国际信用评估与监督协会和国际诚信企业协会，它们主要评估组织的信用状况和信用管理是否符合公开标准。信用行业的发展也推动了信用交易的增长，信用交易的增长又促进了信用行业的延伸服务，包括商账追收、商账保理、信用保险、信用担保、信用培训和信用管理咨询等服务。

---

① 陈姗姗. ZG银行A分行互联网金融模式研究［D］. 西安：陕西师范大学，2015.

目前，我国的信用服务行业还在发展阶段，尚未达到成熟状态。众多信用服务机构规模较小，专业化程度有限，提供的信用服务产品种类不多。这种情况使得金融机构在信贷决策、风险监控和资金定价等方面缺少有效的服务和支持，企业在获取信用中介服务时遭遇到较大的难度和高昂的成本。与此同时，美国作为全球信用交易额最大的国家，其企业融资环境的优势得益于其高度发达的信用管理行业。美国的征信产业链非常成熟和完善，而我国的征信产业相比之下则显得较为薄弱，无论是服务范围、深度还是质量和效率都存在不足①。特别是对于小微企业来说，信用服务的缺失尤为突出，尚未建立起适合小微企业特点的信用记录和评价体系。此外，由于缺乏具有国际影响力的信用评级机构，我国企业和金融机构在国际竞争中常常受到国外评级机构出于不同目的的歧视性评级的影响，处于不利地位。

四、当前面临的问题

社会信用体系建设相关任务艰巨而复杂。从2014年国务院《社会信用体系建设规划纲要（2014—2020年）》发布至今已经10年，一些工作已经取得实质性进展，但还有相当一部分工作处于“摸着石头过河”的状态，一段时间来，关于社会信用体系建设是需要单独作为一项政府任务大力推进还是由市场发展自我修复形成信用经济的自然形态，争论不止。特别是当前面对经济下行压力，关于“要诚信还是生存”“要爱情还是要面包”等的争论不绝于耳，一些人认为国内经济形势严峻，应该先保障企业能活下去，对部分违法失信行为采取包容的态度，不能锱铢必较，古人云：“水至清则无鱼，人至察则无徒”；一些人认为违法犯罪、失信失德的危害程度有大有小，不能“一刀切”，对严重的违法失信行为要严厉打击，对轻微的失信行为采用包容审慎的态度；还有一些人认为诚信是道德的要求，必须区分信用、诚信与行政的管理关系，认定失德、认定失信、认定违法违规之间应该区分开来，当然，这也是当前社会信用体系建设需要讨论的问题。

---

① 陈火明.中国信用体系建设的创新［J］.现代经济信息，2010（5）：3-5.

目 录

第一章

推进社会信用体系法治建设[1]

① 本章由张锐完成。

社会信用法治建设是社会信用体系建设的重要组成部分，也是依法依规开展信用相关工作的必要保障。2014年6月，国务院发布《社会信用体系建设规划纲要（2014—2020年）》，明确提出到2020年基本建立社会信用基础性法律法规和标准体系，并鼓励地方在立法工作方面开展先行先试。随后，上海、湖北等省市按照国家先行先试的要求，先后出台了地方性信用法律法规并取得较好成效，为国家及其他省市开展信用立法工作提供了有益的经验及启示。

一、地方信用立法的必要性

（一）重庆社会信用体系建设发展情况

1. 建成重庆市公共信用信息平台并在信息归集共享、信用创新应用等方面发挥了重要枢纽作用

全国公共信用信息共享平台（重庆）与国家公共信用平台、56家市级部门及41个区县进行对接，已实现信用目录管理、信息归集共享、数据清洗比对等核心基础功能和信用信息查询、“红黑名单”触发反馈、信用大数据分析等服务功能①。“信用中国（重庆）”网站逐步成为市民“信用之窗”，截至2024年6月，网站访问量超过6000万次。同时，对照市政府明确的权力清单和服务清单，三次修订公共信用信息目录，并全面对接全市法人基础数据库、自然人基础数据库，2700余项公共信用信息基本实现应归尽归，截至2024年初，累计归集量突破8亿条。在全国率先实现企业法人及各类社会组织、个体工商户统一社会信用代码100%转换，分别转换62.3万份、144.1万份，为全面深化商事制度改革和加快社会信用体

① 曾立. 失信者处处受限　守信者处处受益［N］. 重庆日报，2019-10-15.

系建设奠定了基础[①]。

2. 推动信用联合奖惩并逐步形成失信联合惩戒大格局

法院、财政、交通、社保、环保等30个领域建立了信用“红黑名单”制度，在政府采购、交通出行、违规抵押已售房屋、文化市场、逃税骗税、安全生产、质量安全、食品药品安全、统计造假等10余个领域认定并上线信用红黑名单的数量达到40.5万条。建成信用“红黑名单”应查必查、触发反馈、联合奖惩信息化系统，50余个市级部门在行政管理和公共服务中明确了290项守信联合激励和失信联合惩戒应用事项清单，大力推动“红黑名单”逢办必查和联合奖惩。各级各部门在行政管理和公共服务事项中查询使用信用信息的次数已突破746.4万次，触发“红黑名单”并实施联合奖惩超过11.6万次。失信联合惩戒的“撒手锏”作用加快显现。

3. 推动“信易+”创新应用

全面推动信用承诺制，无失信记录的市场主体可享受容缺受理快捷通道；大力推动信用服务中小微企业融资，知识价值信用贷、商业价值信用贷、好企贷、云税贷、银税互动等各类信用贷款、信用融资产品，仅2023年惠及中小企业8000余户，发放纯信用贷款超过200亿元；此外，两江新区联合猪八戒网等探索运用信用手段实施“信易租”，让创业创新诚信企业快捷、便利、低成本享受办公设备、办公空间等租赁服务；南岸区、巫溪县等推动开展“信用+公共资源交易”试点，信用良好企业可享受保证金减免等优惠政策；诚信建设万里行，部分企业主动“晒承诺、亮信用”，传递诚信正能量。

4. 各类信用分级分类管理逐步扩展

各区县、各部门（行业、领域）按照党和国家要求加快信用体系建设，将信用措施作为加强事中事后监管的重要手段，市生态环境局、市人力资

---

① 郭晓静. 41万条企业信用“红黑名单”信息随时查［N］. 重庆日报，2019-12-26.

源和社会保障局、市住房城乡建设委、市交通局、市税务局、市市场监管局、市水利局、重庆海关等10余个单位以自身行业信用评价结果为基础实施信用分类监管，对守法履约诚信主体“优服务、少检查、少打扰”，对违法违约失信主体“增加监管频次、减少优惠性措施”。各级业务系统、市网上行政审批平台、投资项目审批系统等政务管理服务嵌入守信激励名单，对诚实守信的企业给予审批绿色通道、告知承诺、容缺受理等便利化服务；市市场监管局、市交委依托行业信用评价，对守信企业开通绿色通道，加快办理进度。市发展改革委、市委文明办启动“十项重点治理行动”，切实增强市民的获得感、幸福感、安全感。针对群众反映强烈、社会普遍关注的19个失信领域开展集中治理。其中，涉政府机构失信被执行人实行“发现一起，预警一起，退出一起，动态清零”。

5. 广泛开展诚信宣传教育

常态化开展一系列以诚信为主题的宣传教育活动，多渠道、多方式增强全社会“知信用、守信用、用信用”的诚信意识。诚信教育进机关，南岸区、忠县等区县政府机关工作人员集体签订“诚信为民服务承诺书”，强化守法履约践诺意识，与办事群众零距离、面对面地讲诚信故事，带动全社会广泛参与、共同推进社会信用体系建设。诚信教育进校园，重庆大学、西南大学等高校将诚信教育融入校园文化建设中，引导学生“从我做起，从今天做起，创建诚信校园”。诚信教育进企业，高新技术产业开发区、渝中区等区县在企业入行进会、审批纳税过程中开展诚信教育宣传，培育“诚信兴业、以信立业”的企业家精神，进一步增强广大市民知信、用信、守信的意识。特别是2023年开展的诚信宣传活动，全市各区县、部门及50余家行业协会商会联动，450余万名市民参与，社会信用体系建设的影响力和社会关注度不断扩大。

（二）重庆市社会信用体系建设存在的问题

由于重庆市全面推进社会信用体系建设时间比较短，对多数部门负责人、联络人而言，社会信用体系建设工作还是一项新工作、新任务，对社会信用体系建设的重大意义体会不深、理解不够。在走访调研中发现[①]，部分负责人、联络人存在认识不到位的情况，有人认为社会信用体系建设只是金融领域信用体系建设，和经济相关的信息才是信用信息；有人认为“双公示”信息即信用信息，其他信息不算信用信息，也拒绝提供其他信用信息；也有人认为信用体系建设与本部门无关，本部门无须开展相关工作。此外还主要表现为以下问题：

1. 政策法规不健全

虽然国家出台了多个具有纲领性意义的指导意见，但是目前国家层面信用相关的法律法规还是空白，操作层面的具体措施安排不完善。2016年，重庆市出台《企业信用信息管理办法》，并于2017年3月1日正式实施，但是该办法仅限于企业信用信息，主要归集内容为行政部门在行政事务中产生的行政执法信息，其涵盖的范围较窄。2021年5月25日，重庆市第五届人民代表大会常务委员会第二十六次会议通过的《重庆市社会信用条例》过于宏观，存在涉及的信用信息归集与正在要求建设的“数字重庆”有一定差距、信用服务业培育缺乏政策保障等问题。重庆市信用中心归集的信用信息基本上为行政部门产生的信用信息，归集面比较窄，银行、公共服务事业单位、行业协会、第三方机构产生的信用信息尚未归集，重点领域、重点行业、重点人群的信用信息并没有完全归集到位。信用查询报告并不能完整真实地反映信用主体的信用情况，信用信息全面应用还有一定差距。而涉及社会信用体系建设的其他方面无任何法规对其进行规制。

2. 信用地方标准未建立

截至2023年3月，国家已经制定和正式发布社会信用体系建设相关的国标18项，完成申报立项国标21项，涉及信用基础、信用信息、信用管理和信用服务四大类标准，但内容完善、专业规范的信用标准体系还未建成。部分行业和省市积极推进社会信用标准化工作，商业、电力、金融行业在信用标准化建设方面起步较早，已经制定了一些行业标准。上海、辽

① 调研报告见附录。

宁、安徽、湖北、浙江、江苏等省市制定和发布了部分信用标准。

重庆市社会信用标准化工作相对滞后，社会信用标准体系尚未建成，整体规划的系统性无法显现。统一的归集标准和接口规范还未出台，除“双公示”信息标准外，其他信用信息多是按信源单位系统实际情况制定数据标准和接口规范。各区县、各部门信息系统建设标准不一，信用信息归集方式、数据格式也千差万别，不同部门提供同类信息的数据格式并不一致，对下一步信用信息应用造成一定阻碍。由于没有统一的建设标准，各系统向信用平台推送的信用信息质量不理想，部分信息系统建设较早，统一社会信用代码、组织机构代码等关键信息未记录，信用主体名称不准确，大量的信用信息无法清洗比对，“入库难”的问题比较突出。目前全市行政许可信息通过重庆市网上行政审批平台直接接入，必填的数据记录项存在大量错填、漏填、误填的情况，大量信息甚至找不到部门修复。

3. 信用信息系统建设滞后

全市信用信息系统建设整体推进较慢，除全市统一的信用信息平台建成并上线外，只有个别领域、个别行业建成信用信息系统，如中国人民银行的征信系统、市工商局的企业信用信息公示系统（重庆）、市商务委的商务诚信信息系统等，部分区县和信用服务机构合作，建立了全区（县）统一的信用信息平台，“信用巴南”“信用黔江”“信用丰都”建成并正式上线。多数区县和市级部门还未建成信用信息系统，其信用信息还散存于各个业务系统中，而各个业务系统分属互联网、电子政务外网、办公内网等不同网络，个别部门“信息孤岛”现象较突出。从各个业务系统中抽取信用信息的工作量较大，效率较低，影响了工作人员工作积极性，不利于信用信息的归集。

4. 联合奖惩应用缺支撑

目前，重庆市初步建立了信用信息归集和公示机制，但公共信用信息反馈修复机制、联合奖惩协同规范、信用主体权益保护机制等还处于探索阶段，不利于加快推进全市社会信用体系建设。同时公共信用信息的查询和应用较混乱，各部门、各单位在行使行政权力的过程中查询和应用还不够，信用服务市场还需要进一步培育，公共信用信息应用范围不广，信用产品不多，市场主体参与度不够。

以上问题迫切需要通过立法解决，建立健全各类保障机制，确保重庆市社会信用体系建设相关工作依法推进。

二、国内部分地方信用立法状况及经验借鉴

（一）各省市立法工作推进情况

根据实地调研和互联网收集的情况来看，全国已有29个省份开展了信用立法建设，东部、中部经济发达省市走在了全国的前列，并积累了丰富的实践经验。其中，上海、厦门两地社会信用条例正式颁布实施，贵州、广东、南京、宿迁等地社会信用条例正处于征求意见阶段；湖北、河北两省于2017年正式实施社会信用信息条例；浙江、陕西、无锡、成都等地相继出台公共信用信息管理条例或办法。

1.《上海市社会信用条例》立法情况

《上海市社会信用条例》是全国首部社会信用综合性地方性法规，于2017年10月1日正式实施，为全国信用体系建设立法工作起到了良好的示范和带动作用。主要做法：上海市人大财经委牵头开展《上海市社会信用条例》立法相关工作。一是多次到陕西、湖北等地调研信用信息管理工作的相关法律法规和执行情况；二是委托专业机构开展社会信用立法专题研究，对立法过程中需要解释的信用、社会信用、社会信用体系等概念进行了较为全面的理论研究，对立法需要解决的信用激励与约束、信息主体权益保护、规范和促进信用服务业发展等方面进行了有效探索；三是多渠道征求社会公众、法律专家、市级各部门及各市辖区等各方面意见建议，修改完善后形成条例终审稿。主要特色：一是在全国首次提出“社会信用”的定义，将“社会信用”定义为具有完全民事行为能力的自然人、法人和非法人组织（统称信息主体），在社会和经济活动中遵守法定义务或

者履行约定义务的状态；二是采用社会信用信息“二分法”，将社会信用信息划分为公共信息和市场信息两类；三是固化提升实践中行之有效的做法，对上海编制数据清单/行为清单/应用清单“三清单”、信用分类管理、政府/行业/市场多方联合奖惩等现实做法予以固化，增强了立法的可操作性；四是条例从行政、行业、市场三个角度通过制度安排构建联动奖惩大格局；五是注重信用应用与主体权益保护的平衡，确定了五项权益，即赋予信息主体的知情权、异议权、消除权、删除权和修复权，鼓励信息主体积极向善、改过自新，修复个人信用。

2.《湖北省社会信用信息条例》立法情况

湖北省发展改革委在开展立法工作时，遵循“不超出国家法律法规权限、依法行政、地方立法促进国家立法、跟本地实际工作相结合”的原则，以“信息归集—信息披露—信息应用—信用主体权益保护”为工作主线，以“法规制度+机构人员+考核通报+试点示范+诚信文化建设和宣传教育”为机制推进条例出台。主要特色：一是调整范围定位为社会信用信息管理，将包括公共信用信息和市场信用信息在内的社会信用信息管理作为调整范围和对象。二是厘清发展改革部门与征信业监督管理机构的职责边界，明确发展改革部门负责社会信用信息综合协调和监督管理工作。三是构建了社会信用体系建设的基本保障体系，包括推进社会信用体系建设的组织机构、人员经费、目标考核等内容，实现了领导小组设立、机构人员经费保障、目标考核法定化。四是延伸了信用信息管理的内容。明确提出社会信用体系建设中政府倡导和鼓励的内容，如鼓励各类市场主体共同培育信用服务市场、向全社会倡导诚信文化建设和宣传教育；界定了省社会信用信息服务平台与金融信用信息基础数据库和其他各类信用信息服务系统的关系。

3.《浙江省公共信用信息管理条例》立法情况

全国制定公共信用信息管理办法的地方较多，其中以《浙江省公共信用信息管理条例》最为典型。主要特点：一是调整范畴注重公共性，条例明确了信用信息的来源是公权力部门，信用信息的应用主要是公权力部门；二是厘清职能部门责任，条例明确省发展改革委是全省信用体系建设的牵头部门，浙江省信用中心是公共信用信息管理、披露、使用的服务支撑机构；三是明确信用档案的构成，条例将公共信用信息分为基础信息、不良信息、守信信息三部分，共同构成信用档案；四是明确不良信用信息保存披露时间，条例明确了不良信息的保存和披露时间为5年，保存和披露期限届满后，才能从信用档案中删除；五是发挥信用联合奖惩作用，条例将国家的政策文件成果转化为法规条款，作为实施信用联合奖惩的法规依据。

4. 福州市和杭州市公共信用信息管理相关制度

福州市是全国最早出台“红黑名单”配套管理制度的城市，先后制定《福州市公共信用信息管理暂行办法》《福州市信用红黑名单管理暂行办法》《福州市公共信用信息标准体系框架》等15项管理制度和标准规范，为信用平台和网站建设、联合奖惩工作、数据归集和信用应用提供了良好的制度保障。杭州市作为全国首批信用试点示范城市，先后出台《杭州市公共信用信息管理办法》《杭州市社会法人守信激励和失信惩戒管理办法》《杭州市信用红黑名单发布制度》等制度，完善《杭州市公共信用信息归集和使用暂行办法》《杭州市公共信用信息使用细则》等配套文件，大力推动行政管理领域的信用信息归集和应用。

5. 各省市社会信用发展情况对比

机构设置方面。机构设置是推动社会信用体系建设的关键，课题组从机构设立时间、隶属机构、人员配备、机构性质、经费保障及信用协会等方面对上海、浙江及杭州进行比较（见表1-1）。

表1-1 机构设置对比

地区	机构设立时间	隶属机构	人员配备	机构性质	经费保障	信用协会
上海市	2012年启动，2014年中心成立	隶属上海市信息中心。异地办公	30人，3个部门	全额拨款，共用信息中心编制	日常+专项	已经成立

续表

地区	机构设立时间	隶属机构	人员配备	机构性质	经费保障	信用协会
浙江省	2002 年启动，2003 年中心成立	独立	2003 年 15 人，2007 年 30 人，4 个部门	全额拨款，事业编制	日常 + 专项约 200 万元 / 年	已经成立
杭州市	2013 年启动，2015 年挂牌	隶属杭州信息中心。合署办公	6 人。在编 4 人，外聘 2 人	全额拨款，共用信息中心编制	信息中心专项	—

由表 1–1 可以看出：作为省级架构的上海和浙江人员编制规模均为 30 人，性质均为公益一类，有稳定的经费保障。两地都成立了信用协会并承担信用服务行业调研规划、标准制定、学术研究、信息交流、咨询服务、培训及从业人员资质认定等职责。

制度建设方面。制度建设是信用体系建设的重要组成部分，对地方而言，主要产生法规、规章、规范性文件和日常工作通知四类制度和文件，现主要将三地信用中心成立以来产生的法规、规章、规范性文件进行对比（见表 1–2）。

表 1–2　规章制度建设对比

类别	上海市	浙江省	杭州市
法规	上海市社会信用条例	—	—
规章	上海市公共信用信息归集和使用管理办法	浙江省产品质量信用信息管理暂行办法	杭州市信用红黑名单发布制度
	上海市政府信息公开规定	浙江省企业信用信息征集和发布管理办法	杭州市公共信用信息管理办法
	上海市企业信用征信管理试行办法	浙江省信用服务机构管理暂行办法	杭州市食品安全信用信息公开管理办法（试行）
	上海市个人信用征信管理试行办法	浙江省企业信用信息查询办法	—
	上海市政府信息公开规定	浙江省企业信用激励与警示办法（试行）	—
	上海市行政审批告知承诺办法	浙江省产品质量信用信息管理暂行办法	—
	上海市征信机构备案规定	浙江省公共安全失信企业管理暂行规定	—

续表

类别	上海市	浙江省	杭州市
规范性文件	上海市行政和司法部门企业信用信息公开目录（2012 版）	关于印发《浙江省公路水运工程试验检测信用评价实施细则（试行）》的通知	关于印发 2017 年信用杭州建设工作区县市考核办法的通知
	上海市征信管理办公室关于发布《上海市政府部门使用信用报告指南（2013 版）》的通知	浙江省公安厅、浙江省发展和改革委员会关于印发《浙江省公共安全失信企业管理暂行规定》的通知（浙公通字〔2015〕79 号）	关于印发杭州市公共信用信息分类等级管理目录和在行政管理中使用信用记录和信用报告的事项清单（2017 年版）的通知
	上海市人民政府办公厅转发市经济信息化委制定的《上海市企业失信信息查询与使用办法》的通知	浙江省国土资源厅办公室关于全面实施探矿权人信用监管工作的通知	转发国家发展改革委等 18 部委关于对安全生产领域失信生产经营单位及其有关人员开展联合惩戒的合作备忘录的通知
	关于加强本市信用档案管理的通知	关于加强行贿犯罪档案查询工作推进诚信体系建设的通知（浙检发预字〔2015〕3 号）	关于贯彻落实国家守信联合激励和失信联合惩戒的 6 个合作备忘录的通知
	上海市信息化委员会关于印发《关于加强中小企业信用制度建设的实施意见》的通知	关于在行政管理事项中应用信用记录和信用报告的实施意见	关于印发对严重交通违法行为当事人实施失信联合惩戒措施的合作备忘录的通知
	贯彻落实银保监会关于加强诚信制度建设　提高车险理赔服务质量的通知	浙江省重点建设工程招标投标失信黑名单管理办法	关于印发 2016 年信用杭州建设工作区县市考核办法的通知
	关于切实加强小企业安全生产监管工作的指导意见	浙江省人力资源和社会保障厅关于将人事考试中违纪违规考生信息纳入人事考试信用体系的通知（浙人社发〔2014〕140 号）	关于印发 2016 年度杭州市“信用杭州”建设市直部门工作考核办法的通知
	上海市企业失信信息查询与使用办法	关于印发《浙江省公共信用信息目录（2016 版）》的通知（浙信用办〔2016〕8 号）	关于印发杭州市公共信用信息分类等级管理目录和在行政管理中使用信用记录和信用报告的事项清单（2016 年版）的通知

由表1-2可以看出，上海市推动地方性立法最早，2017年10月1日，《上海市社会信用条例》正式生效执行；对于省（市）政府规章，上海市和浙江省均出台了7项，杭州市作为浙江省的省会城市仅出台了3项，主要根据各自的发展状况，针对性地出台了相应的规章。部门产生的规范性文件中，上海市涵盖了经济信息、司法、中小企业安全生产领域，浙江省

涵盖了经济信息、国土资源、交通、招投标、人事人才等领域，杭州市主要涉及落实国家联合奖惩备忘录、部门考核、信用中心职责等文件。

（二）经验借鉴

1. 领导重视，加速立法进程

《湖北省社会信用信息管理条例》由省政府主要领导提议列入省人大立法计划，省人大分管领导亲自带队调研和主持论证，省发展改革委及时将重难点问题提请省人大协调解决，省司法局（法制办）等相关部门积极参与、密切配合，最终经省人大常委会会议审议通过并实施，整个过程不到两年。《上海市社会信用条例》整个立法过程由市人大财经委主导，各职能部门积极配合，经过两审三表决获得通过，历时不到两年。

2. 广言纳谏，创新立法方法

上海市信用体系建设一直走在全国前列，《上海市社会信用条例》是全国首部社会信用地方综合法规。立法初期，市经信委、市立法研究所分别负责起草法规草案的“部门意见稿”和“专家建议稿”，市人大财经委组织相关立法专家和人大代表全程参与立法工作，与市文明办、市经信委等部门共同开展立法宣传工作，经过征求各方面意见建议后，合并两个建议稿形成最终的草案，创全国立法工作“一法两稿”的先例，缩短了条例出台的时间。

3. 有的放矢，明确立法内容

湖北省坚持问题导向，条例对信用建设管理机构、信用信息归集管理和应用进行了较为全面的规定。在信用建设基本保障体系方面，条例明确了推进社会信用体系建设所需的组织机构、人员经费、目标考核等内容，实现了领导小组、机构人员经费保障、目标考核法定化；在政府作用方面，政府鼓励各类市场主体共同参与信用服务市场培育，倡导全社会崇尚诚信文化，加强诚信教育；在与其他信用信息系统关系方面，明确了省社会信用信息服务平台与金融信用信息基础数据库、其他各类信用信息服务系统的关系。

4. 破立并举，厘清法定事权

由于国家层面尚未出台信用方面的“上位法”，社会信用体系建设规划纲要和相关重要的顶层文件中也没有对社会信用等概念作出明确的定义，导致社会公众对信用以及社会信用的理解各有不同，需要地方在信用立法中给出探索性解释，但又不得违背现行国家法律法规规定。上海市在信用立法层面率先探索，对社会信用、社会信用信息、公共信用信息等概念给出探索性解释；湖北省、浙江省明确了失信信息的范围，将列举具体失信行为纳入公共信用信息目录管理；浙江省定义了信用修复包括自然修复和依申请修复两类，并规定了修复主体和方法。

上海市、浙江省虽然在信用体系建设方面取得了较快的发展，但由于该项工作在全国尚处于起步阶段，相关工作开展也存在一些问题。一是无完善的法律法规。信用体系建设除金融领域有部分“上位法”保障外，其他相关领域关于信用体系建设的法律法规还很欠缺，一些事项还无法找到相应的法律支撑。二是无统一的标准规范。上海市、浙江省乃至全国目前还没有完整统一的平台建设、数据归集应用、接口服务等标准规范，信用信息整合应用在不同部门、不同行业，还无法实现有效的无缝对接。三是无高效的联动机制。部门间由于沟通、利益等问题，有的不知道哪些属于信用信息、哪些不属于信用信息，或担心信息公开带来的安全风险和责任不愿意将信息共享，甚至存有抵触情绪。四是无广泛的应用场景。国家虽然推出了部分联合奖惩措施，但存在惩戒多、奖励少，行业多、事项少等问题，特别是信用奖惩在日常生活领域的应用场景还需进一步发掘。

三、社会信用体系法治建设需要解决的问题

（一）清晰界定社会信用主体范围

明确公共信用信息是指行政机关、司法机关、依法行使公共管理（服务）职能的其他组织以及公用事业单位（统称“共建单位”）在履行职责

过程中制作或者获取的反映自然人、法人和其他组织信用行为状况的信息或数据的集合。一方面，明确产生或者获取公共信用信息的主体必须是国家机关或公用事业单位，确保信用信息的公共属性；另一方面，明确公共信用信息主体范围为政府机关、事业单位、自然人、法人和社会组织。

（二）厘清公共信用信息与政务数据关系

制定信用信息归集的具体措施和工作流程，完善信用信息种类，提高信用信息数量和质量，向全社会提供更全面的信用记录，加快推动重庆市社会信用体系建设。借鉴其他省市出台的政策文件，结合重庆市实际出台信用信息管理办法，明确工作安排和任务分工，准确定义信用信息概念，明确信用信息涵盖的范围、程序、渠道以及原则和要求，规范信用信息归集和修复流程，为信用信息归集工作提供更有力的支撑。同时，明确各级各部门、社会信用体系建设相关机构和组织在信用信息管理中的工作职责，建立完善社会信用信息管理体制机制。在联席会议制度总体框架下，由市发展改革委牵头，各区县政府负责统筹推进本区县社会信用体系建设，各部门负责推进本部门、本领域、本行业公共信用信息归集和应用。

（三）赋予数据开放共享应用的相应权限

明确“红黑名单”制定原则、参考依据、应用范围、具体措施等，构建联合奖惩发起、实施、反馈协同规范。明确公共信用信息的查询范围、查询渠道、数据交换要求和共享方式，强调政府机构在推进公共信用信息归集、管理和运用中的主体责任，明确公共信用信息在行政管理、政府服务、公共活动、行业自律和市场交易等方面的运用方式，以及推进信用服务市场建设和引导诚信文化建设的具体措施，明确各类信用服务机构职能职责。明确信用主体异议处理机制和信用修复机制，切实保护信用主体合法权益①。

---

① 何玲. 用行动奋力谱写“信用辽宁”新篇章——访辽宁省发改委副主任唐抑非［J］. 中国信用，2020（3）：11-13.

（四）信用建设促进优良营商环境的作用

结合国家对推进社会信用体系建设高质量发展促进形成新发展格局的要求，在《重庆市社会信用条例（修订）》中明确社会信用体系建设作为优良营商环境的组成部分，如何发挥激励和约束的作用；如何提升市场主体获得优质、快捷的公共服务；如何让信用对政府资源、市场资源、社会资源优化配置发挥基础性作用；如何通过信用方式促进公平与效率、收入与分配的提升；如何以社会信用体系建设促进社会主义核心价值观与信用经济完美融合。

四、本章小结

相对东部和中部经济发达地区，当前重庆市信用立法工作滞后，《重庆市社会信用条例》已经出台，但亟须对信用信息归集、共享、应用等相关配套制度进行完善，为更好地推进重庆社会信用体系建设，还应继续加快《重庆市社会信用条例》的修订及配套规章制度的制定，助力重庆市高质量发展。

一是创新信用立法方法和内容。在立法方法方面，在遵循《中华人民共和国立法法》相关规定的前提下，简化传统流水线式立法程序，减少重复征求意见或多次审议环节，提高立法效率。在立法内容方面，充分分析现行条例执行中面临的问题，借鉴其他省市未涉及的政务诚信、司法公信、信用监管等领域做出探索性、创新性规定。例如，明确信用服务机构管理、公共信用平台定位、信用信息归集共享和应用管理规范等；明确将信用体系建设作为“放管服”改革的具体措施，促进重庆营商环境优化，确保以信用为手段的新型监管机制有法可依；探索信用体系建设在司法公信方面如何有效保障当事人合法权益等。

二是建立完善信用立法配套制度。按社会信用体系建设推进需要制定修订的立法配套制度，根据国家相关文件要求及现阶段工作实际，加快出台重庆市信用修复管理、信用信息异议处理、信用平台管理、信用“红黑名单”管理、信用服务机构管理等配套制度。建立行业信用管理办法，鼓励和支持各行业、各部门，如政府采购、工程招投标、环境保护、药品安全等，根据国家法律法规制定信用相关管理办法，探索在信用监管、信用奖惩及“信用+”应用等方面提供制度保障。完善信用相关数据、技术和应用等地方标准规范，包括信用数据、信用平台接口、信用等级评价、信用报告等各类信用地方标准规范，为后期广泛开展信用应用奠定基础。

三是加强信用体系建设基础保障。首先是加强组织保障，建议成立常规化机构（如重庆市信用办）取代现有信用体系建设领导小组临时组织，明确机构组成、行政职能等内容，专职负责贯彻落实国家有关法规政策，以打造“诚信重庆”为总体战略，统筹协调政务诚信、商务诚信、社会诚信和司法公信建设，推动建立面向个人、企业和其他社会组织等覆盖社会生产生活各方面的社会信用体系。其次是建立信用体系发展基金。引入社会力量开展信用体系建设所必需的制度建设、标准规范、课题研究、咨询服务、软件开发、失信问题专项治理、信用修复培训、诚信宣传等专项工作。鼓励和支持市内高校及相关研究机构开展社会信用体系建设的基础性、理论性、前瞻性研究。最后是强化人才保障，组织市内外信用相关研究人员、法律专家、人大代表等参与信用体系建设工作，建立重庆市信用发展专家库。同时，鼓励重庆区域内部分高校开设社会信用建设专业，为信用体系建设发展做好人才储备。

四是研究制定立法执行情况指标。信用应用，关键在用。当前条例涉及优化营商环境，激发市场活力，从信息归集、信用奖惩到信用修复、信用服务等内容均与民生息息相关，在修订的立法条款中应要求相关责任单位对重庆经济社会的影响程度设计一套执行情况的评估指标，并根据评估情况对其进行修订和完善。其中，约束性指标包括信用信息归集方面，公共信用信息是否纳入法定目录管理，实现“应归尽归、应示必示”；金融数据库、海关数据库等征信系统是否与公共信用信息数据库实现融合应用；信用激励与约束使用范围、行政依据、奖惩措施是否适度；“信用+”等各类应用场景是否让市民真正体验到守信的获得感等。探索预期性指标包括信用信息采集，市场信用采集的范围，水电气讯等准公共信用信息的收集程度；突出政府引导作用方面，包括社会力量参与行业信用建设和信用监管的程度，是否在“红黑名单”认定、信用评价、分类监管、信用惠民、信用修复培训等重点领域满足信用服务机构的“信用需求”，让信用服务真正渗透到社会生活的方方面面；区域信用合作特别是成渝双城信用合作的实际举措是否对区域信用环境、经济社会发展有实质性促进作用。

第二章

公共信用信息管理与信用平台建设[1]

① 本章由张峰、张锐完成。

社会信用体系建设是新时期建设现代化新重庆的重要制度保障，对重庆共建“一带一路”、长江经济带发展、新时代西部大开发及成渝地区双城经济圈等重大战略部署具有积极的助推作用。公共信用信息平台作为信用体系建设的重要基础设施，是信用信息归集、治理和应用的权威载体，开展公共信用信息平台建设研究对提升重庆市公共信用信息平台建设水平，发挥公共信用信息在经济社会发展中的价值，促进社会治理能力提升、激发市场活力、优化营商环境具有重要的实践价值和现实意义。

随着数字化转型的浪潮席卷全球，数字化基础设施建设已经成为生产生活智能化、智慧化的基础。按照“数字重庆”总体框架布局和设计理念，亟须应用新的技术、新的思路对公共信用信息平台建设进行新的设计和新的建设，基于大数据的“渝悦·信用”应用应运而生，“渝悦·信用”应用涵盖重庆市公共信用信息平台数字化改造、信用应用场景建设和“一件事”便民服务等内容。重庆市公共信用信息平台建设作为“渝悦·信用”应用的重要组成部分，可以实现对各类信用信息的有效整合和共享，打破信息孤岛，提高信息的透明度和可信度；可以为政府决策提供更加全面、准确的信用数据支持；可以为企业和个人的经济活动提供信用参考，降低交易成本，促进市场公平竞争；可以建立起一套科学、公正的信用评价体系，对各类社会主体进行信用评级和奖惩，形成“一处失信、处处受限”的信用惩戒机制，从而增强市民的诚信意识，引导全社会形成崇尚守信的良好氛围。此外，重庆市公共信用信息平台的建设还具有重要的战略意义。在当前全球化和信息化的背景下，城市的竞争已经不仅仅局限于经济、科技等领域，更包括了城市治理和社会文明等方面的竞争。因此，通过建设公共信用信息平台，提升城市的信用水平，为重庆市的可持续发展注入新的动力，增强重庆市在国内乃至国际上的竞争力和影响力。

一、信用信息相关概念及文献综述

（一）相关概念

1. 公共信用信息

公共信用一般指行政机关、司法机关、监察机关及具有公共管理和服务性质的企事业单位表现的政府信用（Governmental Credit），政府信用是社会公众对一个政府是否有践行承诺、履行合同的意愿、能力及具体行为的评价，也是在政治委托—代理关系中产生的代理人信用，反映了政府的公信度和诚信度。按照当前上海、重庆等地地方性法规的定义，公共信用信息是指由国家机关和法律法规授权的具有管理公共事务职能的组织，在履行法定职责、提供公共服务过程中产生和获取的，反映具有完全民事行为能力的自然人、法人和非法人组织（统称“信用主体”）信用状况的数据和资料[①]。这些信息通常包括但不限于登记注册基本信息、司法裁判及执行信息、行政管理信息、职称和职业资格信息、经营（活动）异常名录（状态）信息、严重失信主体名单信息、合同履行信息、信用承诺及其履行情况信息、信用评价结果信息、遵守法律法规情况信息、诚实守信相关荣誉信息、市场主体自愿提供的信用信息等。

2. 信用信息平台

信用信息平台有两个基本含义：一是作为信用信息的存在主体，本身成为信用信息的载体，即“信用信息的载体”，这是信用信息平台的理论形态；二是基于数字化网络技术运行的信息系统，如信用奖惩、信用报告管理系统，这是信用信息平台的实物形态。信用信息平台的产生，在主客观之间嵌入了新的结构，改变了现实与虚拟的关系，引发了信用时代革命。

① 刘大勇. 安徽省公共信用信息共享服务平台建设综述［J］. 电子技术与软件工程，2017（16）：261.

（二）国内外研究综述

1. 国外研究现状综述

在征信平台建设模式方面。当前信用平台的建设主流分为三种模式，与其三种发展业态相关，如美国邓白氏、穆迪等都是公司性质的私人征信公司，日本是以行业协会为主导的财团式发展，德国则是以中央银行为基础的公共征信。玛格丽特·米勒（2004）认为私营征信公司和公共征信系统之间在使用目的、信息来源、信息种类、数据传播利用等多个方面存在显著的差异，因此两种类型是无法彼此替代的，而是应该相互补充[①]。

在征信平台建设内容方面。公共信用平台管理信用信息应兼顾信息的完整性、全面性和市场主体隐私保护，厘清分析公共信息资源共享开发与政府信息公开的关系、公司性质信用平台与政府主导的信用平台和金融机构自建的征信平台的关系。Claire Seungeun Lee（2019）认为征信平台应多维度归集包含正面和负面信用信息，信用信息不全面，将直接导致征信功效降低，信贷成本增加[②]。

在征信平台运营模式方面。李正波和高杰（2005）通过对巴西信贷市场信息的状况分析认为，过分地注重信息保护会导致市场缺乏信息流动，利率提高，只有发挥征信系统的市场化作用，扩大数据的可得范围，提高信用信息的透明度，才能降低市场整体交易成本[③]。

综上，不同的国情决定了信用体系建设发展的不同模式和特征，决定了信用平台的建设、运营、维护也有不同的发展模式，国外仅限于征信领域的应用与研究难以对我国在“大政府”背景下的公共信用平台建设带来有效支撑，但在建设模式和应用方向等方面还是提供了有益借鉴。

① 玛格丽特·米勒.征信体系和国际经济［M］.王晓蕾，等译.北京：中国金融出版社，2004.

② Claire Seungeun Lee. Datafication，dataveillance，and the social credit system as China’s new normal［J］. Online Information Review，2019（6）：28–30.

③ 李正波，高杰.征信体系与中国经济发展——评世行《征信体系与国际经济》一书［J］.管理世界，2005（7）：166–168.

2. 国内信用平台研究的学术史梳理及研究动态

通过在知网、百度等媒体平台进行搜索，现有研究主要围绕在“十五”期间提出的电子政务“十二金”工程展开，包括税务、征信、国土资源等平台建设。

在建设思路方面。毕经科等（2021）认为自然资源大数据中心系统建设在技术选型上应遵循“先进成熟、稳定高效、安全可靠”的原则，采用“传统 GIS 应用+大数据应用”混合模式提供服务的建设思路，基于分布式、云计算、大数据等技术进行建设，实现各类信息的纵横联通、深度融合、挖掘分析和统一管理①。

在建设内容方面。穆会军（2016）认为我国公共信用信息平台建设内容一般包括信用信息基础数据库、信用资源目录体系、信用信息共享交换支撑系统、信用信息服务门户等；建设模式基本采用先法人后自然人的模式②。李萍和吴善鹏（2020）认为探索构建数据处理高效、挖掘充分、安全可靠的省级信用大数据应用平台，能更好地满足新时期社会信用体系建设的技术要求③。

在建设组织形式方面。土旦桑珠和贡嘎央宗（2021）认为地方征信平台建设工作应采取政府统筹、部门共建的模式，因地制宜选择平台功能，制定和明确信息共享规则，出台地方性条例、管理办法等相关政策④。穆会军（2016）认为组织管理一般采用“多级”模式，根据“领导—协调—主管—实施”的具体职能形成“领导小组—联席会议—信用办公室—信用中心”的组织管理模式⑤。

在平台应用方面。魏房忠等（2021）认为构建省级政务数据平台体系

① 毕经科，雷彤，魏伟岗.济南市自然资源大数据中心系统设计［J］.信息技术与信息化，2021（7）：210-212.

② 穆会军.我国公共信用信息平台建设的基本模式——以上海、浙江、江苏三地为例［J］.信息系统工程，2016（2）：84-85.

③ 李萍，吴善鹏.省级信用大数据应用平台方案设计［J］.江苏科技信息，2020，37（4）：42-44，67.

④ 土旦桑珠，贡嘎央宗.地方征信平台建设的实践探索及对策研究　以西藏自治区为例［N］.金融时报，2021-06-28.

⑤ 穆会军.我国公共信用信息平台建设的基本模式——以上海、浙江、江苏三地为例［J］.信息系统工程，2016（2）：84-85.

和信息资源库对促进政务数据资源的共享开放和融合应用、提升政府的社会治理和公共服务能力、引导建设高效协同的数字政府和智能精细的智慧政府、促进行业协同和经济发展有着极其重要的作用①。赵付春和汪晓菲（2017）认为平台应有行政监管、政府补贴享受、福利人事政策、第三方征信机构服务、特定人群风险防控五种典型应用模式②。

综上所述，学界对公共信用平台研究的案例较少，在研究视角、研究方法、研究思路和应用实践等方面还难以支撑信用基础设施高水平、智慧化发展。为此，重庆公共信用信息平台建设研究应从平台定位、体系架构、平台功能和机制保障等方面进行提升和深化。

二、重庆市公共信用信息平台现状分析

（一）“需求导向”优化公共信用信息归集管理

1. 信用信息体量不断充实

实现信用信息“多渠道归集、集中管理”。按照国家对公共信用管理要求，一是主动与全市50余家社会信用体系建设联席会议成员单位对接，通过市政务资源共享交换平台、部门专线直联、网站填报等方式归集全市市行政处罚、行政许可、行政强制等各类信用信息。截至2024年初，重庆建成了法人、自然人的基础数据库，收录信用信息8.2亿条，实现全市120万户存续企业、210万户个体工商户、1万余户事业单位应收尽收，并建立了36类重点人群、550万人的信用档案，为政务部门精准监管和市场个性化服务提供了基础支撑。二是在支撑乡村振兴方面，构建市、县、乡镇三级数据归集体系，依托“信易贷”平台建立涉农信用信息专用数据库，在9个区县、16个乡镇、9个产业链开展试点，截至2023年2月，已汇聚农业企业、农业合作社、家庭农场、种养大户、农户5类农业经营主

① 魏房忠，李萍，朱春琴，等.省级政务数据共享交换平台体系和信息资源库建设实践［J］. 信息系统工程，2021（7）：82-83.

② 赵付春，汪晓菲.公共信用信息平台应用模式研究：以上海为例［J］. 征信，2017，35（6）：34-38.

体，近4万户信用数据，涉及土地流转、土地确权、涉农补贴、人力资源补贴、农产品种植收入、畜牧养殖收入、果品种植收入等重点数据，共计15大类60子项。其中，农业经营主体中涉及自然人（农户）15万余人，已全部建立了信用档案。三是在支撑行业信用建设方面，联合市教委建立了教师专题数据库，截至2023年2月，共归集幼师、小学、中学、大学等相关教职员工51万人的信用信息，涉及基本信息、岗位信息、师德师风、荣誉表彰、婚姻登记、住房公积金等9大类14子项数据，在平台建立了教职员工信用档案，实现了信息查询、教育管理分析、风险预警等功能。

2. 信用信息管理水平不断提升

实现信用信息“多技术融合、规范治理”。一是不断引入新技术，提升数据管理能力。运用Hive、SparkSQL等大数据技术，建立集技术、管理、业务于一体的信用数据资产管理功能，初步形成数据颗粒化、标签化、指标化“三化”同频发展、层层递进的数据治理应用体系。二是制定规范数据归集治理的标准。制定信用数据、信用标签、信用指标标准，整理数据字段2.5万余个，制定数据治理规则3000余项、基础数据标签1000余个、基础应用指标600余项，规范信用信息管理，确保数据质量好、可用性强、安全性高。

（二）“民生导向”保障公共信用信息服务供给

1. 信用服务便利度持续优化

“信用中国（重庆）”网站是全市公共信用信息服务的“总窗口”，为社会公众提供信用信息查询、信用报告下载等服务。截至2024年6月，网站访问量超过6000万次，信用信息查询超过20万次，公共信用报告下载11万次。其中，2023年，网站更新公开信息2814条，发布政策解读信息66条，访问量214万次，查询13万次，信用报告下载9万余次。同时，注重网站意识形态建设，通过错敏词监控、三审三校制度及政府网站考核进行三维立体管控。

2. 信用服务持续拓展

出台《重庆市社会信用条例》配套制度——《重庆市公共信用信息服务工作规范》，确定了信用查询、自愿填报、异议处理、信用修复等服务标准和流程。截至2024年2月，信用中心共接受信用修复申请并完成审核13658件，修复完成8559件，市场主体异议申诉82条，接受各级部门自主申请修改130条。其中，2022年，完成修复2224条，市场主体异议申诉36条。按照国家统一部署，“信用中国（重庆）”更新了企业公共信用报告，发布企业信用报告（授权版），增加了税收、房产、公积金等授权信息及个人公共信用报告（实名认证版），个人可实名认证查询自己的职称及职业资格、行政管理、司法判决、严重失信主体名单等相关信息。

（三）“问题导向”破除公共信用信息应用屏障

1. 助力解决中小微企业“融资难、融资贵”问题

一是上线全国中小企业融资信用综合服务平台（重庆站）。2022年3月9日，“信易贷·渝惠融”平台［即“全国中小企业融资信用综合服务平台（重庆站）”］正式上线。平台支持有需求的银行、保险、担保、信用服务等金融类机构有序接入，按照公益性原则为接入金融机构提供信用查询、信用报告下载等基础性信用服务，并鼓励接入机构加强对平台“信易查”功能的应用，将信用信息作为市场主体融资的重要参考。同时根据“可用不可见”原则对需用户授权的信息有针对性地在平台建立预授信模型，预先判断用户资质。接入机构可创新开发或接入本机构已成熟的纯线上、纯信用的信贷产品，提高平台融资效率和企业服务体验。为助力接入机构强化贷后管理和风险防范，平台建立贷后监测预警模型，实时跟踪监测融资主体及所属行业的各类信息变化及负面风险信息，将异动情况及时精准推送至相应接入机构。

二是强化水电气、纳税、社保等信用信息归集共享，探索开发工程建设“中标贷”“电力贷”等特色融资产品。“信易贷·渝惠融”平台重点突出产业链信用融资建设，全面整合中小微企业的纳税、社保等信用信

息，持续强化平台服务实体经济和支持特色产业发展导向，根据现有归集共享的信用信息和产业特色开发出针对“三农”的“花椒贷”“榨菜贷”等特色涉农信贷产品，以及针对大足五金产业的大足“五金贷”专区产品。未来，将进一步开发“中标贷”“电力贷”等特色融资产品及专区。

2. 助力解决政务服务和行政监管效能不足问题

一是推动涉企经营许可事项实行告知承诺制。根据《重庆市涉企经营许可事项告知承诺制目录（第二批）》（渝发改规范〔2021〕10号），以“定清单、建系统、线上办、成闭环”理念深化审批制度改革。“定清单”对照国家证照分离改革事项基础清单，结合重庆市实际情况，制定《重庆市涉企经营许可事项告知承诺制目录》，涉及市场监管、公安、文化旅游、交通运输等20余个部门、80余件事项。“建系统”依托重庆市公共信用信息平台开发信用承诺信息管理系统，融入“渝快办”政务服务平台，实现承诺、核查数据填报、统计分析及信用查询等功能。“线上办”在“渝快办”政务服务平台开设“告知承诺专区”，创新告知承诺事项一站式、全线上、闭环化的“一网通办”，在不增加市场主体负担的情况下，实现自动触发办理、自动信用归档、自动推送核查结果等功能。截至2024年8月，“渝快办”及部门业务系统累计办理告知承诺事项超过79万件，其中，涉企经营许可事项3.6万余件、证明事项76万余件，最短单个办结时长仅5分钟，当天办结率在70%以上，累计减少证明材料近20万件，推动重庆市营商环境持续优化。“成闭环”将承诺事项与证照库、“双随机、一公开”、部门执法系统等业务系统对接，逐步实现跨层级、跨部门、跨地区数据共享和业务协同，全程跟踪履约情况。发现实际情况与承诺内容不符的，按违诺情节要求整改、撤销许可或给予行政处罚。将企业落实承诺的情况作为重要的信用信息，记入诚信档案，对故意隐瞒真实情况、提供虚假承诺的列入失信名单，对严重失信企业依法依规实施联合惩戒，未修复的行政相对人不再适用告知承诺制。

二是开展公共信用综合评价，推动实现信用分级分类差异化监管。科学划分信用等级，结合全国“互联网+监管”企业信用风险评价指标、国家市场监督管理总局最新版信用风险评价指标，更新并优化重庆市公共信用综合评价，分为A、B、C、D四个等级，对全市120万家法人市场主体进行评价。将综合评价信息推送至全市各部门，供监管工作参考。实施重点领域分类监管，按照《国务院关于开展营商环境创新试点工作的意见》（国发〔2021〕24号），推动市场监管、食品药品、环境保护、文化旅游、消防安全、水土保持、医疗卫生、房地产开发、公路建设、安保服务等领域开展分级分类监管。市交通局、市公安局、市市场监管局、市卫生健康委等部门已相继在各相关领域出台分级分类监管文件。

三是实施信用奖惩。一方面，建成全市信用联合奖惩系统，将失信被执行人等9类严重失信主体名单查询嵌入全市统一的网上行政审批平台、公安、人力资源社会保障等部门业务系统，充分发挥信用的震慑力，截至2024年8月，全市累计查询联合奖惩对象名单5300余万次，触发并实施奖惩措施超过 75万次。另一方面，构建起成渝两地信用奖惩共施格局。印发《川渝联合奖惩工作技术方案》，实现两地A级纳税人、海关高级认证企业、失信被执行人、安全生产黑名单等守信激励对象和严重失信惩戒对象信息按周全量共享，并严格落实《全国失信惩戒措施基础清单（2021年版）》要求，依法依规实施信用奖惩。截至2023年底，两地累计共享守信激励对象和严重失信惩戒对象信息113.6万条，其中重庆市归集四川省相关信用信息71.3万条。

3. 助力解决政务失信问题

一是大力开展政府合同清理，开展政府履行协议及依法依规兑现承诺专项督查。联合重庆市最高人民法院对各级政府、政府相关部门、管理公共事务的事业单位不履行合同的行政诉讼案件和执行案件进行动态督导。2020年4月至2024年12月，累计推动执行2批次、28件涉政务诚信案件，均已执行完毕或按程序终止执行。

二是持续开展涉政府机构失信被执行人专项治理。自2017年起，依托重庆市公共信用信息平台持续开展涉政府机构失信被执行人专项治理工作，防范和化解政府失信风险，按照“发现一起、预警一起、退出一起”

的原则，确保涉政府机构失信被执行人动态“清零”，进一步提升政府公信力。2021年1月至2022年12月，累计发现涉政府机构失信被执行人6起，并将名单推送至各有关部门实施联合惩戒，要求相关区县人民政府（市级部门）督促辖区内（本领域）各失信政府机构全面履行法定义务或与申请执行人达成和解协议，按规定提请法院从失信被执行人名单中移除。

三、当前重庆市公共信用信息平台建设面临的问题

（一）重庆市公共信用信息平台助力提升政务服务的效能“不足”

受部门和领域的条块限制，全市信用数据“质”“量”都有待提升。在数据归集应用方面，因各部门产生的信用信息未能完全共享、信用目录迭代更新衔接不足及部分工作人员不熟悉等限制，一些公共信用数据未做到应归尽归。在信用大数据能力挖掘方面，受存储、清洗、整合、分析等处理能力影响，市场主体信用画像不完整，阻碍了信用应用。

（二）重庆市公共信用信息平台助力市场优化配置资源的措施“不多”

在简化审批手续方面，推动告知承诺制的领域和事项与国家下放的权力事项未完全衔接，一些权力事项实施层级或部门不明确，违诺惩戒与其造成的社会危害不相称。在实施以信用为基础的信用监管机制方面，各级各部门尚未充分应用市信用平台，将全市法人组织的信用综合评价结果作为监管活动的基础依据，导致一些市场主体正常生产经营活动仍受到不同程度的干扰，守信获得感不强，监管效能有待提升。

（三）重庆市公共信用信息平台数据赋能主体获取增值服务的作用“不够”

受规模、性质、可抵押资产等因素影响，中小微企业、个体工商户等难以获得中长期贷款和信用贷款，甚至一些商业银行在授信过程中设置不合理条件，贷款审批效率低，融资渠道不畅通。此外，信用赋能主体获取其他增值服务的作用也不够，特别是创新企业信用评级、个人信用评分、信用报告等信用产品在政府采购、工程建设招标、财政资金扶持等方面的应用还需进一步探索。

四、信用大数据平台设计

（一）建设目标

按照重庆市经济体制改革专项小组《关于印发打造“信用重庆”升级版改革方案的通知》《重庆市社会信用体系建设“十四五”规划（2021—2025年）》等文件要求，以打造“信用重庆”、营造诚实守信的社会氛围、优化经济发展环境为目标，归集整合政务、商务、司法和社会管理中产生的信用信息，建立全市标准统一、功能完善、安全可靠的公共信用信息服务平台，形成社会法人、自然人、个体工商户、政府机构等六类主体信用信息基础数据库，推进各市级部门、各区县信用信息共享和业务协同，实现与国家、成渝地区双城经济圈等信用信息平台的互联互通。

以建设“渝悦·信用”为目标，全市全面构建起以《重庆市社会信用条例》为基础，以信用信息管理、信用应用、权益保护、信用市场和信用环境为补充的全方位、专业化的信用环境体系；公共信用信息归集量突破10亿条，行政许可、行政处罚数据上报率、合规率和及时率均达到100%，信用信息基础数据库数据质量不低于95%；以信用为基础的新型监管机制和标准体系全面建立；全市信用服务产业市场规模超过100亿元，信用惠民便企应用场景突破100个；法治保障有力、信用基础坚实、信用治理管用、信用市场活跃、信用环境优良将是贯穿未来五年信用建设的“风向标”和“度量衡”，引导各地、各部门不断开创信用建设新局面。

（二）建设原则

1. 坚持需求导向

从社会、企业和群众需求出发，切实解决实际问题，突出实战实效，体现“管用”“好用”，让每个应用都取得高质量、高效率、人性化的效果，让服务、管理对象有实实在在的改革获得感。

2. 坚持统筹管理

遵循顶层设计、增量开发、迭代升级一体化协同推进模式，充分利用一体化智能化公共数据平台（以下简称“一体化平台”）云网、数据、组件等要素，坚持业务协同、数据共享和厉行节约，避免各自为政、重复建设，全面提升政务服务和政务办公质效。

3. 坚持多跨协同

强化系统观念，加强系统集成，聚焦重点领域、重要场景，充分依托重庆市数字化城市运行和治理中心（以下简称“三级治理中心”）和党建统领基层智治系统（以下简称“基层智治系统”），全面推进技术融合、业务融合、数据融合，提升跨层级、跨地域、跨系统、跨部门、跨业务的协同管理和服务能力。

4. 坚持变革重塑

坚持以数字化变革引领全面深化改革，将一体化、数字化、网络化、智能化贯穿应用开发全过程，推进数字化应用工作理念、体制机制、方式流程、手段工具等全方位、系统性、重塑性变革。

5. 坚持安全发展

全面落实总体国家安全观，准确把握国家安全形势变化新特点新趋势，坚持促进发展和守住底线相统一、安全可信和开放创新并重，严格落实各项法律法规制度要求的网络安全、数据安全主体责任，构建制度、管理和技术衔接配套的安全防护体系。

（三）建设内容

1. 平台技术架构

“渝悦·信用”应用建设遵循数字重庆“1361”整体架构，是数字社会系统下的重大应用之一，该应用将完善公共信用指标体系、构建信用数据开放共享机制、建立政务服务信用承诺机制、完善守信激励及失信惩戒机制，提升了政府治理效能与服务水平，同时促进市场经济健康发展，营造更好的营商环境，改善社会风气，助力重庆市实现高质量发展。“渝悦·信用”应用与数字重庆“1361”整体框架关系见图2-1。

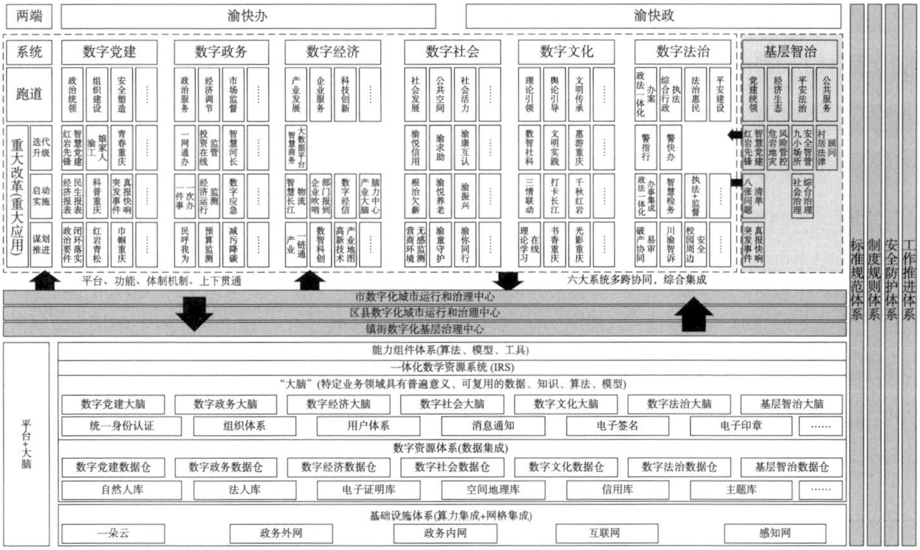

图 2-1 “渝悦 · 信用”应用与数字重庆“1361”整体框架关系

（1）“渝悦 · 信用”与数字重庆“1361”一体化智能化公共数据平台的关系。

一体化智能化公共数据平台是指通过集中部署基础设施、数据资源、能力组件等要件，构建综合性、集成性的基础环境，为全市非涉密应用开发和运维提供统一支撑的集成运行平台。一体化数据资源系统是一体化智能化公共数据平台的管理服务系统，将相对离散的应用系统、能力组件、数据、云网等数字资源综合集成为一个有机整体。实现“六个一”：一本账管理、一站式浏览、一揽子申请、一体化生产、一平台调度、一张网管控，畅通数字资源循环通道，促进“一地创新、全市共享”。

“渝悦 · 信用”应用包括多级多部门间的数据融跨、业务融跨。应用从一体化数据资源系统采集相关数据，综合业务系统归集数据，在发改数据仓之下建立信用专题库，基于五大统一类能力组件体系构建应用功能，按要求对接“渝快政”、“渝快办”、三级治理中心以及基层智治，实现各级各部门的业务融跨。“渝悦 · 信用”应用与一体化智能化公共数据平台关系：①网络算力体系、存储资源等由政务云进行承载，由一体化智能化公共数据平台进行统一管理；②通信传输依托重庆市电子政务外网及互联网，遵循全市“一张网”布局；③数据资源依托IRS（一体化数字资源系统）与其他部门进行数据共享，并建设发改数仓开展发改数据治理以支撑业务；④形成信用专题库，对共享数据进行编目并共享至IRS平台；⑤能力组件调用IRS统一类组件以及推荐类组件；⑥“渝悦·信用”应用编目并注册至一体化智能化公共数据平台（见图2–2）。

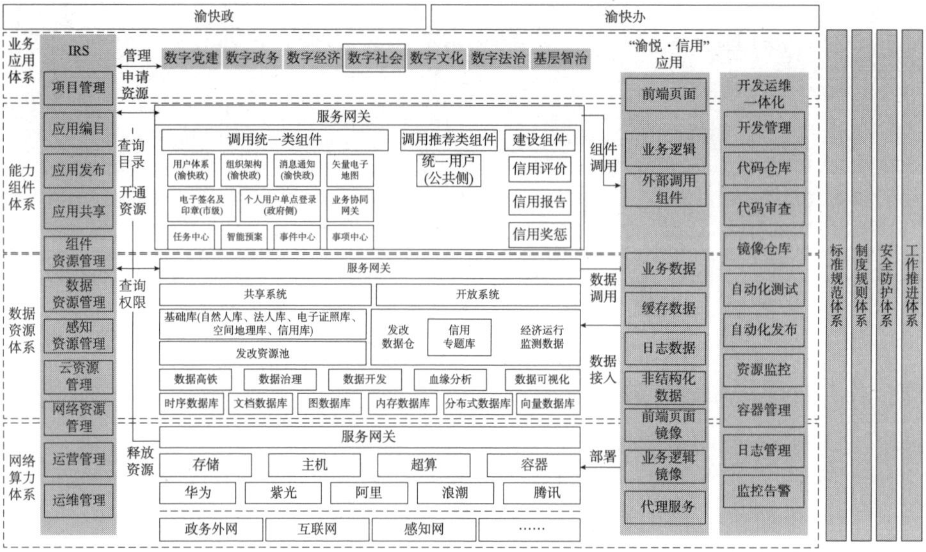

图2–2 “渝悦·信用”应用与一体化智能化公共数据平台关系

具体来说，在数据方面，从IRS数据资源目录抽取基础库数据和部门融跨数据，同时归集应用系统自采数据；基于“渝悦·信用”应用业务，结合IRS提供基础数据能力和业务需求，综合治理多源数据，支撑应用业务系统；构建发改数据仓，并编目共享至IRS一体化数据资源系统。

在能力组件方面，“渝悦·信用”应用接入11个统一类组件，包括用户体系（渝快政）、组织架构（渝快政）、消息通知（渝快政）、矢量电子地图、电子签名及印章（市级）、个人用户单点登录（政府侧）、业务协同网关、任务中心、智能预案、事件中心、事项中心；1个推荐类组件即统一用户（公共侧），共12个能力组件为应用提供基础支撑能力，建设信用评价、信用报告、信用奖惩3个能力组件为其他部门提供支撑。

（2）“渝悦·信用”应用系统架构。

基于全市数字政务系统架构、全委数字化系统架构进行建设，并统一由一体化数字资源系统提供建设环境支撑。“渝悦·信用”应用的总体框架主要包含6个层次，即基础设施层、数据资源层、能力组件层、三级治理层、多跨场景层和前端门户层，“渝悦·信用”应用系统架构见图2–3。

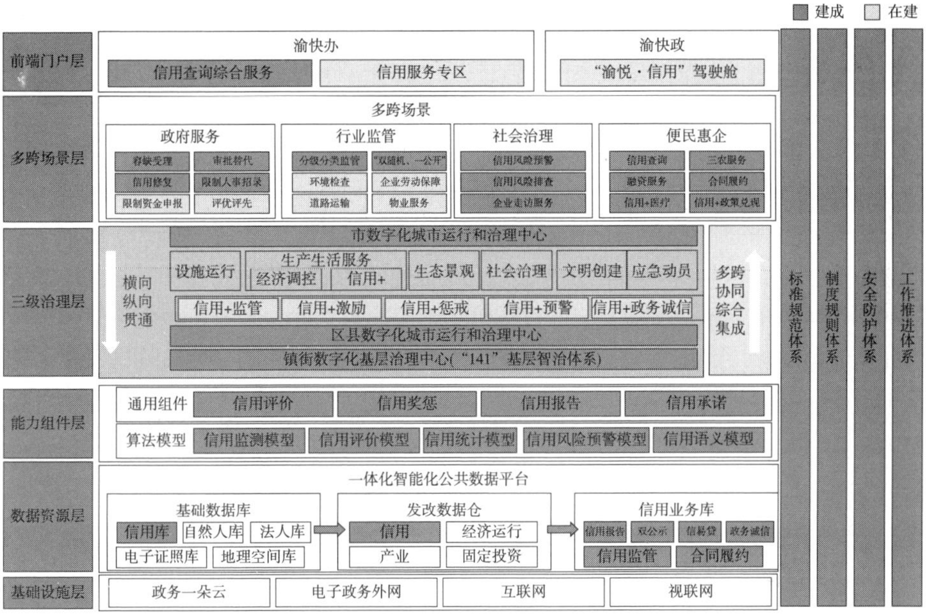

图 2–3 “渝悦·信用”应用系统架构

基础设施层：基于算力储存“一朵云”和通信传输“一张网”进行建设。

数据资源层：包括全市统一建设的信用、自然人、法人、电子证照、地理空间五大基础数据库，发展改革涉及的信用、经济运行、产业、固定投资等数据库，以及信用业务本身应用需要的信用报告、双公示、信易贷、政务诚信、信用监管、合同履约等数据。

能力组件层：通过一体化数字资源系统提供的用户单点登录、渝快政用户体系、渝快政消息通知、渝快政组织架构等统一类组件构建“渝悦·信用”，开发信用评价、信用奖惩、信用报告、信用承诺组件，为信用业务数字化转型及横向业务协同、纵向工作联动提供完备的“工具箱”。

聚焦基础库、部门数据仓、两类数据源，实现信用大数据跨层级、跨地域、跨系统、跨部门、跨业务互联互通共享，通过一体化数字资源系统归集、治理各类基础数据，真正把数据统起来、管起来、用起来，形成支撑信用业务应用全周期、全过程的数据底座。

三级治理层：信用平台与镇街数字化基层治理中心、区县数字化城市运行和治理中心、市数字化城市运行和治理中心三级贯通，形成闭环。“渝悦·信用”应用与三级治理中心逻辑关系见图2-4。

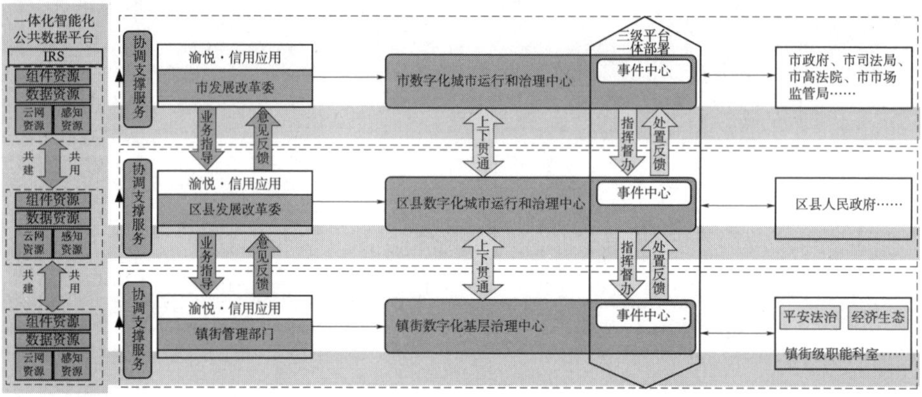

图 2-4 “愉悦·信用”应用与三级治理中心逻辑关系

多跨场景层：根据党中央、国务院决策部署和市委、市政府要求，以及基层高频、群众共性的需求，构建信用公开、信用监管、信用激励、信用惩戒、信用维权5个应用场景的业务应用体系。信用公开主要负责公共信用信息归集、公共信用信息分类查询、重点领域信用信息公示等工作。信用监管主要负责公共信用评级、行业信用评价、分类开展信用监管、区县信用状况监测等工作。信用激励主要负责适配守信主体告知承诺、推荐守信主体获取融资、开拓“信易+”应用惠民便企等工作。信用惩戒主要负责限制失信主体招投标资格、限制失信主体行业或市场准入、限制失信主体获取政府性资金补助、实施其他失信惩戒措施等工作。信用维权主要负责信用修复一次通办、行政处罚异议申诉事项管理、政务失信一诉立办等工作。“渝悦·信用”应用业务架构见图2-5。

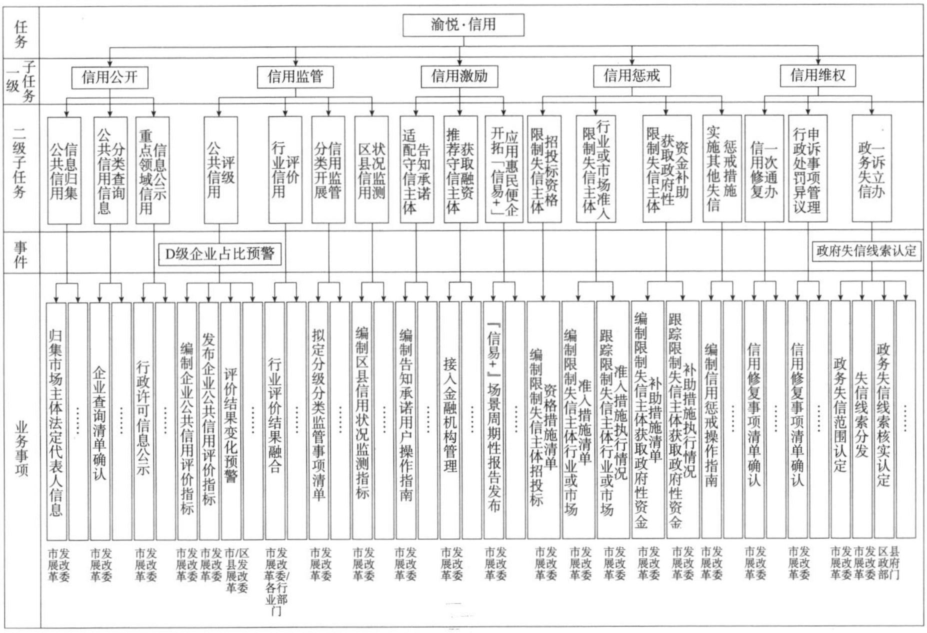

图 2-5 “渝悦 · 信用”应用业务架构

前端门户层：“渝快办”及“渝快政”作为“渝悦 · 信用”应用面向用户的两个使用端，分别向社会公众和业务管理人员提供应用的统一入口。

（3）网络拓扑图。

“渝悦 · 信用”应用业务网络可划分为电子政务外网区和互联网区。其中，政务外网区主要部署本次项目的政务外网侧的计算、存储资源，连通电子政务外网，为应用系统向各级政府部门提供服务搭建通道。互联网区主要部署本次项目的互联网侧的计算、存储资源，连通互联网，为应用系统向各大主体提供服务搭建通道。

通过安全交换区实现电子政务外网区和互联网区的数据交换/数据摆渡功能。网络拓扑图见图2-6。

（4）应用功能架构图。

“渝悦 · 信用”应用包含信用公开、信用监管、信用维权、信用激励、信用惩戒5个应用子系统、1个支撑系统（包括驾驶舱），应用功能架构见图2-7。

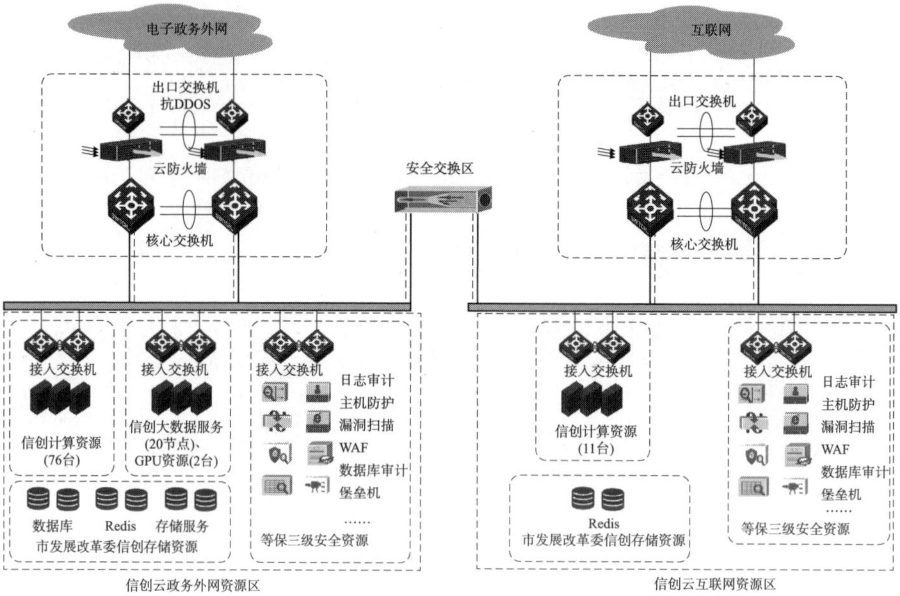

图 2–6　网络拓扑图

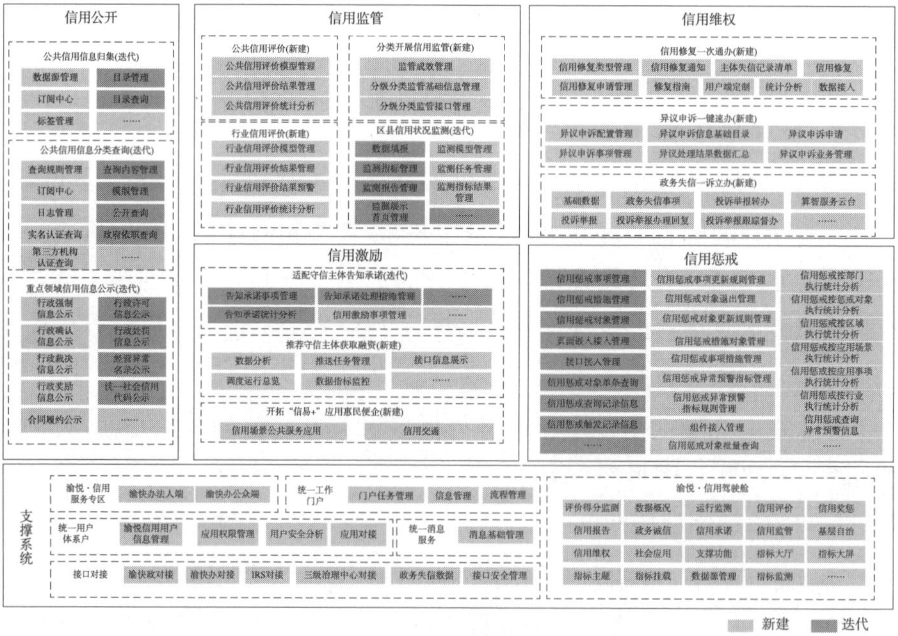

图 2–7　应用功能架构

2. 具体建设内容

根据数字重庆“1361”总体建设要求，重庆市公共信用信息平台任务是建成结构合理、边界清晰、技术先进、互联互通、应用维护方便、安全可靠的重庆市信用信息应用平台，信用数据征集范围横向覆盖全市各级党委、人大、政府、政协、法院、检察院等各级政务部门及公共服务单位，并实现与国家信用共享平台的数据共享，实现大数据分析、联合惩戒、城市信用监测、信用绩效考核等相关应用，为公众和政务部门提供多层次、全方位的信用服务。

重庆市公共信用信息平台建设内容包括“一云、一库、一标准、五系统、两中心”。“一云”：指在一期项目搭建的信用云平台框架下进行扩展，增强云平台计算存储能力和稳定性，为业务系统运行提供基础保障。“一库”：指征集系统升级、信用基础库扩建、信用专题库和数据治理等建设内容。“一标准”：标准建设包括管理标准、技术标准和应用标准的建设。“五系统”：一是信用门户系统，包括升级基于互联网的“信用中国（重庆）”门户网站和基于电子政务外网的“共享门户”网站，并新建信用移动门户；二是信用服务管理系统，包括“双随机、一公开”监管信息系统、异议管理系统、债券存续期管理系统、绩效考核系统、信用修复管理系统；三是信用大数据应用系统，包括城市信用监测、信用风险预警、信用主体评价、智能可视化展示等应用系统；四是信用融合应用系统，通过双边或多边合作建设业务联动的信用应用系统，包括联合奖惩应用系统、政务融合应用系统、区县区域融合应用系统、市场领域融合应用系统、民生场景融合应用系统；五是配套系统，包括企业版数据库软件、标准版数据库软件、Hadoop大数据系统、大数据智能引擎系统、大数据万兆交换系统、终端设备等第三方软硬件。“两中心”：指监测中心和安全中心。

五、重庆市公共信用信息平台建设的风险与应对措施

（一）可能面临的风险

在重庆市公共信用信息平台的建设过程中，可能面临的风险不容忽

视。一是技术风险。近年来，信息技术发展日新月异，人工智能、大数据、云计算、边缘技术等新技术的日益涌现给传统信息系统的生存和发展带来了严峻的挑战，因非加密传输、非冗余等技术落后导致的公共信息平台安全事故频发，给社会带来舆论压力和巨大的经济损失。新的技术标准、新的业务需求可能会对重庆市公共信用信息平台的技术架构带来新的压力性挑战，平台技术不能实现迭代更新、与时俱进可能导致平台数据泄露、系统宕机乃至整个服务系统瘫痪等严重后果。因此，重庆市公共信用信息平台建设在技术选择方面必须加大投入，保持冗余性、可持续和可扩展性，确保平台的技术水平保持在行业前列。二是法律风险。任何平台建设都承载着相应的业务功能和数据沉淀，重庆市公共信用信息平台也不例外，与其他单一业务系统不一样，重庆市公共信用信息平台涉及大量个人和企业的敏感信息，如何在合法合规的前提下进行信用信息的收集、清洗、存储和使用，是当前平台建设必须面对的问题。因此，在平台的建设过程中，必须建立健全数据保护机制，积极推动信用信息保护地方性立法，确保大众用户信息的安全性和隐私性。

（二）风险应对措施

综合上述风险，可以在充分分析风险产生原因的基础上，提出针对性的风险应对措施，降低或者规避风险带来的影响，确保重庆市公共信用信息平台安全、稳定、可靠地运行。

在技术风险方面。一是加大技术研发力度，以稳定开源的代码为基础，结合重庆市公共信用信息平台非结构化数据和结构化数据处理需求，设计一套技术先进、运行安全、服务可靠的底层技术架构，以应对数据量日益增长、数据处理效率日益提升、数据安全日益严格的发展需要。同时，借鉴国内先进的信息安全管理体系，实现重庆市公共信用信息平台建设的标准化和规范化，如建立完全符合GB/T 18336 ISO 27001和ISO/IEC 27001等标准的信息安全防线，确保信息资产的保密性和安全性。二是加大人才培养力度，充分将信用体系建设部门、参与重庆市公共信用信息平台建设的市场化机构与重庆本地高等学校相关专业研究相结合，培育信用相关的人才，这样既有信用建设方面的理论知识，也有用于指导建设的实践经验。

在法律风险方面。重庆市公共信用信息平台的主要目标是提供高效便民的信用服务，不可避免地包含了市场主体（含企业法人和自然人）、社会组织甚至政府机构的个人隐私和商业秘密，为降低或规避此类风险，除了现行的《重庆市社会信用条例》外，还应逐步完善重庆市公共信用信息平台建设运行规范、公共信用信息安全管理规范、公共信用信息隐私保护规范。同时，可以借鉴欧盟的《通用数据保护条例》（GDPR）等数据保护法规，制定符合我国社会信用体系建设特征和重庆市发展要求的数据规范，为重庆市公共信用信息平台提供法律保障。

在运维风险方面。重庆市公共信用信息平台运行维护是维持平台正常运转、对外提供高效服务、发挥基础支撑作用的必备前提。一是坚持做好安全运行评估，按照国家信用安全管理部门要求定期要求第三方信用安全评估机构对重庆市公共信用信息平台做好信息安全等级评估，及时处理评估发现的问题；二是坚持做好日常巡查，组织专业技术力量每日开展服务器、数据库等关键信息基础设施日志分析，针对突发性、异常性问题组织技术力量加大研究，提出解决方案和技术防护措施；三是坚持完善应急预案，建立健全内部控制风险机制、风险监测和预警管理系统以及突发事件应急预案，对可能发现的风险提前演绎，做好技术和管理储备。同时，还要加强与经济信息、国家保密、公安局等政府部门的沟通协调，形成合力推动重庆市公共信用信息平台的建设和发展。

总之，重庆市公共信用信息平台的风险应对措施与建议需要综合考虑技术、法律、运维等多方面风险，制定全面、科学、有效的应对策略。只有这样，才能确保平台在建设中稳健前行，为重庆市的信用体系建设提供有力支撑。

六、本章小结

经过对重庆市公共信用信息平台建设的深入研究，可以得出以下结论。首先，平台的建设历程表明，重庆市在公共信用信息领域已经取得了一定的成果，但仍然存在一些问题和挑战，如数据共享机制不完善、平台功能和服务有待提升等。这些问题需要得到重视和解决，以确保平台能够更好地服务于社会经济发展。其次，通过借鉴国际先进经验，我们发现公共信用信息平台建设需要注重战略规划、组织保障、技术支持和政策法规保障等方面。这些方面的协同作用将有助于提升平台的建设水平和运行效率。最后，在风险评估与应对措施方面，需要建立完善的风险评估与预测机制，并采取相应的风险应对措施，如加强技术研发、完善数据安全保障措施、制定科学合理的政策法规等。

针对重庆市公共信用信息平台建设提出以下政策建议：首先，应完善平台的数据共享机制，确保政府部门、企事业单位之间的信息流通畅通无阻。通过数据共享，可以提高政府决策的科学性和透明度，同时也有助于企业间的公平竞争。据统计，数据共享机制的完善将使政府决策效率提高60%、企业间的交易成本降低30%。其次，建议推动平台的创新发展，引入先进的技术手段，提高平台的智能化水平。例如，可以利用大数据、人工智能等技术，对信用信息进行深度挖掘和分析，为政府和企业提供更加精准的服务。最后，建议加强平台的国际合作与交流，借鉴国际先进经验，推动重庆市公共信用信息平台建设的国际化发展。

重庆市公共信用信息平台建设需要在多方面加以改进和提升。我们建议政府和社会各界共同努力，加强合作与协调，推动平台建设不断完善和发展。同时，我们也需要关注平台建设的长远发展和未来趋势，不断创新和完善平台的功能和服务，以更好地服务于社会经济发展。展望未来，随着大数据、人工智能、区块链等新兴信息技术的广泛深入应用，重庆市公共信用信息平台的建设将不断迈向新的高度。平台将实现更加智能化、精细化、科学化的信用信息管理。通过构建不同类别的信用评价体系，平台将能够更准确地评估企业、个人、个体工商户、社会组织的信用状况，为政府决策、市场监管、公共服务等领域发展提供有力支撑。同时，随着平台数据资源的不断积累和共享，将有力推动重庆市社会信用体系建设的全面升级，在打造诚信社会、优化营商环境、提升城市竞争力方面发挥重要作用。

第三章

社会信用制度的运行机理及实现[①]

① 重庆征信有限责任公司蔡红波、刘春、郑琼参与本课题研究。

守信激励与失信惩戒是社会信用制度发挥导向性作用的具体表现，是让信用主体体会到守信获得感、失信羞耻感的具体行为。近年来，党中央、国务院高度重视信用体系建设，将守信激励和失信惩戒机制作为社会信用体系建设的“牛鼻子”和“撒手锏”，明确提出，要从更大维度、更深层次、更广范围构建守信联合激励和失信联合惩戒大格局。但由于信用体系建设上位法还不完善，为避免信用措施的泛化、滥化，有序推进守信联合激励与失信联合惩戒机制依法依规开展，本章从地方层面探索如何实施该机制，为其他省市开展相关工作提供借鉴。

一、建立信用奖惩机制的重大意义

（一）信用奖惩机制是社会信用制度运行的核心逻辑

习近平总书记多次在中央深改委（领导小组）会议上强调，要建立和完善守信联合激励和失信联合惩戒制度，加快推进社会诚信建设，要加快建立和完善跨地域、跨部门、跨行业的失信联合惩戒机制和黑名单制度，让失信者一处违规、处处受限，让违法经营者付出高昂代价。2014年，国务院出台的《社会信用体系建设规划纲要（2014—2020年）》中明确提出社会信用体系是社会主义市场经济体制和社会治理体制的重要组成部分，而完善以奖惩制度为重点的社会信用体系运行机制是保障社会信用体系各系统协调运行的制度基础。随后，党中央、国务院及各部门密集出台了一系列与联合奖惩相关的具有顶层设计意义的重大文件，包括《国务院关于建立完善守信联合激励和失信联合惩戒制度加快推进社会诚信建设的指导意见》《国家发展改革委　人民银行关于加强和规范守信联合激励和失信联合惩戒对象名单管理工作的指导意见》《国家发展改革委办公厅关于对严重失信企业实施联合惩戒工作的通知》《关于加快推进失信被执行人信用监督、警示和惩戒机制建设的意见》等文件。2019年，国务院办公厅出台了《关于加快推进社会信用体系建设构建以信用为基础的新型监管机制的指导意见》(国办发〔2019〕35号)，文件首次提出以信用监管为主的新型监管机制理念，将联合奖惩作为事后监管的重要手段，要加快构建跨地区、跨行业、跨领域的失信联合惩戒机制，依法依规建立联合惩戒措施清单，动态更新并向社会公开，形成行政性、市场性和行业性等惩戒措施多管齐下，社会力量广泛参与的失信联合惩戒大格局。2022年，中共中央办公厅、国务院办公厅印发的《关于推进社会信用体系建设高质量发展促进形成新发展格局的意见》(中办发〔2022〕25号)从宏观层面对失信惩戒机制建设工作中的总体要求、基本内容、制度保障等作出了指导。

(二)信用奖惩机制是社会效率提升的基础保障

守信激励和失信惩戒措施作为联合奖惩机制的基础，是全市各级行政部门依法依规开展守信联合激励和失信联合惩戒的重要法制依据。措施清单由各市级行政部门发起，通过清单模式，明确要求针对不同的奖惩对象，实施部门必须严格依据相关备忘录或文件实施联合奖惩措施。避免了各行政部门在执行联合奖惩时自由裁量，是对守信和失信主体实施联合奖惩从定性到定量的关键一环，也是社会信用体系建设法治化的重要组成部分。为避免“兜底”“箩筐”现象随时发生，2020年国务院办公厅印发《关于进一步完善失信约束制度构建诚信建设长效机制的指导意见》(国办发〔2020〕49号)对失信惩戒工作进行了严格的限定。2022年国家发展改革委又出台《全国失信惩戒措施基础清单(2022年版)》，2024年结合相关法律法规的调整和部委信用体系建设工作开展情况，更新出台了《全国失信惩戒措施基础清单(2024年版)》，明确了失信惩戒、失信惩戒措施的定义、失信惩戒的范围、设列严重失信主体名单的层级。守信激励和失信惩戒机制作为社会信用体系建设的“牛鼻子”和“撒手锏”，是整个信用体系建设的重要抓手，而如何建立一套行之有效、权责清晰、依据充分的措施清单就成为整个联合奖惩机制的关键因素，通过清单模式明确联合奖惩对象及各部门联合奖惩措施，将有力推动联合奖惩机制落地落实，加快构建全市“一处失信、处处受限”的良好格局。进一步提升全市信用联合奖惩力度，规范失信，激励守信，营造良好诚信氛围，促进营商环境不断优化净化。

（三）信用奖惩机制是监管能力提升的重要保障

守信激励和失信惩戒机制是社会信用体系建设的核心机制，对弘扬社会主义核心价值观、进一步推动简政放权和政府职能转变、提高社会治理能力发挥着重要的支撑作用。建立健全联合奖惩措施清单，落实守信激励和失信惩戒机制，有利于构建以信用为核心的新型监管机制，提高社会信用体系建设法治化、规范化水平，更好地规范失信、激励守信，维护市场正常秩序，营造诚信社会环境。守信联合激励和失信联合惩戒既是新型监管机制中事后监管的重要环节和最后屏障，也是信用建设与监管中最有效、最具可操作性的部分。健全失信联合惩戒对象认定机制，督促失信市场主体限期整改，深入开展失信联合惩戒，坚决依法依规实施市场和行业禁入措施，依法追究违法失信责任等，加快构建跨地区、跨行业、跨领域的失信联合惩戒机制，是从根本上解决失信行为反复出现、易地出现等问题的有效手段，也是以信用为核心的新型监管机制的重要抓手[①]。

（四）信用奖惩机制是重庆落实国家信用体系建设重大部署的具体举措

为落实国家对相关激励与惩戒工作的要求，重庆市人民政府出台《关于建立完善守信联合激励和失信联合惩戒制度加快推进社会诚信建设的实施意见》（渝府发〔2017〕3号）[②]，意见中明确提出要按照国家有关法律法规和政策规定对惩戒措施进行全面梳理，结合国家发展改革委与其他部委合作出台的备忘录，明确联合激励和惩戒事项、建立激励和惩戒措施清单，并将相关清单纳入信用信息系统管理，确保各项措施公平、公正、合法合规地执行，确保守信联合激励和失信联合惩戒的推动有序、奖惩有度。该文件还细化了措施清单的类型，将措施分为两类：一类是强制性措施，即行政管理部门和具有公共管理服务的部门依法必须执行的激励和惩

① 李彩红. 社会诚信体系视角下的遏制腐败研究［J］. 焦作师范高等专科学校学报，2020，36（2）：72-76.

② 作者注：因信用惩戒工作相关要求发生变动，该文件目前已废止。

戒措施；另一类是推荐性措施，即参与各方可以根据工作需要和政策要求，以褒扬诚信、惩戒失信为导向对守信和失信者自愿采取不同的措施。同时，意见还要求各区县（自治县）人民政府、市政府有关部门根据实际情况实施联合奖惩，鼓励各区县先行先试，不断丰富信用激励和惩戒措施。在实施过程中不断补充、修订和完善两类措施清单，并推动相关法规制度建设①。

二、守信联合激励与失信联合惩戒的内涵

（一）守信联合激励和失信联合惩戒

守信联合激励和失信联合惩戒是指通过政府、市场、行业、社会协同采取激励和惩戒措施，提高守信受益和失信成本。即对守信主体给予行政性、市场性、行业性、社会性的优惠、便利、奖励和正面宣传，对失信主体在从事社会经济活动时予以行政性限制、禁入，撤销其资质资格或在市场、行业中减少其交易机会、增加交易成本或者负面曝光等。充分调动各地区、各领域、各行业及全社会的力量，形成政府各部门协同联动、行业协会组织自律管理、公共和市场信用服务机构积极参与、社会舆论广泛监督的褒扬诚信和惩戒失信的大格局。

（二）守信联合激励和失信联合惩戒对象名单

守信联合激励和失信联合惩戒对象是指在守信联合激励和失信联合惩戒中承担有利后果或不利后果的人，此处的“人”是法律意义上的人，即具有完全民事行为能力的自然人、法人和其他组织，从事生产经营活动的自然人、法人和其他组织。如果是法人和其他组织被列为失信联合惩戒主体，其法定代表人、高管和主要负责人也将成为守信联合激励和失信联合惩戒的实施对象。对象名单则是各地方严格按照国家统一的认定标准进行联合奖惩对象认定的对象集合。

---

① 连维良. 积极构建守信联合激励和失信联合惩戒大格局［J］. 中国经贸导刊，2016（19）：11-12.

（三）守信联合激励和失信联合惩戒事项清单

守信联合激励和失信联合惩戒事项清单是指各部门依据本单位的权利事项进行梳理，结合国家相关领域合作备忘录以及各部门各领域的法律法规、政策规定明确的可用于查询及联合奖惩的事项清单。主要包括生产、流通、金融、知识产权、税务、价格、工程建设、公共资源交易、能源、交通运输、电子商务、中介服务、社会事业、文化旅游等14个领域的守信和失信事项。

（四）守信联合激励和失信联合惩戒措施清单

守信联合激励和失信联合惩戒措施是指发起联合激励和联合惩戒的单位对纳入守信联合激励和失信联合惩戒的对象依照联合奖惩备忘录或相关法律法规采取的使其承担有利或不利后果的激励或惩戒行为。而措施清单则是所有联动部门实施的奖惩措施的集合。

一是按措施类型分类。按奖惩措施类型可分为守信联合激励措施和失信联合惩戒措施。守信联合激励措施主要是将联合奖惩备忘录或部委有关文件作为依据，由发起部门发起、其他部门响应，给予守信激励对象的一些优惠和便利。失信联合惩戒措施主要是以法律法规、联合奖惩备忘录或部委规章为依据，由发起部门发起、其他部门响应，给予失信惩戒对象的一些限制和约束。

二是按措施性质分类。依据措施是否有相关法律法规作为依据，可将其分为强制性措施和推荐性措施。其中，强制性措施，即行政管理部门和具有公共管理服务的部门依法必须执行的激励和惩戒措施；推荐性措施，即参与各方可以根据工作需要和政策要求，以褒扬诚信、惩戒失信为导向对守信和失信者自愿采取不同的措施。推荐性措施原则上不应限制市场主体的市场准入、备案等正常市场经营活动。

三是按措施内容分类。按奖惩措施内容可分为市场性、行政性、行业性和社会性奖惩措施。

市场性奖惩措施是指提高或降低市场主体交易成本，给予其优惠便利或限制其市场行为。例如，开发知识产权价值贷、绿色金融贷、“裕农快贷”等金融产品，引导金融服务机构和商业机构等市场主体在金融活动、市场活动中参考使用信用结果信息，对诚信市场主体给予优惠和便利。对有履行能力但拒不履行的严重失信主体实施限制购买大额动产、乘坐飞机、旅游度假、入住星级以上宾馆、限制出境和限制购买不动产、乘坐高等级列车和轮船及其他高消费行为等措施。

行政性奖惩措施，是指政府综合管理部门和政府专业监管部门针对信用主体进行的行政监管和激励。例如，在行政审批领域实施便利化措施，根据行政相对人信用状况实施“告知承诺”和“容缺受理”等“绿色通道”，提高行政审批效率；在公共领域实施优化服务，对诚信主体在教育、就业、创业、社会保障等领域给予资金、项目、政策方面的支持，在有关公共资源交易活动中采取信用加分等；在行政监管领域，对符合条件的诚信企业，在日常检查、“双随机、一公开”检查及专项检查活动中降低检查频次、降低抽查概率。需要特别说明的是，对严重失信主体，行政管理和服务部门严格执行措施清单规定，实施严格管理。例如，将其列为重点监管对象，在实施行政许可项目时，从严审核把关发放生产许可证，依法依规严格限制新增项目审批、核准；限制在全国股份转让系统挂牌、融资，限制股票发行上市融资或发行债券；限制发起设立或参股金融机构、融资担保公司、创业投资公司等金融类服务机构，限制从事互联网信息、网络服务等；限制申请政府性资金项目、补贴及相关政策支持；限制参与有关招标投标、政府采购等公共资源交易活动及基础设施和公用事业特许经营等项目生产经营活动。对严重失信法人及其法定代表人、主要负责人（包括相关董事、监事等高管人员）及对失信行为负有直接责任的注册执业人员等实施市场和行业禁入措施，按照相关规定及时撤销严重失信法人及其法定代表人和对失信行为负有直接责任的董监高等相关人员的荣誉称号，取消参加评先评优资格等约束性措施。

行业性奖惩措施由行业组织根据行业规定进行奖惩。例如，大力推介诚信市场主体，推动行业协会商会加强诚信建设和行业自律，表彰诚信会员，并向社会广泛宣传。将严重失信行为信息纳入行业协会会员信用档案管理。鼓励支持行业协会商会制定失信约束的情形，按照行业标准、行规和自我承诺等诚信行为，对失信会员实行警告、公开谴责、不予接纳、行业内通报批评、劝退等不同失信程度的惩戒措施。

社会性奖惩措施则是通过信用信息广泛传播形成的激励或约束。例如，建立完善失信举报制度，鼓励公众举报企业严重失信行为，对举报人信息严格保密。支持有关社会组织依法对污染环境、侵害消费者或公众投资者合法权益等群体性侵权行为提起公益诉讼①。

综上所述，联合奖惩对象名单规范了联合奖惩的具体实施对象，而认定对象名单之后，联合奖惩事项和措施才有承载和实施的主体，才能根据事项清单中明确的具体实施路径和方式进行联合奖惩。各部门、各行业在联动过程中根据措施清单规定的相关奖惩措施，对行政相对人实施合法合规的奖惩。三者相互依存，互为补充，形成不可割裂的有机整体。

三、我国信用奖惩机制发展历程

（一）以“联合奖惩备忘录”为形式的初级阶段

1. 国家层面“联合奖惩备忘录”实施情况

2014年，中央文明办等八部委印发《构建诚信、惩戒失信合作备忘录》（文明办〔2014〕4号），该文件是我国第一个由八部委联合出台的与信用相关的联合奖惩备忘录。随着社会信用体系的快速发展，党中央、国务院及各部门又密集地出台了一系列与联合奖惩相关的具有顶层设计意义的重大文件：《国务院关于建立完善守信联合激励和失信联合惩戒制度加快推进社会诚信建设的指导意见》《国务院办公厅关于加快推进社会信用体系建设构建以信用为基础的新型监管机制的指导意见》《国家发展改革委　人民银行关于加强和规范守信联合激励和失信联合惩戒对象名单管理工作的指导意见》《国家发展改革委办公厅关于对严重失信企业实施联合惩戒工作的通知》等。截至2023年6月，国家发展改革委已联合60多个部门，累计签署51个联合奖惩备忘录。主要涉及纳税信用A级纳税人、优

① 施歌，施新玲，李家勋．加快社会信用体系构建　推动江苏省全面深化改革［J］.经济研究导刊，2016（30）：51–52.

秀青年志愿者、海关高级认证企业、安全生产领域守信生产经营单位及其有关人员和交通运输工程建设领域守信典型企业，以及3个既包括联合激励又包括联合惩戒的备忘录，主要涉及出入境检验检疫企业、慈善捐赠领域和电子认证服务行业。

在对失信主体的联合奖惩方面，各部门签署了出入境检验检疫、慈善捐赠、婚姻登记、交通运输工程建设、家政服务、限制乘坐民用航空器、限制不动产交易、公共资源交易、旅游、科研、知识产权、社保、会计、统计、文化市场等45个备忘录，既包括联合激励又包括联合惩戒的备忘录3个，发布黑名单信息1659万条，重点关注名单信息1164万条。

2. 地方层面“联合奖惩备忘录”制定情况

据不完全统计，全国各省份共签署联合奖惩备忘录超过140个。山东、山西、江苏、浙江、广东、上海、重庆、黑龙江、吉林、辽宁、四川、陕西、海南、江西、青海、宁夏、贵州、湖北、福建、内蒙古等20个省份（含下属地市）都出台了地方联合奖惩备忘录，京津冀地区、长三角地区联合签署了区域联合奖惩备忘录。主要涉及工程建设、医疗卫生、交通运输、生态环保、司法判决、税收缴纳、金融、教育、电子商务、劳动保障等多个领域。

在地方出台的联合奖惩备忘录中，由于没有上位法和地方性法规的有力支撑，绝大部分是依据国家联合奖惩备忘录所做的延伸，在此不再赘述。在备忘录所涵盖的领域中，有极少部分省市出台了国家不同领域的联合奖惩备忘录，并且多以市级层面备忘录为主，在备忘录中明确了相关的奖惩措施，现将该部分备忘录做一个简单梳理。

《内蒙古自治区关于对工程建设项目审批制度相关失信责任主体实施联合惩戒的合作备忘录》主要包含安全生产、环境保护、电力行业、石油天然气、煤炭行业、房屋建筑和市政基础设施工程、建筑市场及质量、房地产、人防工程建设等10个领域的95项具体惩戒措施。

《山西省临汾市关于对人防工程建设单位和个人严重失信行为实施联合惩戒的合作备忘录》规定了7类行为，9项具体惩戒措施。包括限制取得政府供应土地，限制新增项目审批，核准手续办理，暂停规划许可，施工许可办理，限制取得商品房预（销）售许可、商品房买卖合同备案，限制资质升级，加大检查频次，重点监管，禁止市场准入，从重处罚等。

《寿光市对校外培训机构及其有关人员开展联合惩戒的合作备忘录》规定了4类惩戒对象和7项具体惩戒措施。包括依法吊销民办学校办学许可证等有效证件，作为信贷融资、评级授信、管理和退出的重要参考，取消评优评先、限制高消费，限制招录（聘）为公务员或事业单位工作人员，在电视台、广播电台、报刊音像出版单位等媒体发布违法失信用人单位广告等，依法加强管理。

《泸州市对被判刑人员和其他失信人员在人力资源社会保障方面开展联合惩戒工作备忘录》规定了3类惩戒对象，包括机关、事业单位人员，企业员工和其他人员。并分别对三类人员出台了相适应的惩戒措施，主要涉及公务员及事业单位考试、医疗保险待遇、养老保险待遇、生育保险待遇、丧葬补助费和一次性抚恤金等一系列限制措施。

《浙江省国际航行船舶保税燃油加注安全管理实施联合惩戒合作备忘录》是全国范围内推出的首个船用燃油加注领域联合惩戒备忘录。联合惩戒对象主要为在中国（浙江）自由贸易试验区经营国际航行船舶保税燃油供应存在严重失信行为的船舶代理企业、供油企业、供油船舶等，将对"因违反操作规定引起爆炸、火灾、人员伤亡等安全或污染责任事故"等六大行为开展联合惩戒。

《北京市关于对停车行业严重失信主体实施联合惩戒措施的合作备忘录》（征求意见稿）规定12项联合惩戒措施，包括不得申请道路停车居住认证并享受居住停车优惠、限制失信主体享受优惠性政策、提高贷款利率时审慎性参考、调整保险费率时审慎性参考、向社会公布、获得荣誉限制等。

（二）以"措施清单"为标准的规范发展阶段

从国家治理的高度，习近平总书记多次对社会信用体系建设提出了明确的要求，为强化我国社会信用体系的法治建设和顶层规划提供了明确的导向。首先，针对社会中明显的信用缺失问题，社会信用不仅需要加快构建一个全民覆盖的信用评价体系，还必须优化法律遵守和诚信的奖励机制以及对违法和失信行为的惩处体系，从而构建一个既防止个体敢于失信又确保其无法失信的社会环境。其次，在“十四五”规划的框架下，对于社会信用体系的完善也做出了具体而明确的要求，主要包括构建和优化信用相关的法律法规体系、发布公共信用信息的目录以及建立失信行为的惩罚措施清单。目标是通过法律手段清晰界定信用信息的收集、应用、公开及其保护的条例，以确保信用信息的安全性及其合法使用。这一系列措施和规划的实施，旨在从根本上加强社会信用体系的构建，通过制度化的手段，促进社会诚信水平的整体提升，为构建和谐社会提供坚实的信用基础。通过这样的顶层设计和法治建设，可以有效地促进社会主义核心价值观的贯彻落实，进而推动社会和谐稳定发展。同时，通过法律明确各方权利和义务，保障信用主体的合法权益，明确失信行为的认定规则和惩戒机制，加强信用惩戒实施的社会效果和法律效果，确保信用惩戒有效实施。

此外，拓展惩戒措施的内容，进一步深化对失信行为的惩处措施，强调加强“一次失信、到处受限”的信用制裁效应，旨在迫使那些失信的被执行人迅速遵守有效的法律判决，从而保护当事人的合法利益。通过这种方式，我们不仅是在惩罚一个个体的不诚信行为，更是通过制度化的手段，建立起一个全社会范围内的信用监督机制。这种机制的核心，在于通过扩大失信行为的社会成本，使得个体和企业在考虑违背承诺或法律规定时，必须面对的不仅是局部的、短期的影响，而且是广泛的、长期的社会和经济后果。

信用立法在地方实践中取得突出成果，上海、重庆、浙江、广东等36个省（区、市）、地级市先后出台地方性法规。加快推进社会信用立法工作已逐步形成普遍共识。截至2024年1月，已有53部法律、71部行政法规专门设列信用条款，主要集中在民法商法、行政法和经济法中。涵盖对诚信建设的原则性规定、强调对行业信用信息的归集共享和信用平台建设、建立信用档案信用评价等信用监管机制、实施信用奖惩等信用手段、规范金融信用建设等内容。2022年12月，国家发展改革委联合中国人民银行发布《全国公共信用信息基础目录（2022年版）》《全国失信惩戒措施基础清单（2022年版）》，进一步明确公共信用信息纳入范围并规范失信惩戒措施，保护信用主体合法权益。2023年1月，国家发展改革委发布《失信行为纠正后的信用信息修复管理办法（试行）》，进一步规范了信用信息修复工作。2023年9月，社会信用建设法被列入十四届全国人大常委会立法规划的第二类项目。

四、国家及部分省市信用奖惩实施情况

（一）国家部委信用奖惩机制实施情况

从国家层面来看，编制和出台《联合奖惩合作备忘录》（简称《备忘录》）为联合奖惩措施主要手段。《备忘录》中明确的每一项联合奖惩措施都列明其法律法规依据，具有较强的合法性和可操作性。自2015年国家出台《备忘录》至今，国家层面已经出台51个备忘录，共涉及联合激励措施307项，其中，纳税信用A级纳税人的激励措施4项，优秀青年志愿者的激励措施27项，海关高级认证企业的激励措施39项，具体措施主要包括建立行政审批“绿色通道”、优先提供公共服务便利、降低市场交易成本、优化诚信企业行政监管安排等。另外，在43个联合惩戒备忘录中明确的惩戒措施有1060余项，主要包括限制高消费、限制准入、限制招投标、限制担任董监高、限制政府补贴、限制评优评先等。

其中，国家能源局于2018年出台了《能源行业市场主体信用信息应用清单》（简称《清单》）。该清单主要依据国家能源局印发的《能源行业信用体系建设实施意见（2016—2020年）》《能源行业市场主体信用信息归集和使用管理办法》等文件进行编制。与《备忘录》中联合奖惩的概念有所区别的是，《清单》主要是用于本行业内部的信用监管，具体奖惩措施也是由国家能源局内部根据其信用状况作出的，并未在真正意义上与其他部门联动。但在清单编制的角度，有一定的借鉴和学习作用。该清单根据应用类别的信用状况明确相应的监管措施，切实做好能源行业信用分类监管工作，进一步推动了守信激励和失信惩戒。《清单》为国家能源局及其派出能源监管机构和各直属事业单位开展以信用为基础的监管工作提供

依据。《清单》主要包括五大应用类别，分别是行政许可类、行政处罚类、表彰评优类、日常监管类和其他。涉及六大信用主体，分别是电力、安全、油气、煤炭、核电和其他，并且把市场主体分为信用良好、守信、失信、严重失信四类。针对四类信用状况的市场主体实施信用监管措施，包括48项应用事项和28项监管措施。

在国家出台的51个备忘录中，守信联合激励备忘录5个，在对守信主体的联合激励方面，启动以“信易批”“信易贷”“信易租”“信易行”“信易游”为主要内容的“信易+”工作，创新拓展守信激励应用场景，切实增强了守信主体的获得感。2023年上半年，83万户次A级纳税人单次领取了3个月增值税发票用量、93万户次A级纳税人按需领用了普通发票、37万户次连续3年的A级纳税人享受了税务机关提供的绿色通道；23.4万户次A级纳税人享受了发展改革委、人力资源和社会保障、市场监管、海关等部门的便利优惠措施。中国民航局协调东方航空为优秀守信青年提供“诚信机票”服务，2021年、2022年、2023年分别为1200套、1500套、1800套。银保监会协调完善注册志愿者保险制度，推动为所有注册志愿者提供保险。2021年以来连续3年为青年信用体系建设先导工程“志愿中国”信息系统内注册的志愿者购买保险。

在失信联合惩戒的43个备忘录中，截至2023年6月，全国法院累计发布失信被执行人名单1443万人次，累计限制购买飞机票2682万人次，限制购买动车高铁票596万人次；437万名失信被执行人慑于信用惩戒主动履行法律义务；为23.95万名农民工追发工资28.3亿元，查处劳动保障违法案件4.9万件，为44.3万名劳动者追发工资等待遇42亿元；公安部配合阻止出入境5773人次；1.98万名“黑名单”当事人被市场监督管理部门限制担任企业的法定代表人、董事、监事及经理职务。

（二）部分省市信用奖惩机制运行情况

部分省市根据国家出台的《备忘录》以及本地区出台的联合奖惩的相关文件规定，先行先试，探索性地出台了一系列配套的联合奖惩清单，使联合奖惩工作更具规范化、系统化，极大程度地防止联合奖惩的泛化和滥用，进一步规范了联合奖惩的范围、实施对象、奖惩措施等。先进省市因地制宜，结合本市实际情况，编制的清单各具特点，涵盖的内容不尽相同，但都具有较强的可操作性和学习借鉴作用。

1. 上海市信用联合奖惩目录

上海市是全国最早开展信用联合奖惩的省市之一。率先探索标准建设，建立信用行为清单、应用清单、措施清单“三清单”地方标准，并得到全国各省市复制推广。根据联合奖惩工作要求对各单位开展联合惩戒实施分类考核，并且根据各部门填报的内容将部门划分为两类：一类考核单位是联合奖惩备忘录确定的重点部门，共16家；二类考核单位是未列入联合奖惩备忘录，与上海实际工作相关的单位，共53家，将一类考核单位纳入强制考核范围。信用联动奖惩行为清单（2017版）收录的联合奖惩行为事项涉及44家单位；联合惩戒行为事项涉及39家单位；联合奖惩措施表涉及24家单位、134项奖惩措施；作为实施单位联合奖惩涉及全市19家单位、171项奖惩措施，包括强制性措施和推荐性措施。自2016年开始，每年更新行为清单，制定依据主要为国家联合奖惩备忘录以及上海市出台的相关管理办法。上海市“三清单”相对独立，逻辑清晰，清单责任明确。

2. 江苏省守信联合激励和失信联合惩戒措施清单

根据国家发展改革委等部委相关联合奖惩备忘录要求，江苏省出台的守信联合激励和失信联合惩戒有关文件组织和指导各部门和单位开展工作，推动各项奖惩措施落地，在广泛调研征求各部门和单位意见的基础上，编制了《江苏省守信联合激励和失信联合惩戒措施清单（2018年版）》（简称《奖惩清单》）。《奖惩清单》从国家和省级当时已发布的36个失信联合惩戒制度和6个守信联合激励制度中，梳理形成由信用信息提供部门（即发起部门）和信用信息应用部门（即实施部门）一一对应的218条措施（其中激励措施51条、惩戒措施167条）。为更好地实现清单落地，江苏省委托省信用中心对各部门和单位联合奖惩的实施情况进行考核和评价。《奖惩清单》明确了具体内容，主要包括发起部门、信息内容、实施部门、实施措施、实施方式、信息应用方式和实施依据等。其中，将实施方式分为禁止、限制、参考；信息应用方式分为自主查询、批量查询、接口调用。

3. 广东省社会信用体系建设联合奖惩试点事项清单

广东省于2018年出台印发了《广东省社会信用体系建设联合奖惩试点事项清单（36项）》，主要包括实施单位、事项名称、子项名称、措施类型、奖惩对象、激励或惩戒、措施性质、具体措施、法律法规及政策依据9类指标。清单涵盖实施单位32个，奖惩对象34类，在21个行政管理事项中实施激励措施19项，在30个行政管理事项中实施联合惩戒措施113项。广东省措施清单与其他省市措施清单的不同之处在于，它是备忘录的倒置梳理过程。从所有备忘录中整理出适用于各部门的共性措施类型，主要包括限制审批、限制财政性资金项目、限制配额分配、限制优惠性政策、限制参与招投标和政府采购、限制担任法定代表人和董监高、实施市场和行业禁入措施、审慎参考依据、建立“绿色通道”、优先提供公共服务等十大类。再整理出适用于联合奖惩的事项清单，通过备忘录一一对应出具体的措施。将备忘录中有依据的措施列为强制性措施，将未在备忘录或备忘录中不明确的设置为推荐性措施，防止联合惩戒的泛化及滥用。做到奖惩措施的落地、落细，具有较强的可操作性和实施性。

4. 威海市守信联合激励和失信联合惩戒措施清单

威海市连续三年发布《公共信用信息数据归集清单》《信用产品应用清单》《联合惩戒措施清单》，以“三张清单”为支撑，实现奖“诚”罚“赖”。

数据清单。威海市将全市具有行政管理职能的市直部门单位的行政许可、行政处罚、行政奖励、行政监督、守信激励和失信惩戒名单等行政管理服务事项信息全部纳入信用平台统一管理。截至2023年6月，威海市级信用平台累计归集信用信息3.82亿条，在推动信用联合奖惩方面，威海市39家市直单位、293个事项办理过程中使用信用核查与联合奖惩，累计在项目申报、政策兑现等领域核查企业信用30余万次。同时将信用承诺、信用核实、信用报告等信用应用产品嵌入各部门评先选优、干部任免、行政审批、公共资源交易、政府采购、公共服务、行政监督检查、财政资金使用、银行信贷审批等事项的办事流程。

联合奖惩措施清单。依据国家已签署的联合惩戒备忘录，从中选择了与生产生活密切相关的31项惩戒措施，并根据威海实际情况，新增了交通出行、社会保障、海洋渔业、市场监管、住房城乡建设、生态环保等9个领域的严重失信主体，联合惩戒范围累计达到40个领域。威海市还搭建了“联合奖惩对象库”与“联合奖惩措施清单库”，把联合奖惩措施清单植入应用客户端，使用部门仅需“选中奖惩对象—按下快捷键—选择奖惩措施—确认反馈”等4个步骤，即可完成从查询到反馈的全流程操作，实现了部门无感操作，减轻了工作人员负担。通过应用“小程序”就可实现措施清单管理、红黑名单查询、案例管理等功能。

威海市措施清单只包含三个内容：惩戒措施、适用对象、执行部门。惩戒措施主要是对国家出台的备忘录根据措施描述一致性或相似性进行汇总，并统一规范成一种表述的奖惩措施，累计梳理备忘录中31个奖惩措施。适用对象是指各个备忘录中规定的红黑名单。针对备忘录中每个奖惩措施列明的配合部门分配到执行部门。

（三）经验借鉴及启示

上海、江苏、广东、威海等省市根据出台的信用条例或联合奖惩相关制度文件，规范联合奖惩措施清单的编制，梳理形成科学、规范的措施清单，并通过绩效考核和评价制度强制要求各部门查询并反馈奖惩措施，做到“应查必查、触发必反馈”的整体要求。归纳起来，突出的优势主要体现为“三个保障”。

1. 法律法规和绩效考评相结合的制度保障

一是法律法规的出台是保障联合奖惩工作顺利开展的前提条件。强有力的制度保障可以使联合奖惩发挥最大作用，《国家发展改革委　人民银行印发关于加强和规范守信联合激励和失信联合惩戒对象名单管理工作的指导意见》明确提出要建立健全红黑名单管理与应用制度，规范各领域红黑名单的认定、奖惩、修复和退出，国家有关部门要制定相关领域的红黑名单认定标准和管理办法，县级以上国家机关、法律法规授权具有管理公共事务职能的组织要严格执行相关领域红黑名单认定标准和管理办法，依法认定、发布、归集、共享、更新和使用红黑名单信息，严格执行各项联合奖惩措施。根据国家文件要求，全国各省市为规范联合奖惩，出台了一系列与“红黑名单”及联合奖惩相关的文件，累计有50余个。已有2/3以上的省份出台或正在研究出台地方信用法规，其中26部法律、28部行政法规中包含信用条款。贵州、湖北、上海、宿迁等省市出台了《社会信用条例》，江苏、浙江、北京出台了《公共信用信息管理办法》。北京、上海、浙江、江苏、湖北、安徽、辽宁、山西等21个省市都出台了“红黑名单”管理办法及联合奖惩管理办法，使联合奖惩从认定到实施都有法可依。

二是考评制度是促进联合奖惩各项工作有序开展的重要手段。先进省市中，上海、江苏等省市为更好地开展联合奖惩工作，委托信用中心或第三方机构对各部门和单位的联合奖惩实施情况进行分类考核和评价。从国家城市信用监测排名来看，36个省会及副省级以上城市中，上海、广州、杭州归集共享联合奖惩案例情况最好，每月在10万条以上，不论覆盖范围还是查询反馈数量都远远超过其他省市。

2. 平台和系统功能的技术保障

一是各地系统平台建设步入快车道。国家信用信息共享平台和地方信用信息共享平台按照国家信用系统建设的总体要求有序发展，各司其职。地方各级信用信息平台是全国信用信息共享平台的节点和延伸。地方信用信息共享平台主要发挥着信用信息归集、报送、交换共享、应用等功能。截至2024年初，全国32个省（自治区、直辖市）已经全部开通本地信用信息共享平台。

二是联合奖惩子系统功能优化升级。有了数据作为支撑，才能更好地开展各项应用，也为联合奖惩的运用打下基础。在数据支撑的基础上，平台功能的优化也显得尤为重要。先进省市为更好地开展联合奖惩工作，开发了联合奖惩子系统，其中，北京、上海、广东等先进省市是最先实现联合奖惩系统自动化，并与国家平台的联合奖惩子平台对接的，成功实现联合奖惩措施执行情况的实施反馈。

3. 清单制管理的措施保障

联合奖惩在具体实施中，要求行政审批人员短时间内根据行政对象信用状况和知悉的涉及备忘录的具体奖惩措施予以执行，难度非常大，为此，相关省市建立健全数据清单、行为清单、措施清单等统一的信用联合奖惩“三清单”制度，将几十个跨部门、跨领域、跨行业的合作备忘录梳理成全面、清晰、准确的联合奖惩措施清单，有效确保了信用联合奖惩落地见效。上海、广东等省市措施清单的编制严格以国家联合奖惩备忘录和相关管理办法为依据，其中上海制定了地方标准规范并编制了“三清单”。所列入的行政管理事项、联合奖惩对象和联合惩戒措施均有相关依据，较好地保障了联合奖惩对象的合法权益。细化到具体行政管理事项针对具体的奖惩对象执行何种奖惩措施，较好地实现行政管理事项、联合奖惩对象、奖惩措施之间的对应，可操作性较强。威海推出的“三清单”，包括数据清单、应用清单、联合奖惩措施清单。

各省市的清单各有特色、各有侧重，根据各省市的信用体系制度建设情况、系统建设情况出台与之相匹配的措施清单，使联合奖惩有法可依、措施明确。

五、重庆市信用奖惩机制运行情况及问题

（一）信用奖惩系统建设情况

为加紧落实国务院出台的联合奖惩指导意见文件要求，重庆市将联合奖惩工作细化分解，由市发展改革委牵头，建成联合奖惩子系统，并与市政务服务平台打通接口，实现行政许可及公共服务事项全覆盖。不断扩大查询领域，与10余个市级部门的业务系统对接，在办理业务时自动查询联合奖惩对象名单。在此基础上，重庆市社会信用体系建设联席会议办公室出台了《关于通过全市统一的公共信用信息平台查询使用严重失信主

体“黑名单”等信用信息的通知》，要求各部门在行政管理事项中查询应用严重失信主体“黑名单”等信用信息，依法依规推动实施守信联合激励和失信联合惩戒，应查必查、奖惩到位。2018年，联合奖惩子系统完成与市政务服务平台的信用“红黑名单”嵌入和技术对接工作，成为全国第一个嵌入网上审批大厅，实现在政务服务平台办理行政审批和公共服务事项中联合奖惩对象名单的查询、奖惩、反馈全覆盖的省市。重庆也是首批与国家联合奖惩平台对接，实现联合奖惩系统自动化反馈奖惩案例的省市之一。截至2024年8月，51个市级部门和41个区县累计查询联合奖惩对象名单次数已突破5300万次，触发“红黑名单”并实施联合奖惩已超75万次。

（二）信用奖惩制度建设情况

1. 建立信用奖惩对象名单

对照先行地区做法，重庆梳理形成信用监测对象名单。截至2023年9月，各市级部门共享、发布联合奖惩对象名单共计40余万条，涉及29个领域。其中，重庆市信用平台累计归集并发布守信联合激励对象名单8100余个，涉及AEO高级认证企业、A级纳税人、优秀青年志愿者/服务组织、中国标准创新贡献奖、守合同重信用企业、重庆市和谐劳动关系AAA级企业名单等9个行业领域。失信惩戒对象名单累计发布约30.8万个，涉及失信被执行人、药品经营严重失信者、严重违法失信企业、文化市场领域严重失信主体、重大税收违法案件当事人、严重危害正常医疗秩序的失信行为责任人联合惩戒黑名单、政府采购严重违法失信行为记录名单、食品经营严重失信者、海关失信企业、会计领域严重失信黑名单、严重违法失信超载运输车辆相关责任主体、质量严重违法、房地产领域相关失信责任主体、拖欠农民工工资、安全生产领域失信者、社会组织严重失信名单等20个行业领域。全市各部门认定并发布的联合奖惩对象名单根据认定时间不同，采取实时更新方式归集到市信用信息平台，广泛运用至平台的各个应用场景。

2. 编制出台信用奖惩事项清单

为推进信用奖惩相关工作标准化、规范化，按照法律法规规定的范围，通过梳理行政管理及公共服务部门的权力事项，编制并出台了《重庆市公共信用信息应用事项清单》，该清单明确了具体的联合奖惩应用事项。经过2019—2024年的持续更新，事项清单目前包含了行政管理、公共服务查询事项共计290余项，涉及部门和单位共51家，基本实现了网上审批事项的全覆盖。

3. 梳理形成信用奖惩措施清单

根据市人民政府印发的联合奖惩实施意见的要求，要保障守信联合激励和失信联合惩戒有序实施，建立信用联合激励和惩戒措施清单制度，要全面梳理有关法律法规和政策规定，在有关领域合作备忘录明确的联合激励和惩戒事项基础上，建立守信联合激励和失信联合惩戒措施清单，纳入信用信息系统统一管理。联合奖惩实施意见中还具体细化了措施清单的类型，主要分为两类：一类是强制性措施，即行政管理部门和具有公共管理服务的部门依法必须执行的激励和惩戒措施；另一类是推荐性措施，即参与各方可以根据工作需要和政策要求，以褒扬诚信、惩戒失信为导向对守信和失信者自愿采取不同的措施。推荐性措施原则上不应限制市场主体的市场准入、备案等正常市场经营活动。鼓励先行先试，不断丰富信用激励和惩戒措施。联合奖惩实施意见还要求市社会信用体系建设联席会议总结经验，不断补充、修订和完善两类措施清单，并推动相关法规制度建设。

为达到“应查必查、触发必反馈”的总体要求，从《备忘录》中对联合奖惩措施进行梳理和归纳，整理出适合大多数部门通用的奖惩措施。其中，激励措施主要包括告知承诺、容缺受理、绿色通道、加快办理和其他五大类；惩戒措施主要包括限制办理、暂停审批、不予许可、从严审核、警示相对人和其他六大类。

（三）信用奖惩措施执行情况

全市开展联合奖惩以来，已在290多个应用事项中实施信用联合奖惩。截至2024年初，在联合惩戒方面，7610余名失信被执行人被限制入住星级酒店；30120余名失信被执行人在市场监管登记环节受到任职资格限制，累计解除法定代表人任职资格限制1286人次；500余名失信被执行人被纳入法定不予签发出（国）境证件的备案人员；市经济信息委、市农业农村委、市市场监管局、市人力资源和社会保障局等部门在发放政府资金补助时对31个失信主体采取了限制申请补助资格；市市场监管局、市税务局在认定守合同重信用企业、纳税信用A级纳税人时取消400余个失信主体评选资格。在守信激励方面，3151个市场主体在行政管理部门办理行政审批和公共服务事项时享受容缺受理或绿色通道；重庆市全面推广或试点推进信用免押金、信易融、信易批、信易租等“信易+”守信激励举措，全市已累计发放信用贷款53.29亿元（其中小微企业贷款49.6亿元）、惠及企业8782户（其中小微企业6996户），1000余名守信市场主体享受发展改革、市场监管、人力资源和社会保障等部门各类信用激励措施。

（四）存在问题

1. 国家尚未制定上位法，联合奖惩法规缺失

目前看来，国家层面对于守信激励和失信联合惩戒机制的法理基础和运行保障都缺乏相应的法律规定，相关规定尚停留在指导意见或备忘录层面，各省市在实际操作层面，普遍存在执行力度不足的问题，从联合奖惩对象名单的认定到具体执行和实施层面，都存在上位法依据不足的情况，无法有力地支撑联合奖惩各项工作的顺利开展。迫切需要国家层面出台相关法律法规用以支撑地方立法工作。

2. 地方推进缺乏严谨性，实施方法参差不齐

重庆市目前开展联合奖惩工作主要依据各部委出台的守信联合激励和失信联合惩戒合作备忘录以及部门联合文件、单项规章等，既没有出台全市联合奖惩的管理办法，也没有出台信用条例等法律法规对联合奖惩的相关问题进行规范，现行联合奖惩子系统的奖惩措施中，激励措施包括告知承诺、容缺受理、绿色通道、加快办理和其他措施；惩戒措施包括限制办理、暂停审批、不予许可、从严审核、警示相对人和其他措施。整个奖惩

措施都较为泛化，由此造成的各行政部门在执行联合奖惩时，存在无法律法规依据、措施不一致等情况，未对执行措施进行严格要求和规定，导致行政部门的自由裁量权较大，在惩戒措施的严谨性上还存在较大的争议。例如，同一部门对同一类联合奖惩对象名单中不同主体采取的措施不一致；不同部门对同一类联合奖惩对象名单采取的措施不一致；分级分类措施没有制定，可能造成惩戒过当，如对经营异常名录企业和失信被执行人采取惩戒措施一致，那么势必存在法律法规依据是否充分、惩戒措施是否过重等问题。

3. 奖惩系统覆盖面不广，部分领域游离在外

重庆市联合奖惩子系统已通过插件嵌入、接口调用等方式打通市级审批平台及12个部门业务系统，主要包括全市网上行政审批平台、市发展改革委、市人力资源和社会保障局、市民政局、市环保局、市质监局、市司法局、市教委、市商务委等。涉及的事项主要涵盖行政审批、政府性资金补助及评优评先等方面。

全市联合奖惩子系统涉及的业务平台、应用领域还不够广泛，尚未囊括政府监管的所有领域。一是国家税务总局、市场监管总局、海关总署等国家垂直管理的业务系统，因系统权限问题，仍然无法实现接口对接。二是各部门零散的业务系统并未完全整合为统一的平台，而是分散在各个业务处室的办公系统，无法实现业务系统与联合奖惩子系统全部对接。

4. 跨省市联合奖惩机制尚未形成，标准、措施不统一

各省市间联合奖惩的协同机制并未建立，诸如联合奖惩对象名单的互认及共享，采取措施一致的联合奖惩，联合奖惩对象名单的修复及退出，联合奖惩各项标准规范的统一，等等。重庆自开展联合奖惩工作以来，将主要精力集中在建立和完善本市部门及区县的联合奖惩协同机制，开发联合奖惩系统，打通全市网上行政审批平台的行政许可及公共服务事项，在本市范围内实现了联合奖惩的应查必查，为实现跨地区、跨领域、跨部门联合奖惩大格局的总体目标奠定了基础，但尚未形成国家要求的实现跨地区、跨部门、跨领域的联合奖惩大格局。

六、重庆市信用奖惩机制建设路径

（一）总体思路

为更好地贯彻落实国家对联合奖惩机制的总体布局，有序开展重庆市联合奖惩的各项工作，应广泛学习先进省市编制措施清单的经验和方法，结合本市实际情况，全面、系统地梳理国家层面签署的联合奖惩备忘录及征求意见稿，梳理各单位和部门具体的奖惩措施，形成清单制管理。清单应包含但不限于守信激励和失信惩戒的具体事项、实施对象、实施手段、实施主体、实施依据等内容。同时依据“措施清单”把联合奖惩对象有针对性地推送至各联合奖惩措施实施单位，探索将其嵌入更多部门的业务系统，实现信用联合奖惩自动检索、触发、实施、反馈，通过大数据和自动化系统，真正做到“应查必查、触发必反馈”，进一步加大全市信用联合奖惩力度，规范失信，激励守信，营造良好诚信氛围，优化全市营商环境，助力全市实现高质量发展。

（二）建设原则

依法依规，科学规范。要严格依法依规，失信行为记录、严重失信名单认定和失信惩戒等事关个人、企业等各类主体切身利益，必须严格以法律法规或者国务院决定和命令为依据。准确界定信用信息和严重失信名单认定范围，合理把握失信惩戒措施，坚决防止不合适的泛用乃至滥用，切实保护好市场主体的合法权益。

政府主导，市场共治。充分发挥政府机关、法律法规授权的具有管理公共事务职能的组织在信用激励和惩戒工作中的组织、引领和推动作用，引导鼓励社会力量广泛参与，共建共治、共同推进，形成信用奖惩合力，真正形成市场性、行政性、行业性、社会性的联合奖惩大格局①。

奖惩适度，公平公正。确保过罚相当，按照失信行为发生的领域、情节轻重、影响程度等，严格依法分别实施不同类型、不同力度的惩戒措

① 罗培新.强化信用管理法治要求　提升信用建设规范化水平［N］.中国市场监管报，2020-12-26（3）.

施，切实保护信用主体合法权益。更要注重借鉴国际经验，既立足我国国情，又充分参考国际惯例，在社会关注度高、认识尚不统一的领域要慎重推进信用体系建设，推动相关措施与国际接轨。

标准规范，措施一致。健全信用信息标准体系，做好标准化技术支撑，在联合奖惩对象名单认定及编制、事项清单编制、措施清单编制等方面形成标准统一，措施一致的标准化规范。

（三）制定信用奖惩措施清单

学习先进省市的经验，根据联合奖惩备忘录，进一步细化奖惩措施，分别编制行为清单、事项清单、措施清单等联合奖惩要素清单，使联合奖惩能真正落地，实现“一处失信、处处受限”。加快研究信用联合奖惩系列标准规范，深入研究事项清单、行为清单和措施清单，明确“三清单”的作用和关系，以便有效衔接认定、执行、反馈等信用联合奖惩应用环节，强化部门协同，细化信用联合奖惩实施流程。制定《联合奖惩措施清单编制指南》（以下简称《编制指南》），提出措施清单的编制方法，规范措施清单编制流程，明确措施清单编制要求。

各级部门根据联合奖惩备忘录、部门规章等政策法规，参照《编制指南》编制本级部门奖惩措施清单，细化各项奖惩措施，实现奖惩事项与奖惩措施的一一对应，经社会信用体系建设牵头部门汇总审核后，形成《重庆市守信联合激励和失信联合惩戒措施清单》。建立健全措施清单动态更新机制，各级部门根据政策法规、权责事项调整情况，按照信用联合奖惩最新要求，结合部门实际，实时动态调整措施清单内容，并通过联合奖惩子系统及时调整。

在编制清单过程中，应按照合法、关联、比例性原则，依照全国统一的失信惩戒措施清单，根据失信行为的性质和严重程度，采取轻重适度的惩戒措施，防止小过重惩。具体应注意以下几个方面：一是应严格对照联合奖惩备忘录中对行政相对人的奖惩措施，合理合规地编制清单，不越位、不错位。部门（单位）不能以现行规定对失信行为惩戒力度不足为由，在法律法规或者国务院决定和命令规定外随意增设惩戒措施或在法定惩戒标准上加重惩戒。二是在编制清单过程中，应注意“三清单”之间的关系和有效衔接，尽量细化措施事项，将所有出台的备忘录中的联合奖惩部门所对应的相似或相同的措施进行合并，梳理并规范措施内容，形成统一的措施事项。三是应充分考虑本市电子政务网上审批平台以及各部门业务系统的功能对接，尽量在不影响各个平台和业务系统正常办理流程的基础上，嵌入联合奖惩措施清单，使清单的各个要素能最大化地融入联合奖惩子系统功能，为联合奖惩系统功能发挥应有的作用。

1. 前期准备

各市级社会信用体系联席会议成员单位应明确本部门联合奖惩措施清单编制工作的领导机构和实施机构，建立完善工作机制，安排相应的工作人员及保障相关工作推进的经费，组织制定清单编制工作计划和实施方案，明确清单编制的工作范围、工作便捷和法规依据，制定清单编制与报送、清单维护等方面的任务分工和工作要求。

2. 编制清单

措施清单由市级社会信用体系联席会议牵头单位会同有关部门编制并定期更新，市级社会信用体系联席会议成员单位和其他有关部门可依据国家出台的备忘录以及部委出台的联合奖惩相关文件，梳理出对应本部门的权力事项的奖惩措施建议，梳理的清单应统一及规范措施术语，形成标准化的奖惩措施。将备忘录中明确规定的措施确定为强制执行措施，对不在备忘录和国家相关文件中有具体规定但部门认为可对行政相对人进行激励和惩戒的事项，应确定为推荐性措施。推荐性措施原则上应不限制行政相对人享受权利。

3. 征求意见

各市级社会信用体系联席会议成员单位梳理汇总清单后，应征求各部门和相关市场主体、行业协会商会、法律服务机构、专家学者和社会公众意见，无异议提请市级社会信用体系联席会议审定。任何部门（单位）原则上不得强制要求金融机构、信用服务机构、行业协会商会、新闻媒体等惩戒失信主体。

4. 审核及发布

市级社会信用体系联席会议牵头单位负责重庆市联合奖惩措施清单的最终审核和汇总工作。对符合条件的奖惩措施统一归总，进一步细化及整合，形成全市统一标准的措施类型及具体措施。征求各部门和相关市场主体意见，无异议向社会发布并纳入联合奖惩子系统实施。

5. 管理及维护

市信用中心负责将措施清单嵌入市联合奖惩子系统以及全市网上行政审批平台等系统平台的功能界面，用于全市各部门联合奖惩的查询、触发、反馈。

市级社会信用体系联席会议成员单位和其他有关部门发布的措施清单原则上应根据国家出台的备忘录以及各部委出台的相关文件内容实时更新、整合，根据社会信用体系建设牵头部门的要求实时调整目录和清单的细化程度。

（四）明确信用奖惩实施流程

1. 发起部门

发起部门即认定部门——某类联合奖惩对象名单的认定部门，由该部门发起联合奖惩。原则上认定部门应出台相应的认定标准以及联合奖惩备忘录。全国实行统一的认定标准，各地方县一级以上行政机关参照标准进行联合奖惩对象名单的认定。

2. 实施部门

实施部门即响应部门，由该部门根据备忘录及相关文件规定的奖惩措施实施联合奖惩。实施部门可以是行政管理及公共服务部门，也可以是行业、协会商会等市场及社会组织。

3. 奖惩对象

奖惩对象即联合奖惩对象名单的责任主体，包括守信联合激励对象、失信联合惩戒对象以及重点关注名单对象。在实施具体的奖惩措施时往往是对其单位及其法定代表人、主要负责人和负有直接责任的有关人员进行奖惩。

4. 事项类型

事项类型即各部门权力清单事项类型，按照各部门权力事项的大类进行分类，包括行政许可、行政确认、行政给付、行政检查、行政征收和其他权力事项。原则上只要涉及市场主体、个人的行政事项，以及涉及政府部门包括国有企事业单位的行政事项都应纳入联合奖惩的查询事项范围。

5. 措施性质

措施性质主要分为两类：一类是强制性措施，即行政管理部门和具有公共管理服务的部门依法必须执行的激励和惩戒措施；另一类是推荐性措施，即参与各方可以根据工作需要和政策要求，以褒扬诚信、惩戒失信为导向对守信和失信者自愿采取不同的措施。推荐性措施应以激励为主，原则上无法律法规依据的惩戒性措施应充分考虑保护惩戒对象的基本权益、个人隐私等。

6. 措施类别

措施类别即根据备忘录梳理形成的奖惩措施大类，根据措施类别形成具体的奖惩措施。根据备忘录及部委相关文件梳理并整合形成标准的措施类别。其中，联合奖励措施主要包括减少监管频次、同等情况优先考虑、建立行政审批绿色通道、行政审批容缺受理、优先提供公共服务便利等。

惩戒措施主要包括限制政府性资金安排或优惠政策，限制（撤销）取得资质资格及认证，取消评先评优资格，限制担任法定代表人和董事、监事、高级管理人员，限制新增项目审批核准，从严审核，加强监管，责令整改，审慎性参考，加大处罚力度，降低信用等级，约谈主要负责人，实施市场和行业禁入，限制出境，限制高消费行为，限制配额分配，限制参与资源流转，限制取得政府供应土地，限制受让收费公路权益，限制成为公务员或事业单位人员，限制发起设立或参股金融机构或类金融机构，限制参与基础设施和公用事业特许经营，限制参与招标投标和政府采购等公共资源交易活动等23大类。

7. 奖惩依据

奖惩依据即实施联合奖惩措施的法律法规依据，主要是可以根据备忘录附件梳理出每项具体奖惩措施的奖惩依据。奖惩依据主要包含国家出台的各类法规、条例、办法、意见、通知等法律法规及规章制度等文件。

8. 其他

措施清单应包括但不限于上述内容，除上述内容外还可以包含具体事项名称、子项名称、事项编码、是否嵌入全市网上行政审批平台和业务系统等，便于系统功能的开发以及无缝对接各业务系统。

（五）确保信用奖惩机制规范化智能化

1. 法规制度保障，确保信用奖惩规范化

守信激励和失信惩戒机制作为社会信用体系建设的“牛鼻子”和“撒手锏”，是整个信用体系建设的重要抓手，而如何建立一套行之有效、权责清晰、依据充分的措施清单就成为整个联合奖惩机制的关键环节，通过清单模式明确联合奖惩对象及各部门联合奖惩措施，将有力推动联合奖惩机制落地落实。而制度不完善是制约联合奖惩工作顺利开展的重要因素之一，联合奖惩相关制度的出台已经迫在眉睫。按照国家对于信用法律法规体系的安排，以及“急用先行、分类推进，成熟一批、发布一批”的原则，首先要尽快推进重庆市社会信用地方立法，在条例中对联合奖惩对象名单的认定标准、认定程序、奖惩对象、奖惩措施等进行明确定义，便于联合奖惩工作有法可依、顺利实施。其次要不断完善和建立各项规章制度，不断完善各类清单，尽快出台行为清单、应用清单、措施清单，尽快出台《信用信息公示管理办法》《联合奖惩对象名单管理办法》《信用修复和异议处理管理办法》《联合惩戒管理办法》等各种规范性文件，便于指导和推动联合奖惩工作。

2. 技术保障，确保信用奖惩智能化

信用奖惩是信用资源的综合应用，只有依托大数据、智能化等技术手段才能确保各项措施公平、公正地落地实施。一是充分发挥重庆市公共信用平台联合奖惩“总枢纽”作用，持续优化联合奖惩对象名单归集、治理、查询、反馈、统计等系统功能，制定联合奖惩协同规范以及接口标准等标准性文件，优化措施清单动态配置功能，做好信用联合奖惩技术保障。二是加快全市信用信息数据库建设和各类信用主题库建设，在信用主体的基础信息、法人信息、自然人信息的基础库基础上，建立包括资质许可、红黑名单、守信信息、失信信息、重点关注名单等各类主题库，及时公开各类联合奖惩对象名单。为联合奖惩的广泛运用奠定基础。三是优化信用联合奖惩查询，在不影响部门正常业务办理的前提下，通过各种方式打通更多部门及领域的业务系统，通过在线查询、页面嵌入查询、接口对接查询等方式，提供多渠道、多形式信用联合奖惩查询，真正做到应查必查。四是建立重庆市信用联合奖惩措施清单库，系统化实时动态配置奖惩措施，完成奖惩事项和措施一一对应，实现信用联合奖惩“自动匹配、一键执行、一键反馈”，为各级部门信用联合奖惩提供最大便利。

3. 组织保障，确保信用奖惩实现多跨协同

全国开展区域一体化联合奖惩协同机制的地区并不多，除长三角在环保领域率先试行信用联合奖惩外，还没有其他区域开展此项工作。重庆联合奖惩工作在取得阶段性成果、夯实基础的前提下，应把推动与兄弟省市间的联合奖惩协同机制作为下一步工作的重点，把握国家重大区域战略“成渝地区双城经济圈建设”这一重要举措，率先推动与四川、贵州等省市的联合奖惩区域协同一体化工作。

建立联合奖惩认定、共享、实施、修复、退出、异议处理等协同机制。一是实施失信行为评判标准互认，根据相关法律法规，结合区域实际，对区域内重点企业行为事项信息，识别、分析、判断信息主体信用状况，形成区域信用分类管理标准，为跨区域信用联合奖惩奠定基础。二是

实现联合奖惩对象名单的互认，在成渝两地已有工作基础上，率先形成联合奖惩对象名单的认定标准，实现失信行为标准区域互认；同时，按照国家工作部署探索研究建立跨区域联合激励机制，加大对诚信企业的正向引导。三是建立数据归集共享机制，按照统一目录标准、统一信用代码、统一公示发布系统、统一共享交换体系、统一数据库的要求，建设一体化的“信用双城”平台，推进平台与公共信用信息共享平台对接，加强行政许可和行政处罚等重点领域公共信用信息归集共享。发挥行业协会商会、信用服务机构、大数据企业等各类社会主体的作用，加大对市场信用信息的采集力度，推动公共信用信息与市场信用信息共享交换。四是推动联合奖惩措施落地，两地依据对象名单认定标准，形成奖惩对象名单，及时向“信用双城”平台推送。平台对企业相关信息进行披露，并推送至两地行政、社会、行业、市场等有关联合奖惩部门，根据两地已确定的统一规范的联合奖惩措施，在行政审批、综合监管、金融服务、行业自律、市场合作等方面实施全过程信用管理和联合奖惩，实现区域系统和各业务条线之间信用信息的交换共享、“一次产生，共同应用”，构建区域信用联合奖惩的发起、推送、实施、反馈机制。五是建立合作机制，建立健全会商协调、调度通报、动态衔接机制。各部门奖惩措施实施动态调整，加强各部门之间的工作衔接和协调配合，确保成渝两地信用联合奖惩工作落到实处。

七、本章小结

2023年，打造“信用重庆”升级版列入重庆市15项重大改革事项之一，信用体系建设逐步成为新时期进一步提升治理能力、优化营商环境、建设现代化新重庆的重要支撑。建立健全守信激励、失信惩戒机制是“信用重庆”建设的核心内容，是完善社会主义市场经济体制的重要基础，是深化“放管服”改革、构建以信用为基础的新型监管体制的重要内容，是优化资源配置、降低制度性交易成本、防范化解风险的重要手段，对促进国民经济循环高效畅通、融入新发展格局具有重要意义。守信激励、失信惩戒机制兼具经济、法律、道德手段，唯有依法依规建立健全严格有效、覆盖全面的失信惩戒机制，方可对失信主体产生切实的威慑力、警示性，进而实现提升社会信用治理、优化营商环境、服务市场经济建设的功能预期。

第四章

信用赋能社会治理能力提升

——建立信用监管机制的路径[1]

① 本章由张锐完成。

党的十八大以来，我国经济已从高速发展阶段迈入高质量发展阶段，“五位一体”新发展理念贯穿经济社会全领域，以国内大循环为主、国内国际双循环相互促进的新发展格局初步形成，我国社会主义市场经济也正向其高级阶段——信用经济迈进。为落实“放管服”改革要求，促进营商环境不断优化，进一步发挥信用在创新监管机制中的基础性、关键性作用，更好激发市场主体活力，推动高质量发展，党中央、国务院将构建以信用为基础的新型监管机制，作为提升国家治理体系和治理能力现代化的重要手段，在一些领域已取得初步成效。

信用已经成为社会治理能力提升的创新手段，探索建立全市以信用为基础的新型监管机制，提高社会治理能力和治理水平，助力“放管服”改革，营造法治化国际化便利化营商环境，开创重庆社会信用体系建设新局面，打造全国创新实施信用监管的“重庆模式”。课题组通过对传统监管和信用监管对比分析及国内先进省区市信用监管实施情况的走访调研，结合先进经验和重庆发展基础，提出重庆信用监管的总体思路、重点任务、重点领域试点示范和政策建议，为重庆全面实施以信用为基础的新型监管机制提供决策支持。

一、构建信用监管机制的时代背景及重要意义

（一）构建信用监管的时代背景

1. 经济社会发展呼唤新的监管方式

改革开放以来，我国政治、经济、文化、社会和生态文明建设取得高速发展，特别是经济建设领域取得的成就更是举世瞩目，2023年，我国GDP达到126万亿元，稳居世界第二位。其间，以审批制为手段的市场准入和以现场检查、实施监管处罚的传统监管方式，在促进经济发展、稳定市场格局、提高行政效率等方面发挥了重要的保障作用。

进入21世纪，随着新技术、新业态、新模式、新经济不断涌现，一方面形成了数量庞大的市场主体和规模巨大的市场经济，另一方面出现了失信主体数量多、流动性大，违法失信行为网络化、隐蔽化、种类繁多等新特征，传统市场监管的弊端日益显现：事前准入门槛高、审批手续繁杂，事中以批代管、只批不管或执法不严、选择性执法等，事后对失信主体的惩戒呈现较大的随意性，缺乏明确的退出、整改、信用修复等制度。由于失信者违法成本低，导致失信行为层出不穷，监管手段和监管效果均难以满足新时期我国经济社会发展的需要。为此，以信用信息归集共享为基础，通过对市场主体开展信用评价、信用风险预警等手段，实现差异化、精细化、协同监管，在全社会形成让失信者“寸步难行”，守信者“一路畅通”的局面显得尤为迫切。

2. 党和政府高度重视建立信用监管机制

党的十九大以来，以政务诚信建设为引领，强化转变政府职能，让市场在资源配置中充分发挥主导作用，创新监管方式发挥主观能动作用，凸显政府的服务意识和责任意识。2020年9月，习近平总书记在中央财经委员会第八次会议上指出，要进一步完善社会信用体系，在重要产品领域建立追溯体系，在监管事项中充分发挥信用的基础性作用。2019年的政府工作报告中提出，推进建立健全“双随机、一公开”机制，在跨部门、跨领域实施联合监管，推行实施“互联网+监管”，建立信用监管机制。

为指导各地建立以信用为核心的监管体系，国务院先后出台了一系列政策文件。在《社会信用体系建设规划纲要（2014—2020年）》顶层设计文件中，将信用监管体制基本健全作为社会信用体系建设的一项主要目标，要求在市场监管、招标投标等重点领域实施信用分类监管。2015年6月，国办印发《关于运用大数据加强对市场主体服务和监管的若干意见》，要求建立跨地区、跨行业、跨领域、多部门联动的信用奖惩机制，构建公平、健康、诚信的市场环境。2018年5月，中共中央办公厅、国务院办公厅印发《关于深入推进审批服务便民化的指导意见》，要求建立健全失信联合惩戒机制，实现“事前管标准、事中管检查、事后管处罚、信用管终身”。2019年7月，国务院办公厅印发《关于加快推进社会信用体系建设构建以信用为基础的新型监管机制的指导意见》指出要以市场主体信用信息为基础，探索建立涵盖事前、事中、事后等环节全生命周期的新型监管机制，不断提升政府的监管能力和监管水平。

（二）实施信用监管的重要意义

党的十八大以来，我国社会信用体系建设受到各方高度关注，社会信用体系建设各项工作快速推进，市场监管、交通运输、环境保护、国土规划等领域诚信建设成效显著，社会诚信水平不断提升，以信用为基础的新型监管机制逐步成为实现治理体系和治理能力现代化的重要手段，对促进“放管服”改革深入推进、营商环境优化等意义重大。

1. 有利于促进治理体系和治理能力现代化

为促进国家治理体系制度化、科学化、规范化、程序化，行政管理人员要运用诚信思维、法治思维和底线思维提升治理国家的能力和水平，最终把各种基础制度优势转化为治理国家的有效动能，促进经济社会高质量、高水平发展。

促进治理体系现代化。信用监管要求以公共信用信息整合为基础，跟踪记录和公开披露市场主体的履约、失信等信用行为的信用信息，利用大数据、人工智能等新技术手段，通过创新事前监管从“申报材料一箩筐”到“一纸承诺就解决”，通过创新事中监管从“撒胡椒面儿”到“精准定靶心”，通过创新事后监管从失信名单“进得来”到“出得去”，通过事前、事中、事后监管方式的创新，促进现代治理体系和治理能力现代化。

促进治理能力现代化。信用监管是商事制度改革的重要抓手，它要求监管部门理顺各种关系，优化政府服务，既要节省企业和群众办事的时间和成本，又不重蹈“一放就乱”的覆辙，只有管得好才能放得开。为了提升政府治理能力，监管部门要通过监管方式的创新，科学合理地使用有限的监管资源，让监管力量“好钢用在刀刃上”，提升治理能力和服务效率，支撑未来服务型政府的“服务上门”。

2. 有利于促进“放管服”改革深入推进

“放管服”改革是国家层面简政放权，是党委政府提升市场主体活力，充分发挥市场在资源配置中的主观能动性的重要举措。信用监管的实施有效避免了传统监管“一放就乱、一管就死”的现象发生，使“放管服”改革得以深入推进。

信用监管可以让“放”放得全面。信用监管在事前推行信用承诺制，行政机关在办理相关行政许可事项时，申请人在符合相应审批条件的情况下，做出相应承诺并提交有关材料后给予即时办理，避免了因“奇葩证明”、非关键核心材料多次提交等问题，实现了“让群众少跑路、让数据多跑路”的目标。在当前以信用为基础的新型监管机制下，各项审批权力逐步下放，各项审批事项、审批流程全面简化，行政成本降低，服务流程优化，有效促进了良好的社会改革氛围逐步形成。

信用监管可以让“管”管得灵活。信用监管机制的建立，可以稳固各级政府有效把市场管住、管好，确保各项政策真正落地。一是推行分级分类监管，运用技术手段对各类信用信息开展综合分析，将信用主体划分为不同的信用等级，根据相应的等级实施与之匹配的监管措施，提高监管的精准性和有效性。二是提高监管的法治化和规范化水平，根据国家相关文件设置严重失信主体名单认定标准，开展跨区域、跨行业、跨领域、跨部门协同监管，提高失信主体违法违规成本，直至永久性退出市场。三是更加维护市场主体的信用安全和隐私保护，以法律法规形式明确要求对涉及国家秘密、商业秘密和个人隐私的信用信息依法予以保护，不得发生任何谋私行为。四是在政务领域，各级政府和部门逐步建立责任明确、程序规范、任务清晰、过罚相当的监管制度，主动接受公众监督和市场监督，减少权力寻租的可能性，让政府监管行为管得灵活、管得明白。

信用监管可以让“服”服务得更优质。“放管服”改革的关键是政府职能的有效改革、行政意识的真正转变和治理能力的实质提升，特别是部分行政权力取消和下放后，政府部门尤其是基层行政管理部门的服务如何更到位、更有效，如何让群众有更多主人翁感、幸福感、获得感，都需要积极努力地不断探索。通过建立以信用为基础的新型监管体制，可以有效推动政府从管理者思维向服务者思维转变，可以把政府有限的人力、物力、财力更加有效地投入服务民生的实事工作中去，同时，可以让更多的群众合理合规、高效优质地分享到公共服务①。通过建立以信用为基础的新型监管体制，还可以不断改进服务措施和工作方法，优化服务流程，使政府以优质的服务指数换取企业和人民的幸福指数。在事前环节通过主动承诺的方式，减少了前期烦琐的审批要件，通过以信用为核心的信息化平台融合应用减少了市场主体在各个部门开具证明、提供报告等事项；在事中环节通过建立信用记录、鼓励主动申报等方式，增强了市场主体的诚信意识；在事后环节开展的联合惩戒，增加了信用对市场主体的威慑力，使市场主体不敢失信、不能失信。

3. 有利于促进营商环境优化

以信用为基础的新型监管机制，在事前环节推行网上审批和服务，让“数据多跑路、群众少跑路”，实现“一网通办”、“一诺全办”、异地可办，将更多事项纳入网上办理目录，对于必须到现场办理的事项“一窗受理、限时办结”“最多跑一次”，确需审批的简化流程和环节，用承诺代替证明材料，享受“容缺受理”，最大限度方便企业、群众办事创业；在事中环节，除特殊行业领域外，针对同一检查对象的多个检查事项，通过合并或者纳入跨部门联合抽查范围，减少对绝大部分市场主体的干扰。政府在简化审批、优化服务、便利投资兴业的同时，把监管工作重心向事中事后监管转移，着力构建事前管标准、事中管达标、事后管信用的监管体系，把不该管的事交给市场，最大限度减少对资源的直接配置，激发市场主体活力，实现营商环境的优化。

有利于规范市场经济秩序。以信用为核心的新型监管机制，通过构建从国家到地方的信用信息共享平台，将相关主体履约、守法的信息依法进行披露或提供社会查询，在事前环节对守信主体开通绿色通道，对失信主体实施市场和行业禁入措施；在事中阶段，建立信用分级分类评价，对存

① 孙志超. 面向中长期的交通运输信用体系建设若干思考与建议［J］. 交通运输部管理干部学院学报，2020，3：7–10.

在信用风险隐患的市场主体加大抽检频次，实施重点监管；在事后环节对失信主体实施有针对性的信用联合惩戒。通过对守信者实施激励和对失信者实施惩戒，引导和倒逼市场主体诚实守信，形成规范市场秩序的强大合力。

有利于保障市场主体各项基本权益。传统监管下失信问题高发、频发、复发，重要原因是失信代价过低、惩罚过轻、传播较少。信用监管则是“对症下药”“靶向治理”，在强调全面、深入推进失信联合惩戒的同时，提出对食品药品、生态环境等与人民生命、财产安全直接相关等领域产生严重失信行为的市场主体及相关责任人，在一定期限内实施市场和行业禁入措施，大幅提升失信违法成本，维护人民群众切身利益。

二、信用监管的概念及研究现状

（一）信用监管的理论依据

信用监管的关键是充分发挥信用在经济社会发展、市场监督管理活动中的作用，具体来说就是处理好政府、社会和市场三者之间的关系，特别是政府与市场的关系，让“有形的手”和“无形的手”进行充分衔接。一是充分释放市场活力，优化资源配置使守信者“一路绿灯”，让失信者“高悬利剑”，营造诚实守信的社会环境，形成“诚信光荣、失信可耻”的良好氛围。二是解决传统监管平均化、随意化的问题，提高监管的科学性和公平公正性。就实施信用监管的理论依据而言，主要有以下三种理论。

1. 博弈论

博弈论，又称为对策论（Game Theory）、赛局理论等，广泛应用于经济社会和公共管理等活动，其主要研究对象包括局中人、行动、信息、策略、收益、均衡和结果等，其中局中人、策略和收益是基本要素。在监管活动中，管理者与被管理者是局中人，他们之间一般信息是不对称的，既可能是合作关系，也可能是非合作关系，制定的激励与约束机制即策略，激励与约束带来的后果即收益，最后是综合运用合作博弈、非合作博弈、非对称信息博弈的理论与方法进行分析，得出博弈结果。

在传统监管博弈模型中，监管机构和市场主体作为局中人，做出的监管措施和市场主体的违规行为是策略，监管成本和违规获利是支出或收益，部分市场主体会根据自身的收益是否高于付出的成本决定是否实施违规行为，监管机构也会根据付出的监管成本是否高于处罚市场主体的违规行为所带来的公共收益决定是否实施监管行为，当监管成本与公共收益一致或违规成本与违规收益一致时二者达到均衡状态，即博弈论中的纳什均衡，这必然会导致一些违规行为游离在传统监管之外。

信用监管是以云计算、大数据、区块链等新兴信息技术为手段，涉及事前事中事后的全过程监管，市场主体的违规行为由信息系统自动发现，再由信息系统决定对市场主体采取何种监管方式，改变了博弈论中信息、均衡等要素条件，监管机构掌握的信息远远大于市场主体获得的信息，具有更高的决策权益，从而大大降低监管成本。

2. 信息不对称理论

信息不对称理论是指市场主体在市场经济和社会活动中，各方参与人员掌握的市场行情、交易对手的信息丰富程度是不相同的，掌握信息较多的人员能更全面、客观掌握主动权，在经济交易或社会交往活动中往往处于比较有利的地位，但是信息掌握相对贫乏的人员，则基本会处于比较不利的地位，听之任之。

传统监管模式中信息不对称问题是监管机构实施监管的最大障碍，通常受工具、技术、机制等影响，市场主体的经济活动很多是不透明的，监管机构不能充分了解市场主体主观意愿和市场发展态势，做出的监管决策往往不合理、不能体现公平公正性。与之相反，信用监管采用联合监管和协同监管机制，运用信息化手段对市场主体进行全方位的信息采集并进行信用画像，解决了传统监管的“单打独斗”方式，以及监管者与市场主体信息不对称问题。同时，监管机构可以针对不同市场主体信用状况和行业发展特点采取相应的监管措施，还能保障市场主体的合法利益，有效促进市场健康发展。

3. 公共选择理论

1951年，美国社会学家肯尼斯·J.阿罗在其著作《社会选择和个人价值》中，对社会决策和社会民主程序设计之间的关系进行了深入考察，提出了公共选择理论。公共选择理论认为集体偏好是个体偏好的集结，个人是基本的分析单位，一切价值评估都以个人为起点，集体行动的背后并不存在独立的集体意志，相反集体行动是集体行动中的个人根据他们自己的利益，采取理性选择之后的结果。政府无论是作为一种公共组织，还是作为一个权力机构，其多种多样的行为在本质上都是一种集体行动，这种集体行动的决策与实施都需要众多个人及团体的参与。因此，它与建立在个体决策基础上的市场交易行为有着本质的区别，它是一个集体决策或公共决策过程。

传统的监管模式中，执法人员往往受到个人学识、以往经验、个人偏好、人情世故，甚至情绪等的影响，主观影响大，不能完全对市场主体做出客观的判断，并采取符合其行为的监管措施，无论是执法人员个人还是集体做出的监管行为都不可避免地受个人偏好影响，使代表公权力的行为受到社会质疑。信用监管模式中，监管者根据市场主体不同的信用状况采用不同的监管措施，各种监管措施依法依规，实施过程公开公平公正，确保监管部门的权威性和公信力。

（二）新型监管体制研究现状

1. 信用监管的内涵

2014年发布的《社会信用体系建设规划纲要（2014—2020年）》中“信用监管”一词出现了3次，一是在建设目标中，提及2020年信用监管体制基本健全；二是在卫生健康领域信用建设部分，提及切实提高药品安全信用监管水平；三是在互联网领域信用建设部分，要求大力推进网络信用监管机制建设。近年来，在中央各类会议、国务院常务会议、政府工作报告中多次明确信用监管已成为社会信用体系建设的重要内容，是促进食品药品、安全生产、交通运输、工程建设等重点领域及互联网经济健康发展的重要手段。

通常认为，信用监管是监管机构运用信息化手段对市场主体信用状况进行识别辨别后，依法依规采取不同类型的监督、控制、规范和纠正等一系列行为的总称，信用监管由主体和客体两部分组成。

信用监管的主体包括政府部门及具备公共管理事务的机构、民间协会商会、金融机构和市场监管对象（行政相对人）等主管个体或组织。其中，政府部门及具备公共管理事务的机构或组织有财政部门、市场监督管理部门、中央银行、证券业监督管理机构、银行保险监督管理机构等，民间协会商会有信用行业协会等，金融机构包括国际金融组织、国内各级金融监管部门等，市场监管对象（行政相对人）主要包括参与市场活动的自然人、法人及其他社会组织。

信用监管的客体主要包括监管规则和监管措施。其中，监管规则主要指实现信用监管的法律法规以及相应的规章制度；监管措施主要包括实现信用监管的行为，如实施联合奖惩、信用核查等。

2. 如何实施信用监管

罗培新[①]（2019）认为信用监管要遵循依法行政和过罚相当的比例原则。一是必须遵循依法行政原则，即信用信息的主体必须合法、信用信息的范围与程序必须合法、信用信息的联合惩戒权限必须合法。二是信用监管必须遵循比例原则，即市场主体所发生的违约违规行为与所受到的惩戒或者约束力度或者责任相当；要遵循最小干预和最小侵害原则，并兼顾行政目标的实现和行政相对人的合法权益；要遵循合理行政与关联原则。

吴小蕾等[②]（2019）认为，数据是信用监管的基础。信用数据的归集、管理和充分应用是实施信用监管体系的基础，主要任务是按统一信用标准和格式梳理信用数据，对信用数据进行分类编库管理，明确实施信用监管的具体事项，实现信用信息数据库与办事窗口（各级部门业务系统）实时对接，并对发生的信用行为进行全程监管。

---

① 罗培新.信用监管：构建新型监管机制之基石［J］.中国银行业，2019（8）：27-28.

② 吴小蕾，史迪钢，梁伟.浙江省“最多跑一次”改革信用监管体系研究［J］.合作经济与科技，2019（20）：190-192.

赵晓峰[①]（2018）认为，实施信用监管一般需要具备“五要件”，以便形成一个完整可控的信用监管闭环。一是信用数据归集，实现跨部门、跨行业、跨领域信用信息共享是必要条件，信用平台是实施信用监管的基础设施；二是信用分类标准，统一行业、领域信用行为分类标准是必要条件（涉及红黑名单与行为清单的选择），标准规范是实施信用监管的制度保障；三是信用评估模型，采信市场第三方专业评估技术是必要条件，信用科技是实施信用监管的技术支撑；四是信用应用场景，确定守信联合激励、失信联合惩戒措施是必要条件，信用立法是实施信用监管的法规依据；五是成效反馈机制，完善异议处理和信用修复制度是必要条件，专业服务是实施信用监管的救济渠道。

陈海盛等[②]（2019）认为信用监管机制中应加强大数据应用。主要方法是：从顶层设计做好信用信息归集和共享机制、提高信用监管覆盖面、修订相关制度和制定信用标准；建设一体化信用平台，实现信用信息“一次归集、共同使用”；开发信用数据产品，促进公共信用监管共建共治，逐步建立分行业监管、信息共享、协同治理的综合监管体系。

3. 信用监管的工具

陈刚等[③]（2017）认为，信用监管的工具包括：一是企业风险预警，根据信用指标对企业经营状况进行画像，挖掘出信用风险的地域、行业、时间等维度的内在规律，供监管部门抉择；二是企业追寻，以失联企业法人、股东等为追寻关键，通过对互联网公开信息进行爬取，并综合运用归集的公共数据进行对比分析，挖掘出与其相关联的企业或商事主体，从而使关联企业显露在“阳光之下”；三是公示信息比对，将企业主体数据库中的变更公示信息与公示信息进行比对，自动完成企业公示信息的抽查甚至普查，对不完整、不真实的公示信息进行提示和标注。

孙晓芬[④]（2019）认为，建设信用监管系统是实施新型监管方式的必要

① 赵晓峰. 信用监管的实施路径和方法［EB/OL］.（2018-10-17）［2018-10-17］. https://www.sohu.com/a/259737203_777813.

② 陈海盛，白小虎，郭文波，等. 大数据背景下信用监管机制构建研究［J］. 征信，2019（5）：14-16.

③ 陈刚，黄芳芬，刘小军，等. 信用监管与大数据［J］. 中国市场监管研究，2017（5）：42-44.

④ 孙晓芬. 公共信用模式下的监管系统建设［J］. 电脑知识与技术，2019（4）：287-288.

工具，主要包括建立企业信用信息共享数据库、全流程监督管理系统、大数据分析系统、信用联合惩戒系统、智能化监管功能和企业公共服务平台，为企业精准服务和各监管部门的协同化、精细化、个性化监管提供基础。

三、信用监管与传统监管比较分析

监管是指行政机关、司法机关以及法律法规授权具有管理公共事务职能的组织或机构，遵循经济发展客观规律，按照法无授权不可为的基本思想，运用科学的方法、公正的规则、公平的手段，在进行经济交换活动中对市场主体采取的监督管理行为，意在维护正常经济秩序，促进经济社会良性发展。按照监管的理念、工具、方式等的不同可以分为传统监管模式和信用监管模式。

（一）传统监管及存在问题

1. 传统监管

传统市场监管主要涉及事前事中两个环节，采取的监管方式相应为市场准入和市场行为监督两个方面。其中，事前监管环节采取市场准入的方式，主要包括审核登记、审批（核准、备案）、资格申请、确认等，在此环节中根据国家和地方政策支持重点行业、企业发展，防止产能过剩和不合理投资，禁止非法经营活动；市场主体获得准入资格后，监管部门采取“回头看”和巡查回访的方式，发现有违法违规开展经营活动的行为，如偷税漏税、超经营范围、制假售假、抽逃出资和“三无”企业等，则按相关法律法规进行相应程度的处罚。

部分市场主体为谋取高额的经济效益，不择手段地进行制假、售假、偷工减料、虚假宣传、操纵垄断和不正当竞争，甚至投机倒把等活动，传统的监管基本采取的是“一罚了之”“累犯累罚”，甚至“缴款放行”的处理方式，震慑力不够。

2. 传统监管存在的问题

传统监管模式仅涉及事前和事中环节，近年来，由于事前审批环节过多，事中对所有市场主体广泛监管，导致守信主体疲于应付无效监管，压抑了市场活力，特别是在“放管服”背景下，传统监管的理念、体制、数据应用、信息安全、网络安全防控、个人隐私与商业秘密保护等都需进一步加强，主要体现在以下方面。

（1）监管理念固化，难以适应现代经济社会发展。

一是存在“谁审批，谁监管”思想。受部门和职责分工影响，监管者对审管分离的内涵理解不够，职责分工认识不到位，部门之间配合不强，特别是“机构改革”、“放管服”改革以来，部分权力事项不清楚、界面不确定，一些工作人员对改革存在一定模糊认识，认为自己不负责审批工作，与其相关的所有工作都不用做，导致一些违规行为游离监管之外。二是政府“有形的手”对市场主体干预过多。受长期的管理型政府思维影响，监管者对市场主体信用掌握不全面，导致守信企业经营受干扰，而对失信企业却无暇顾及。三是缺乏协同监管理念。传统监管模式下，部门之间协同沟通不足，例如，环保部门只负责企业是否涉及环境违法，企业违法处理结果仅保留在环保部门的数据库中，而在税务部门的数据库中，该企业纳税表现优秀，极有可能确认该企业为优秀纳税企业并给予表彰，这种奖惩分离的监管方式不能对一个企业的信用状况进行全面了解，可能会给政府行政行为的权威性和公正性带来较大的负面影响，难以适应现代经济社会发展。

（2）监管手段落后，难以实现长效机制。

从调研的情况来看，一是监管手段落后，重庆是大库区、大山区、大城市，41个区县经济社会发展水平不一致，很多地方业务工作还停留在传统工作模式，办公还停留在纸质状态，数据来源靠催要，数据统计靠手工，数据展示靠文字，有的甚至是靠经验估，日常检查靠“跑断腿”，监管执法仅靠警告、罚款、没收非法所得等方式，导致“累犯累罚、累罚累犯”的现象时有发生。二是新型信息技术对监管支撑不足，除上述无信息系统支撑情况外，一些建设有信息系统的部门条块化分割严重，信息资源无法实现整合应用，难以辅助监管决策。三是监管信息的管理能力不足，传统监管未对市场主体建立信用档案，监管信息不能进行集中存储、及时公示，接受社会监督，更不能对累犯、重复再犯的违法违规行为采取额外的手段进行限制，无法帮助市场主体纠正失信行为形成长效机制。

（3）监管能力不足，难以确保公平公正性。

行政监管涉及的知识面比较广泛，既有法律法规方面的，也有行业技术如农业种子经营、兽药经营、环评验收、排污许可证发放等方面的，但受监管人员素质、技术等因素影响，难以确保监管的公平公正性。一是传统监管人员的业务知识相对比较单一，相关培训不够，受自身认知局限，不能准确掌握了解各个行业特点，按照法律法规要求做出科学、客观的监管决策。二是监管人员对政策把握不透彻，当前“放管服”改革中，各行业主管部门也都根据行业审批特点推出一些便民利民举措，精简审批程序、发布审批新规，部分新规文件只在本行业内部传达，审批部门很难及时知晓这些新政策，造成知道政策的人员不从事审批工作，从事审批工作的人员不知道政策的现象，使政策执行不到位，出现偏差。三是辅助决策手段运用不充分，当前各级各部门应用系统数量、种类、功能不断增加，沉淀在各数据库的信息量也不断增加，未实现数据的整合性应用和管理，使得决策的预判性、主动性、准确度无法得到有效保障。

（二）信用监管及特点

1. 信用监管

现阶段我国市场经济已进入发展的高级阶段——信用经济时代。习近平总书记指出，市场经济就是信用经济、法治经济。这一时段电子商务、平台经济、网上购物、主播带货等新业态、新模式不断涌现，传统监管只局限于具体交易行为的管理，因不能充分识别市场主体的关系，难以实现对抽象行为进行监管，以信用为核心的新的监管模式应运而生，信用监管是信用监管机构依据相关法律法规或信用信息，对信用市场参与人的行为、信用产品或信用关系进行监督、规范、控制和调节等一系列活动的总称。信用监管体系是对传统监管体系的质变性升级，是对市场上的失信和违规行为施行标本兼治的监管，更适应法治环境和适配社会治理创新。相比传统监管，信用监管是更为科学的市场监管方式，体现在监管形式和效果上的天罗地网式覆盖性、分类分级柔韧性、大数据技术支持下的精准性、主动亲民的服务性和社会治理的参与性。

2. 信用监管的特点

（1）信用监管贯穿各类事项全生命周期。

与传统监管只重视事前环节不同，信用监管更注重全过程的监管。事前环节，信用监管实施主动信用承诺制度，主要通过审批替代型、主动公示型、信用修复型和行业自律型承诺加快守信主体许可事项办理进度，提高了行政效率，降低了市场主体办事成本；通过诚信教育提高市场主体依法依规诚信经营的意识，营造诚实守信的市场氛围；通过扩大信用报告应用范围，充分发挥信用服务机构的作用，逐步实现对市场主体信用状况进行统一、标准、规范的认定，确保信用报告的一致性和真实性。事中环节可以有效实现市场主体信用状况全面客观的描述，有效降低寻找违规主体的监管成本，提高了监管的精准性。事后环节信用监管确定了具体的范围，特别是对失信联合惩戒对象的认定、管理、标准、措施等方面进行了全面的规范。有效改变了传统监管"违法缴款，缴款再犯"的问题，提高了处罚的威慑力。

（2）信用监管是分级分类的监管机制。

以信用为基础的新型监管机制是监管部门根据市场主体不同等级的信用状况采取与之相适应的监管措施，利用智能化技术，提高监管水平和能力。信用监管不是"信用是个筐啥都可以装，啥都可以管"，而是充分发挥监管资源的效能，对需要监管的重点对象、重点领域、重点环节，根据监管对象的信用等级实施不同类型的方式方法，确保监管力量真正实现有的放矢。

（3）信用监管大幅提升市场主体失信成本。

传统监管方式惩罚轻、自由裁量权大、传播范围窄、失信代价低，导致一些信用主体片面追求利益最大化，失信行为重复发生，信用监管针对这些问题提出了完整的解决方案。在解决信息不对称方面，信用监管将失信记录依法依规公示，接受社会监督、市场监督、舆论监督，让信用信息全社会广泛共享，让失信者在开展市场活动中付出“一处失信处处受限”的成本，让“达摩克利斯之剑”高悬头顶，确保市场主体不敢失信、不能失信。

（4）信用监管是以信息为基础的透明公平监管。

信用监管不是随心所欲、毫无机制的监管，信用监管是以信用信息共享为基础，特别是失信信息的充分共享，提高了各级各部门监管的协同性和统一性，国家相关文件均要求将市场主体基础信息、执法监管信息等按需共享，并在中国政府网、“信用中国”网站、国家企业信用信息公示系统以及各地方政府网站和信用网站公开公示，基本实现对行政许可、行政处罚、行政强制和行政确认等信息“应公开、尽公开”，做到监管信息的透明化。

（5）信用监管更加注重市场主体权益保护。

监管不是目的，只是手段，信用监管更加注重市场主体权益保护。党中央、国务院及相关部门出台的相关信用监管文件中均明确要求加强信用主体权益保护，包括严肃查处违规泄露、篡改、非法买卖信用信息，确保市场主体的商业秘密和个人隐私。同时，在各地方出台的社会信用条例、信用信息管理条例中都单独列章节加大对市场主体的异议权、修复权、清除权、知情权等权益保护，在实施公平公正监管的同时，更注重市场主体信息安全和权益保护，确保监管有界、保障有力。

（6）信用监管更加注重依法依规。

依法监管、规范监管是信用监管的突出特征，从提出到实施的过程中陆续出台的多项顶层设计文件都提出要求，制定社会信用体系相关法律法规，加快研究出台社会信用条例、信用信息管理条例、统一社会信用代码管理办法和其他配套管理制度。建立健全全国统一的信用监管标准和规则，将试点示范城市实施信用监管中行之有效的做法以法律形式进行固化，凸显信用监管是法治监管、规范监管。如此，信用监管在事前、事中、事后形成一个逻辑闭环，最终实现全过程、全流程的法治化、标准化、规范化监管。

（三）传统监管与信用监管对比

根据前文传统监管方式和信用监管方式的对比分析，可以看出两种监管方式各自在不同经济发展阶段起着重要作用，信用监管更应该是传统监管的颠覆式升级，其监管理念、监管措施、监管的方式方法、监管机制等更符合当前经济社会发展要求。

1. 监管理念

当前，我国社会主义市场经济制度已基本确立，为规范和促进市场健康发展，延续计划经济时代政府统揽的理念，设立了较高的市场准入门槛，只有符合设定要求的市场主体才能开展经济活动。政府扮演管理者的角色，突出其监管职能，依据政策要求，对违规者进行处罚，遏制违法违规。其间，由于部分权力集中在少数人手中，权力滥用、决策失衡等现象也时有发生。

随着我国社会主义市场经济发展进入信用经济时代，政治、经济、社会、技术等方面发生了深刻变化，政府“有形的手”对市场“无形的手”干预度逐步降低，原有的管理型政府正向服务型政府转变。信用监管是助力“放管服”改革的最主要手段，具备事前事中事后全过程监管能力，可以有效保障市场“放”得开、“管”得活、“服”得优。

2. 监管的方式方法

受信息技术和所处经济发展阶段限制，传统监管所采用的监管方式方法主要是：执法人员必须到现场走访、执法；采用纸质文书，不易于保存，容易存在监管责任风险；所有案件查办不能现场调查，证据难以固定，行政执法效率低，也无法网上受理注册登记事项，政府决策靠经验，无信息公开、社会矛盾多；所采取的监管方式主要为事前审批制，事中罚款、禁业，缺少事后监管环节。同时，一方面市场主体相应的保障措施不全面，导致“一放就乱、一管就死”的现象时有发生，另一方面以传统的手段对一些新兴业态进行监管，导致一些创新型企业难以生存，阻碍了市场的创新和经济的发展。

与传统监管不同，信用监管采用“互联网+”、大数据、云计算等信息技术，有固定的失信证据、明确的措施清单、科学的辅助决策，行政执法效率高，执法公正严明，同时，增强了市场主体信用信息的对称性，引导群众积极参与监督，倒逼市场主体规范经营行为，形成社会共治格局。因此，信用监管涵盖了市场主体事前事中事后全过程，包括事前承诺、事中分级分类监管、事后联合奖惩及各类保障机制，以“双随机、一公开”“互联网+监管”检查为手段，监管方式方法更完备、科学。

3. 监管机制

传统监管模式中，监管部门根据自身部门的职责范围和职能分工履行监管职责，监管过程仅执法部门和当事人知晓，无法与其他部门形成有效联动，导致一些部门可能给予市场主体“守合同重信用”“A级纳税人”等表彰性称号，而一些部门则因企业违反环境保护、生产安全等法律、法规给予该企业警告、罚款、责令停产停业整顿、责令停产停业、关闭等处罚性措施，政府对企业信用背书的结论不一致，使执法公权力受到社会质疑。同时，由于信息化程度参差不齐，相关监管信息向社会公开途径少，公众关注度低，对违规企业无法形成有效的警示。

信用监管充分运用现代信息技术，注重信息共享、业务协同、区域协同，对受到行政处罚的市场主体实施列入轻微失信名单、重点关注名单和严重失信惩戒名单等不同级别的管理方式，有效避免传统监管方式“平均用力”“奖惩不一”的现象发生。同时，信用监管所产生的监管信息要求“应示尽示、应示必示”，让社会民众全面参与监管流程，做到公开透明，形成正确的舆论导向。

结合前文分析，从监管理念、目标、范围、方式、方法等方面对传统监管和信用监管进行分析对比（见表4-1）。

表 4-1　传统监管和信用监管对比

项目	传统监管	信用监管
监管理念	通过监管使企业达到政府设定的要求；管理型政府	以信用为核心，根据市场主体信用状态实施差异化监管；服务型政府
目标	符合政策要求，遏制违法违规	助力“放管服”改革，优化营商环境，形成“诚信光荣、失信可耻”的良好氛围

续表

项目	传统监管	信用监管
范围	事前事中	事前事中事后
方式	事前审批制，事中罚款、禁业	事前承诺、事中分级分类监管、事后联合奖惩；“双随机、一公开”“互联网+监管”检查
方法	走访、现场执法；采用纸质文书，不易于保存，容易存在监管责任风险；案件查办不能现场调查，证据难以固定，行政执法效率低；无法网上受理注册登记事项，政府决策靠经验；无信息公开、社会矛盾多	利用“互联网+”、大数据、云计算等信息技术，由信息系统固定证据，对涉及相关部门职责的，一网通办，避免部门间相互推诿，同时现场可以开展案件调查，行政执法效率高。决策依靠数据支撑，科学、可靠。信息主动公开，群众参与监督，倒逼市场主体规范经营行为，形成社会共治格局
机制	单个部门实施，仅当事人知晓；向社会公开途径少，无法形成有效的警示	信息共享、业务协同；信息“应示尽示”，形成正确的舆论导向
特点	监管方式单一，针对性不强，监管成本高，失信威慑力低	点面结合，针对性强，监管成本低。部门联动，失信惩戒震慑力大

4. 结论

信用监管不是对原有监管方式的颠覆或取代，而是将信用元素贯穿在监管的目标、范围、方法、机制之中，对传统监管进行全面优化和升华，是促进“放管服”改革、优化营商环境、提高政府监管效率和社会治理能力的重要手段，让市场主体对监管无感，切实感受到诚信带来的获得感。

四、国家及各省市信用监管的推进情况

（一）构建以信用为核心的新型监管机制

党中央、国务院高度重视社会信用体系建设，在中央财经工作会、国务院常务会议、国务院政府工作报告中多次提出要求加快推进适合信用体系建设和构建与我国经济社会发展相适应的新型市场监管机制。2014—2019年，国家先后发布系列政策文件，提出了信用监管的“顶层设计”“实施路线”和“具体方法”。

1. 强化信用监管的“顶层设计”

《社会信用体系建设规划纲要（2014—2020年）》（简称《规划纲要》）将健全信用监管体制作为主要目标，加快部署和推进。并在商务诚信和社会诚信等重要领域10余次提到信用监管，例如，对进出口企业建立信用评价、实施信用分类管理和联合监管，在交通运输领域开展信用考核，实施分级分类监管、依法制定文化市场领域诚信管理措施，实施动态监管等。《规划纲要》作为我国推进社会信用体系建设的顶层设计文件，为构建以信用为基础的新型监管机制，促进“放管服”改革、助力营商环境优化、提升全民信用意识，指明了发展方向和目标。

2. 确立信用监管的“实施路线”

2015年，国务院先后发布3个加强监管的制度文件，2022年、2024年国家发展改革委先后下发《全国失信惩戒基础清单》为信用监管打下坚实基础。

明确指出信用监管使用的技术手段。国办在《关于运用大数据加强对市场主体服务和监管的若干意见》中指出社会信用体系建设要以政府信息公开、数据开放、数据分析为手段，综合运用云计算、大数据等现代信息技术，挖掘数据隐藏的价值，真正实现“让数据多跑路、百姓少跑路”，提高政府服务能力和水平，维护市场正常秩序，释放市场主体活力，进一步促进高质量发展。

规范开展信用监管的数据基础。国务院在《关于批准发展改革委等部门法人和其他组织统一社会信用代码制度建设总体方案的通知》中提出建立统一社会信用代码制度，为促进信用信息资源共享、降低社会管理成本、提高公共服务水平奠定了基础。

提出信用监管实施的应用范围。国务院在《关于“先照后证”改革后加强事中事后监管的意见》中明确提出了建立“信用约束”的基本原则，要求在政府部门、行业协会、社会组织管理活动中充分实现信用信息共享共用，对守信主体予以激励，充分体验守信获得感和满足感，对失信者进行约束和惩戒，逐步完善以信用监管为核心的监管制度。

3. 指明信用监管的“具体方法”

完善对失信主体加强信用监管的具体措施。国家发展改革委会同人民银行印发《关于对失信主体加强信用监管的通知》，明确对失信主体和失信行为进行整改、约谈、共享、公示、追责、修复等一系列具体监管措施，要求建立以信用承诺、信息公示、协同注册、合同监督为核心运行机制的信用监管体系，支撑和推动全国“放管服”改革。

提出实施联合奖惩的协同监管机制。国务院在《关于建立完善守信联合激励和失信联合惩戒制度加快推进社会诚信建设的指导意见》中从健全守信褒扬和激励机制、健全失信约束和惩戒机制、构建守信联合激励和失信联合惩戒协同管理机制、加强法规制度和诚信文化建设等4个方面，提出了27项加强事中事后监管的具体举措。

提出全过程监管机制实施的方法。党的二十大以来，党中央、国务院陆续出台相关政策文件，要求建立健全市场主体全生命周期、监管事项，贯穿事前事中事后全环节的新型监管机制。其中，在事前阶段，以市场主体信息主动公示披露、开展诚信经营承诺和使用信用报告为主要手段；事中阶段，以大数据、智能化技术手段对市场主体开展信用分级分类评价，并以信用评价结果为基础对市场主体开展差异化监管；事后阶段，以建立严重失信主体名单制度、实施信用惩戒、舆论曝光、信用修复和异议投诉等为主要手段。随后，国家发展改革委召开落实指导意见的工作部署视频会，提出要让信用承诺落地、让诚信教育落地、让自愿注册落地等10个方面的落地措施。

以备忘录方式明确实施联合奖惩的政策依据。为明确实施联合奖惩的方法，2014年起国家发展改革委会同最高人民法院、人民银行、国家市场监督管理总局、海关总署、民政部等部委先后签订联合奖惩合作备忘录50个，其中联合惩戒备忘录45个、联合奖励备忘录5个。联合备忘录的签订为各领域实施信用监管提供了法规依据，提高了失信者违法成本，形成了“一处失信、处处受限”的奖惩大格局。

（二）各省市信用监管探索实践

1. 上海市

上海市是全国最早开展社会信用体系建设的城市，信用监管措施在全国最先推出实施。围绕国家战略、经济高质量发展、社会治理创新等重点工作，上海把提升信用工作服务能力作为“放管服”改革的主战场，全面加强政务诚信、商务诚信、社会诚信和司法公信建设，整体改善社会信用环境，强化以信用为核心的全过程监管。

（1）以制度建设为统领，逐步推进重点领域信用监管。

2017年，为有效控制食品安全风险，上海市出台《上海市食品生产企业食品安全风险与信用分级监管办法》，根据食品生产企业管理情况、食品种类的风险特点不同，将食品生产企业划分为守信、基本守信、信用缺陷、失信四级，结合企业食品安全信用等级情况，实施不同程度的监督管理，以提高监管效率和监管效果。

2020年5月，为提高家政服务质量，出台《上海市家政服务条例》，上线了上海家政综合服务管理平台，归集27万余名家政服务人员和409家家政服务机构基本信息，与全市政务业务信息系统实现互联互通，主要具有信用监管、公共服务和行业管理等功能。

2020年8月，上海要求建立包括完善事前信用承诺制、构建事中信用分类监管模式、健全事后信用奖惩机制共14项任务39条举措，通过“三个一”的实施路径：制定一套信用分类标准，或者是信用模型；出台一套信用监管制度文件；采取一套信用分类监管措施，力争形成全市各领域全覆盖的信用监管体系，贯穿市场主体全生命周期。重点围绕事前承诺、事中监管、事后奖惩修复三个环节，与简政放权、放管结合、优化服务紧密衔接，形成全流程闭环管理机制，着力探索以信用评价为基础的分类监管，着力改变以往“撒胡椒面”“平均用力”的传统监管方式，探索市场主体公共信用综合评价，使监管力量“好钢用在刀刃上”，对诚信守法者“无事不扰”。

（2）以党建促业务发展，加强党对监管工作的领导。

“东西南北中，党是领导一切的”，党的领导是各项工作顺利推进的必要条件，上海一切工作以党建为引领。一是成立全国第一个省部级市场监管工作党委——中共上海市市场监管工作委员会，将区级层面市场监管体制改革延伸到市级层面，将行政体制改革拓展到党政联动改革。二是组建全能型市场监管部门，利用大数据平台功能，彻底打破各区原有工商、质监、食药监、价检部门的“分段管理”“九龙治水”独立监管格局，组建全能型的市场监管局。三是把统一市场监管信息作为推进信用监管改革的重要保障，发挥“诚信上海”信用信息平台的互联互通作用，统一投诉举报系统、处罚信息申报系统、案件查处系统等的监管信息，不断完善整个市场监管大数据监管信息平台。四是在浦东新区开展信用监管试点，将取得的经验推广到全市，并在工作方法和工作职能、工作机制上形成更好的联动，包括聚焦政府采购、招标投标、招商引资等领域，建立评价指标体系，推进政务诚信建设，提升政府公信力；推动联合奖惩嵌入行政审批、日常监管、资金支持等办事流程，实现信用信息与“一网通办”深度融合。

（3）强化信用建设基础保障，提高信用监管效能。

一是加强财政资金保障，建立上海市社会信用体系建设专项资金，支持在市场监管、养老服务、交通运输等试点重点领域建立信用监管机制。二是增强执法人员保障，充实街道、镇等基层一线执法人员，全市市场监管人员按市级、区级、街镇分配，配置比为0.6：2：7.4，形成金字塔形监管结构，有力充实了基层监管队伍建设。

2. 江西省

江西省积极落实国家要求，加快推进社会信用体系建设，点面结合推进信用监管工作。

（1）以行业监管为示范，探索企业信用监管机制。

2017年，江西省工商局牵头起草《关于推进企业信用监管制度改革的意见》，归纳总结了全省各地、各部门信用监管的实践经验，充分运用大数据转变监管方式，创新监管制度，在全国率先推进企业信用监管制度。

（2）积极响应国家要求，加强事前事中事后管理。

为落实国家推进信用监管工作要求，2020年，江西省出台构建以信用为基础的新型监管机制的实施方案，打造“信用江西”。一是推广信用承诺制度，引导信用承诺公示，开展市场主体准入前诚信教育，开展职业道德诚信教育，推广信用报告，推动信用记录异地互认。二是完善法人和其他组织统一社会信用代码制度，以统一社会信用代码为唯一标识，整合市场主体信用记录形成信用档案。三是制定全省统一的公共信用信息资源目录，在“信用江西”门户网站建立信用信息自主填报窗口，推动信用评价结果信息在政务活动中广泛共享应用，逐步建立分级分类监管机制。四是建立重点关注对象名单制度，在金融、救助、养老、幼教、文化、体育、家政、医疗保障、食品药品等重点领域，对尚未达到严重失信标准的信用主体实施提高检查频次的监管措施。

（3）推进信用监管“5+5+2”工作体系，促进信用惠民。

江西省推进“5+5+2”工作体系。第一个“5”指“五个办”：即信用监管业务“网上办”、帮扶抗疫重点企业“优先办”、惩戒涉疫失信企业“立即办”、年度报告指导“指尖办”、涉企数据归集“持续办”。第二个“5”指“五个新”：即应对疫情展现“新思路”、年报公示采取“新方式”、信息归集实施“新举措”、信息运用取得“新成效”、“双随机、一公开”步入“新常态”。“2”指“两项要求”：一是加强组织领导，二是重视舆论宣传。其中，信用监管业务“网上办”是指，通过江西省企业登记网络服务平台，利用“电子证照”“网络核验”“电子签章”等方式，实现信用监管业务网上申报、线上受理，线下审查、结果电子推送的“全程网办”，极大增强了守信主体的“获得感”。

3. 浙江省

作为习近平新时代中国特色社会主义思想重要萌发地，浙江省以数字政府建设为引领，推进“信用浙江”建设，在信息归集、治理、共享、开放等方面全面促进信用信息应用，以信用为基础的新型市场监管机制框架初步形成。

（1）以规划为引领，依法依规推进信用监管。

浙江省高度重视社会信用体系建设，将信用监管作为社会治理体系和治理能力现代化的关键支撑。2011年以来，陆续实施《浙江省社会信用体系建设“十二五”规划》和《浙江省社会信用体系建设“十三五”规划》，发挥信用在社会治理中的基础作用。

《浙江省公共信用信息管理条例》于2017年公布实施，要求建立以统一社会信用代码为唯一标识码的信用档案，信用档案内容包括基础信息、不良信息、守信信息。并对信用信息的披露与归集、激励与惩戒、信用主体的权益保护、法律责任等做出了具体的规定，为实施信用监管奠定了制度基础。

实施信用“531X”工程，提升治理能力和水平。“5”指五类主体基础数据库，包括政府机构、事业单位、企业、自然人和社会组织；“3”指社会信用体系的三大体系，包括公共信用指标体系、公共信用评价和信用联合奖惩体系、信用综合监管责任体系；“1”指连接国家覆盖全省的一体化公共信用信息平台；“X”指以信用信息为基础拓展在若干重点领域创新应用。

（2）以数字化引领建设信用监管“浙江模式”。

浙江省信息化基础好，信用体系建设起步早，基本建立数据共享机制和业务协同机制，数据归集基本实现常态化动态化管理。

一是充分实现数据共享。省政府组织建设浙江政务服务网，实现对全省信息资源统一集中管理，省公共信用信息平台依托浙江政务服务网对相关的信用数据进行全面归集，降低不同信用主体信息不对称程度，确保业务协同的有效性，逐渐构建起与浙江经济高质量发展相适应的新型市场监管机制。

二是构建信用业务大协同格局。按照“事前管标准、事中管达标、事后管信用”的新型管理模式，将公共信用信息嵌入业务系统中，形成事前提供共享查询、事中分级分类监管、事后形成信用记录（档案）的全流程封闭式监管体系，在全省行政审批服务、市场监管、公共服务、公共资源交易和其他政务事务等五大领域，打通279个信用相关业务系统（平台），充分发挥信用在社会治理中的支撑作用。

三是建立公共信用指标和评价体系。发布《浙江省公共信用信息目录（2019版）》《五类主体公共信用评价指引（2019版）》促进信用体系建设相关工作的法治化合规化。

4. 广东省

广东省全面推进信用广东建设，研究制定广东省“信用+大数据”监管综合评价模型，支撑各部门建立以信用监管为基础的新型监管机制，积极探索社会信用体系建设理论与实践。

（1）坚持制度先行，确保信用监管依法依规。

出台《广东省市场监管条例》，明确提出构建以信用监管为核心的新型监管模式，强化信用约束。率先以法规形式确立信用承诺制度、信用信息统一归集公示制度、信用分类监管制度、失信惩戒机制等，统一了市场主体信用信息公开渠道。

出台《社会组织信用信息管理办法》，推进联合监管机制“事中事后”强检查。2019年，广东省民政厅通过“双随机、一公开”检查60个社会组织，并通过购买服务对日常监管中发现问题的20个社会组织进行专项审计，检查结果依规定向社会公开，有业务主管单位的抄送业务主管单位，实现资金联合监管。2020年，现场检查381家社会组织，专项审计88家社会组织。通过强化事中事后管理，进一步筑牢社会组织信用监管体系。

出台《广东省深化营商环境综合改革行动方案》，要求加快建立以信用监管为核心的新型监管方式，推动建立健全各行业各领域“红名单”认定标准，认定“红名单”主体并给予激励，努力营造鼓励诚信、惩戒失信的市场氛围。

为加强消防安全信用体系建设，构建以信用监管为基础的新型消防监管体系，出台《广东省消防安全信用监管实施办法（试行）（征求意见稿）》《广东省消防安全信用积分实施规则（试行）（征求意见稿）》，明确消防安全信用信息由基本信息、火灾事故信息、消防行政执法信息、信用积分情况、消防安全管理信息5个部分组成，规定了消防安全信用等级按照消防安全违法行为轻重、责任大小程度，分为守信、一般失信、较重失信、严重失信四大类。

（2）行业试点信用监管措施，成效初显。

将联合奖惩信息嵌入政府行政审批流程中。2023年上半年，全省6个试点城市实现信用核查11.2万次，11个省直试点部门实现信用核查562.74万次，共实施联合奖惩案例18279例。探索信用承诺制、分级分类监管。广东省科技厅在办理省级科技业务时实施科研诚信承诺制度，目前已有66677个承担单位、65667位申报人签署了科研诚信承诺书。江门市积极探索"投资项目承诺制"新型管理模式，自承诺制改革试点工作开展以来，194项采用承诺制管理的项目无一例失信行为，项目前期工作平均提速1~2个月。惠州市推行建设工程项目"信用快审"承诺制改革，并在信用门户网站上设置"信用快审"专栏。中山市在公共资源交易中，采用信用承诺+电子保函的方式，再造业务流程，减轻企业经济负担。各部门积极运用信用监管手段加强行业监管，税务、生态环境、交通运输、住建、水利、教育、海关等部门探索制定行业信用分级分类标准，实施差异化监管措施。

5. 河北省

（1）以信用监管为抓手，实施重点领域突破。

一是加强政务诚信建设，河北省陆续出台《关于开展重点领域政务失信问题专项治理 进一步加强政务诚信建设的意见》《"新官不理旧账"问题专项整治工作方案》，围绕政府采购、招投标等重点领域，排查整改政务失信突出问题，不断完善政务诚信监测评价、民主监督、司法监督、社会监督机制，着力加强政府采购、招投标等重点领域诚信建设，政府诚信水平不断提高。实施政务信用考核评价，在政府采购、招投标、招商引资、政府投资项目等领域将政务履约、守诺服务以及信用建设重点工作落实等情况纳入督查内容，强化政务失信惩戒问责。同时，加强政务诚信民主监督，邀请人大代表、政协委员对政府行政行为进行诚信监督，形成多方监督的失信约束体系。

二是建立健全信用档案，截至2023年底，人行征信系统为全省9.3万户小微企业建立信用档案，组织金融机构评定信用农户477万户、信用村9117个、信用乡镇158个，将信用评定与综合授信相结合，有力支持中小微企业和农户融资。

三是科学实施信用分级分类监管。河北省住建厅发布文件，对市场主体进行分级分类评价，根据不同等级分类对失信主体实施分级分类管理，提高监管的针对性和准确性。

四是实施差异化信用监管措施，根据国家“互联网+监管”平台企业信用风险等级结果，对不同信用等级的企业实施相适应的信用监管措施，确保同样等级的企业采取措施的一致性。省市场监管局根据国家市场监督管理总局企业信用风险分级结果，按照高风险等级企业20%、中高风险等级企业15%、中风险等级企业10%、中低风险等级企业5%的比例原则，采取“双随机、一公开”方式抽检企业1.41万户，并将抽查检查结果报送市场监管总局，用于改进其企业信用风险评价模型，为在全国范围推行不同信用等级的抽查方式积累经验。

（2）加强联合监管，实现区域一体化发展。

加强旅游信用协同监管。京津冀三地文旅委签订《京津冀地区旅游信用协同监管合作备忘录》，以北京市旅游行业信用监管平台为依托，在平台互通、数据共享、信用应用等方面共同发展，推动京津冀统一的诚信体系建立和信用联合奖惩机制落实。

加强交通运输旅游信用监管协作。京津冀三地共同建设“交通运输信用”监管平台，对三地运输企业名单和从业人员信用档案实现统一管理，实现交通运输领域行政许可、行政处罚、投诉及企业名录统一发布，区域内实现信用信息共享查询，并在企业融资信贷、表彰奖励、资金支持、政府采购、行业准入、宣传推广等方面广泛拓宽信用信息应用。

河北省气象局与省工商行政管理局签署了《关于企业信息共享和失

信企业联合惩戒合作备忘录》，两部门联合实施企业信息共享，对失信企业依法进行协同监管和联合惩戒。该备忘录以双方信息共享为合作基础，提出对在气象探测、涉外气象活动、气象预报预警、雷电灾害防护装置检测、施放气球、人工影响天气及其他严重违反气象法律法规和失信的行为企业及其法定代表人（负责人）、自然人股东、其他相关人员进行联合惩戒；双方对严重违法失信企业名单和被列入企业经营异常名单的失信企业依法予以限制或禁入，推进形成“一处违法、处处受限”的信用监管新局面。

6. 南京市

南京市是全国首批信用体系建设示范城市，信用监管工作在以下方面作出了有益探索。

（1）以法律形式固化信用监管措施。

2020年7月，《南京市社会条例》正式实施，明确对守信市场主体在申请办理证照过程中，给予告知承诺、容缺受理等便利化措施；守信市场主体运营过程中，在电力获得、信贷供给、施工许可等环节给予流程简化、费用减免、时间缩短等优惠待遇，优先给予财政性资金补助、项目支持等政策扶持；对守信主体的联合激励措施，给予经费支持、孵化培育；在日常监管中，减少检查频次，更多使用非现场检查方式等。

（2）强有力的组织保障推进信用体系建设。

在体制机制建设方面，一是建立了以市政府主要领导为组长、各市级部门主要领导为成员的社会信用体系建设工作领导小组，统领全市社会信用体系建设。二是设立南京市信用办，牵头研究和推进诚信体系建设的规划、政策制定、监督指导和综合协调。三是成立南京市信息中心信用信息管理处（市公共信用信息中心），参与全市信用体系规划及政策法规的研究，承担全市企业与个人信用信息数据库、管理服务平台及诚信南京网站的建设和运行，负责依法承担市级机关各部门、各区以及经授权或委托承担行政管理职能的组织在履行职责过程中生成的信用信息的征集、加工、交换和服务，负责全市各部门涉及信用信息的业务指导和技术支持，负责全市信用信息联动监管绩效数据统计等工作。

（3）建立信用监管制度，实施分类监管措施。

出台《南京市医疗卫生信用分类监管办法》，对医疗卫生机构、从业人员等开展信用等级评价，加强医疗卫生领域监督管理、规范执业，该办法将医疗卫生信用分类从高到低分为“诚实守信”“信用良好”“一般失信”“较重失信”“严重失信”五类，对信用等级较好的市场主体，遵循自律为主、监管为辅原则，在其信用等级有效期内享受激励措施，对信用评价等级较差的信息主体将加强监管。

出台《南京市政府采购供应商信用管理工作暂行办法》，根据供应商违法违规行为的情节轻重，将政府采购领域失信行为分为三大类。第一类：严重失信行为。即政府采购法律法规明确要予以行政处罚的15类情形。第二类：将国家规定的5种情形列入联合惩戒严重失信行为中。第三类：一般失信行为情形。对南京地区政府采购活动中采购人、采购代理机构反映强烈，供应商容易出现、不够处罚，但又严重扰乱政府采购秩序的不良行为进行归纳细分，采用诚信档案管理的办法加以约束。

出台《南京市不动产登记失信行为信用管理暂行办法》，针对不动产登记工作中出现的申请人以虚假材料开具购房证明案件及“假人”“假材料”办证等不诚信行为，将失信行为分为一般和严重两类，一般失信行为主要涵盖提交虚假材料申请、冒充他人申请登记和协助他人骗取不动产登记及登记资料查询等行为；严重失信行为以法院判决认定的失信行为事实为依据。对轻微偶发的失信行为，按照《南京市社会信用条例》免予惩戒，但列入重点关注名单，一般、严重失信行为信息记录有效期限分别为一年、三年，信用记录期间失信人仅可通过人工受理方式申请不动产登记及办理相关业务，并按《不动产登记暂行条例》规定的最长时限办理。

7.其他省市实施情况

为响应国家构建以信用为基础的新型监管机制等系列文件要求，除上海、江西、浙江、河南等省市外，其他如北京、黑龙江、江苏等省市也已经出台相应政策或措施推进信用监管，执行措施如表4-2所示。

表 4–2　各省市信用监管措施

序号	地区 / 部门	方案名称
1	郑州市	《关于加快推进社会信用体系建设 构建以信用为基础的新型监管机制实施方案》
2	北京市	《改革完善医疗卫生行业综合监管制度的实施方案》
3	江苏省	《江苏省改革完善医疗卫生行业综合监管制度实施方案》
4	柳州市	《柳州市关于加快推进失信被执行人信用监督、警示和惩戒机制建设的实施方案》
5	西安市	《西安市市场监管领域部门联合"双随机、一公开"监管实施方案》
6	河源市	《关于加快推进失信被执行人信用监督警示和惩戒机制建设的实施方案》
7	哈尔滨市	《哈尔滨市医疗保障局医保领域信用体系建设实施方案》
8	烟台市	《烟台市市场监督管理局开展证明事项告知承诺制试点工作实施方案》
9	黑龙江省	《黑龙江省在市场监管领域全面推行部门联合"双随机、一公开"监管实施方案》
10	湖南省	《湖南省市场监管领域全面推行部门联合"双随机、一公开"监管实施方案》
11	福州市	《福州市失信医药机构协同监管和联合惩戒实施方案》
12	福州市	《关于推进失信被执行人信用监督、警示和惩戒机制建设的实施方案》
13	福州市永泰县	《永泰县失信企业协同监管和联合惩戒实施方案》
14	福清市	《福清市失信企业协同监管和联合惩戒实施方案》
15	福州市国资委	《福州市国资委失信被执行人信用监督、警示和惩戒机制建设执行联动实施方案》
16	福州市罗源县	《罗源县失信企业协同监管和联合惩戒实施方案》
17	福建省闽清县	《闽清县失信企业协同监管和联合惩戒实施方案》
18	淮南市	《八公山区全面推行"双随机、一公开"和联合惩戒工作实施方案》
19	太原市	《太原市全面推行"双随机一公开"工作加强事中事后监管实施方案》
20	安徽省	《安徽省加强事中事后监管实现"双随机一公开"监管全覆盖实施方案》
21	宁德市	《宁德市提升旅游服务质量、加强旅游市场综合监管实施方案》
22	漳州市	《漳州市安全生产监督管理局推进失信被执行人信用监督、警示和惩戒机制建设实施方案》
23	天津市	《天津市运用大数据加强对市场主体服务和监管的实施方案》
24	桂林市	《桂林市机动车安全技术检验机构信用分级监管实施方案》
25	湖南省	《湖南省在行政管理事项中使用信用记录和信用报告等信用产品的实施方案》
26	陕西省	《陕西省推广随机抽查规范事中事后监管工作实施方案》
27	辽宁省	《运用大数据加强对市场主体服务和监管的实施方案》
28	梅州市	《关于疫情防控期间加强重庆市信用监管工作的通知》
29	河南省	《河南省加快推进社会信用体系建设　构建以信用为基础的新型监管机制实施方案》

（三）各省市经验借鉴及启示

综合各省市信用监管的探索实践来看，主要体现以下特点。

1. 强化基础保障，确保监管工作推进有力

在组织机构及人员保障方面。南京、苏州、宿迁等市建立了以市政府主要领导为组长，市级各部门负责人为成员的社会信用体系建设领导小组，指导全市社会信用体系建设。湖北、四川、陕西、广东、江西、黑龙江、南京等省市均成立了省级信用体系建设办公室、省（市）信用中心，合力推动全市信用体系建设、推进区域社会信用体系建设，建立了相对完善的信用监管机制。上海改变以前单一监管模式为部门协同监管机制，以信息系统为纽带打破原有分部门分段管理的模式，形成监管合力，并落实信用监管执法人员队伍建设，市级、区级、街镇形成“金字塔形”监管结构，进一步充实基层一线执法人员。

在制度保障方面。各省市按照党中央依法治国、依法行政的要求，相继出台政策文件，建立以信用为基础的新型监管机制，从制度上为信用监管提供法律支撑。例如，上海市出台的《构建以信用为基础的新型监管机制的实施意见》、江西省出台的《构建以信用为基础的新型监管机制的实施方案》、浙江省出台的《浙江省行业信用监管责任体系构建工作方案》等都为信用监管实施提供了良好的制度保障。

在资金保障方面。为了保证信用监管得以顺利开展，上海、南京、杭州等地加强财政资金保障，设立专项资金推进信用监管相关工作。如上海市设立社会信用体系建设专项资金，支持市场监管、养老服务等重点领域建立“事前告知承诺、事中分级分类评估、事后联合奖惩”全过程信用管理模式，在政府采购、招标投标、招商引资等领域，分类建立评价指标体系，推进政务诚信建设，提升政府公信力。

2. 推广试点示范，探索不同领域监管方式

在行政审批领域试行信用承诺和容缺受理。河北、广西、济南、青岛、大连、攀枝花等省区市在政务办理、投资申请、生产许可等事前环

节，申请人在申请审批（备案）事项时，在其基本条件具备、主要申请材料齐全的前提下，对于非关键性申请材料暂缺的，由审批服务窗口一次性告知需补正的材料、时限和超期处理办法，申请人作出相应承诺后，按照正常审批服务流程办理，在承诺时限内，服务对象补齐补正所有欠缺材料后，予以正常办结，在提高审批效率的同时也提升了群众满意度。

在招标投标活动中推行信用报告制度。河南郑州印发了《关于进一步完善政府采购领域使用信用报告制度的通知》，要求投标人出具认证机构的信用报告。江西在行政管理中推行使用信用记录制度，要求市场主体依法提供由信用服务机构出具的信用报告或信用记录。

在市场监管领域试行企业风险分类管理。安徽省市场监督管理局借助安徽省事中事后综合监管系统“信用风险分级分类监管”功能，按照“正常”“警示”“失信”“严重失信”4个等级，抽查比例以5%~20%逐级递增，抽取待查企业，极大创新了“双随机、一公开”联合抽查方式。广东、上海等省市依托本省市信用信息共享平台、“互联网+监管”系统，创新全流程信用监管方式，按照事前重承诺、事中重监管、事后重奖惩构建新型监管模式，推进信用分级分类监管。为扩大市场化应用场景，上海浦东区市场监管部门与第三方征信机构芝麻信用合作对失信者进行限制，芝麻信用将企业在市场活动中产生的信用信息反馈至市浦东市场监管局，浦东市场监管局结合市场信用信息和各行政管理部门产生的公共信用信息对该企业进行评价，对于信用风险等级高的企业采取高风险预警、列为重点监管对象、适当增加检查频次等差异化监管措施。

在事后监管环节实施联合奖惩。江苏、上海等省市根据国家发展改革委签订的联合奖惩备忘录及本地区守信联合激励和失信联合惩戒有关文件的要求，组织和指导各部门和单位开展工作，推动各项奖惩措施落地，在广泛调研征求各部门和单位意见的基础上，建立了信用数据清单、应用清单、措施清单，统称“三清单”，对数据的管理、失信守信行为规范、奖惩措施等进行了规范，“三清单”取得的经验受到国家肯定，并向全国复制推广。

3. 运用信息技术，提升信用监管智能化水平

信用监管应用信息化技术，通过分析和评价模型对市场主体信用状况进行精准画像，为管理部门实施分级分类监管和精准监管提供了技术手段，提升了监管智能智慧水平。

北京市通过归集相关部门的企业信用信息，建立“双积分”信用监管系统，设定“双积分”规则，对企业的良好与不良信息分别积正负分，实施联合奖惩。安徽建立工程建设监管与信用管理平台，将企业库、人员库、项目库、信用库“四库”汇集到一起，目前已有1.2万家建筑工程企业、37万余名注册及中高级职称人员、4000多个项目以及6000万余条信用信息进入平台。深圳建成商事主体信用监管公示平台，嵌入深圳信用网首页的显著位置，重点突出监管公开、信用公示。成都搭建“一体两库三维度”立体化监管网络，建设全市市场主体智慧监管平台，实现“双随机、一公开”监管与信用积分评价、分级分类监管、联合惩戒、动态风险管理、大数据分析联动，实现精确监管，提升全流程信用监管效能。福建省出台《福建省工商（市场监管）系统企业信用分类监管暂行办法》，开发工商一体化平台信用分类软件系统，提升企业信用分级分类监管的科学化、智能化水平。

4. 加强监管协同，促进跨区域一体化发展

跨省域信用一体化发展。一是成立信用长三角，作为全国首个区域性信用合作示范区，主要合作内容体现在以下方面：加快推进区域整体信用制度建设，推动重点领域的跨区域联动奖惩，促进跨区域信用信息共享共用，鼓励信用行业服务创新，实现监管领域信用证明互认共用等，特别是在环境保护、产品质量、交通运输、食品安全、旅游等重点领域，为全国实施跨地区、跨部门联合奖惩提供了良好借鉴；在招标投标、企业上市、政府采购、海关认证、表彰评优等工作中，探索建立一证通办工作机制，降低市场主体制度化交易成本，优化区域营商环境。二是成立北部湾信用生态圈城市联盟，联盟由南宁市发起，首批加入的城市包括来自北部湾城市群的广西南宁市、北海市、钦州市、防城港市、玉林市、崇左市，广

东湛江市、茂名市、阳江市，海南海口市、儋州市、东方市共12个城市；主要目的是响应国家治理能力需要实现区域协调发展的要求，营造北部湾区域良好信用环境，增强区域凝聚力和竞争力，实现优势互补和共赢；主要合作事项包括加强信用制度建设、生态圈区域城市公共信用信息服务平台和数据归集、共同培育发展信用市场、促进信用信息跨区域共享共用、探索重点领域的跨区域联合奖惩、推进城市间公共信用信息的共享交换，为防范区域金融风险、信用联合奖惩提供数据支撑。

区域内信用协同发展。一是四川首个区域信用联盟“川南经济区信用联盟”成立，川南经济区信用联盟由全国第二批社会信用体系建设示范城市泸州牵头，联合宜宾、自贡、内江共同成立，围绕共建信用智库、共育信用市场、共享信用信息、互认“红黑名单”、共建信用品牌等方面开展有益探索，并借鉴先进经验进行跨区域联合奖惩、成效反馈评估以及理论研究合作。二是安徽首家区域级信用联盟成立，首批成员18家，其中，中科大管理学院、安徽省征信公司、合肥市包河区消费者协会等6家成员单位签署《包河信用联盟公约》，在联合惩戒方面，包河区将失信者纳入黑名单，在社会治理、社会管理和社会服务等方面加以限制，包括在金融机构开办银行卡、信用卡和办理贷款业务。

全国高新区信用联盟成立。上海市张江高科技园区、天津滨海高新区、长沙高新区、成都高新区、武汉东湖高新区五家国家级高新区联合发起成立全国高新技术园区信用联盟，吸引了苏州工业园区、兰州工业园区、宿迁工业园区等23家园区成为首批会员单位。充分利用互联网征信、智能AI、大数据、云计算、反欺诈模型等先进技术，建立跨区域合作的企业信用信息管理系统，并融合政府公开数据和企业交易数据开展企业信用评价，实施跨区域统一信用管理。

5. 强调依法依规，保障市场主体合法权益

信用监管注重信用本身，更注重信用主体权益保护。信用修复、信用异议处理等方式给了信用缺失者信用重塑的机会，比起传统监管更体现了“以人为本”的发展理念。特别是一些地方立法将相关主体权益进行了法

治化要求，一是设置信用主体的知情权，当事人有权知道自己的信息由谁来采集、由谁去使用，并规定一年内可以免费查询自身的信用记录两次；信用主体有权知晓自身信用信息被采集收集与应用领域等情况，以及本人信用报告载明的信息来源和变动理由。二是记录消除权，失信信用信息的记录为五年。三是异议权，对记录的失信信息当事人有权提出异议。四是纠错权，根据“谁记录谁负责”的原则，相关机构发现信用信息记录错误或者失信信息被撤销的，应当及时改正。五是主动修复权，失信当事人可以通过主动履约、从事公益性活动等方式主动修复自己的失信记录。六是信用信息安全保护，各省市发布的法规制度中，都要求建立健全社会信用信息安全管理和应急处理制度，采取相应的安全保密措施确保社会信用信息归集、查询、公开和应用全过程的安全。

其他诸如《河北省社会信用条例》《南京市社会信用条例》等都对确保信用主体的信息安全、隐私权、异议权、修复权、知情权等做了具体的规定，在推广信用应用、实施信用联合奖惩、开展信用监管等活动中保障了信用主体的合法权益。

五、重庆信用监管实施现状与问题

（一）重庆信用监管实施现状

1. 响应国家要求，落实各项监管政策

为深入贯彻国务院办公厅《关于加快推进社会信用体系建设构建以信用为基础的新型监管机制的实施意见》《关于进一步完善失信约束制度构建诚信建设长效机制的指导意见》等文件精神，加强社会信用体系建设，助力“放管服”改革深入推进，结合重庆实际，市人民政府办公厅发文要求在全市建立健全贯穿市场主体全生命周期，覆盖事前、事中、事后全环节的新型监管机制，助力全市一流营商环境建设。2020年4月，为进一步贯彻落实《关于加快推进社会信用体系建设构建以信用为基础的新型监管机制的实施意见》要求，建立健全行业信用监管责任体系，提高政府行政管理效能，助推重庆市“放管服”改革和营商环境优化，市发展改

革委在前期收集整理各行业（领域）信用分级分类事项基础上，拟定《重庆市深入推进信用监管工作方案（征求意见稿）》，按照“完善优化一批、启动突破一批、部署推广一批”的思路，提出36项具体工作措施和近两年工作目标，为推动全市构建新型监管体系作了进一步部署。

2. 完善组织建设，推动信用监管实施

按照国家推进信用体系顶层设计，2023年，重庆市全面深化改革领导小组将“打造‘信用重庆’升级版”纳入全市25项重点改革任务和全面推进依法治市的重要工作进行推动，建立了全市社会信用体系建设联席会议制度，由市政府常务副市长担任总召集人，市政府分管副秘书长及市发展改革委、人民银行重庆营管部、市工商局分管领导为副召集人，办公室设在市发展改革委，46家成员单位均明确了分管领导、责任处室和联络员。随后各区县按照市级架构分别建立了联席会议制度建设，为推进社会信用体系建设、开展信用监管活动初步提供了组织保障。

2016年9月，成立重庆市信用中心，主要职责是：负责重庆市信用信息应用平台和“信用中国（重庆）”网站建设和管理，承担全市信用信息归集和共享交换工作，开展信用体系建设各项政策研究，推动信用信息应用，助推信用服务业持续健康发展等，市信用中心的设立，为实施信用监管提供了技术保障。

3. 实施应用示范，探索信用监管措施

为落实国家信用监管政策要求，重庆市鼓励各区县、各部门（行业、领域）将其作为监管的重要手段，并在一些方面做出了一定的探索。近年来，市住房城乡建设委、市市场监管局、市人力资源和社会保障局、市交通局、市水利局、重庆海关、市生态环境局、市税务局等10余个单位和两江新区、渝中区、大足区等区县积极探索实施信用评价和分类监管，对守信主体“无事不扰”，对失信主体“高悬利剑”。

（1）建成市信用应用平台，基本实现信用信息集中管理。

全市统一的信用信息应用平台和“信用中国（重庆）”网站上线运行功能逐步完善，信息汇集交换枢纽作用逐步显现。市信用平台对接全市法人基础数据库、自然人基础数据库，与国家信用平台、56家市级部门、40

个区县（含两江新区、万盛经开区）实现互联互通，建成信用目录管理、信用信息归集共享、数据清洗比对、信用大数据分析、“红黑名单”触发反馈、信用信息共享查询等功能，截至2023年12月，累计归集量突破5.1亿条，“信用中国（重庆）”网站逐步成为市民“信用之窗”，累计访问量超过6000万次，为实施信用监管奠定了基础。

（2）市级各部门推进信用监管，探索分级分类监管。

出台《重庆市行政审批告知承诺办法（试行）》，在市网上行政审批平台、市投资项目审批等管理平台嵌入信用“红名单”，对诚实守信的企业实施信用承诺制，缩短审批时间，减少审批环节，加快办理速度，要求失信或信用状况一般的企业履行约定义务后，正常办理。

重庆税务局根据国家税务总局《关于印发〈纳税信用等级评定管理试行办法〉的通知》规定，将纳税信用等级评定按照第四条的评定内容分指标计分，设置A、B、C、D四级，根据不同级别实施不同的监管措施。

重庆海关落实国家AEO制度，对信用状况、安全水平、守法程度较高的企业给予免担保、较低查验率、简化通关手续、企业协调员服务及AEO互认国家等便利措施，提高企业守信获得感，截至2023年12月，重庆关区共有注册企业2万余家，其中高级认证企业达100家，占关区注册企业总数的0.5%，失信企业153家，占企业总数的0.65%，高级认证企业家数还有待进一步提高。

（3）各区县实施信用监管手段，优化监管效能。

两江新区建成市场主体的空间网格化与分级分类监管平台，以市场主体信用数据为核心，地理空间库为基础，通过整合两江新区工商、质监、食药监现有业务系统信息，形成市场主体监管信息一张网。平台运用大数据技术及三维地理信息技术，构建全区地名地址数据库，全面融合地理信息数据库与法人库，建立基于空间坐标的市场监管一张图。按照市场主体行为规则，构建相应的市场主体信用分级分类办法，将市场主体分为A、B、C、D四类，并分别用绿、黄、红、黑四种颜色进行表示，以强化监管重点，明确监管重心。通过地理空间的数据挖掘技术，构建登记预警、监管预警、消费预警和安全预警等预警模型，并在地图上进行实时在线可视化展示，确保监管透明公正。

大足区搭建“信用大足”公共信用信息平台，推行建设项目告知承诺制，“便民惠企”措施逐项落地，取得了良好的社会反响。依托“信用大足”相关网站和平台，大足区深化“放管服”改革，顺势推行了工程建设项目告知承诺制。在政府投资项目选址意见书、用地预审审批领域试点推行部分证明事项告知承诺制，给予承诺单位不超过3个月的正式手续办理完成时限。审批速度的提升，大大节省了企业办事时间。

（4）充分发挥联合奖惩系统功能，监管成效初见。

重庆市信用应用平台为实现全市联合监管提供了平台支撑。截至2023年初，以重庆市信用平台为基础搭建的全市联合奖惩子系统初步实现联合监管功能，在针对失信被执行人方面，全市38个区县、51个部门和单位累计查询“红黑名单”信息350万次，触发反馈“红黑名单”并实施联合奖惩措施10万次。人力社保局在就业补贴时，限制150余个失信主体申报资格；市民政局在社团组织管理中，责令339个失信主体限时整改；市市场监管局、市经济信息委、市农业农村委、市交通局等部门在办理政府资金补贴等优惠性政策时限制60余个失信主体补贴资格；市市场监管局在认定守合同重信用企业、市税务局在认定纳税信用A级纳税人时取消800余个失信主体评选资格。在守信激励方面，重庆市全面推广或试点推进信用免押金、减租金、告知承诺、信用融资贷款、容缺受理等“信用+”守信激励举措，市场主体幸福感、获得感逐步增强。

（二）重庆实施信用监管面临的问题

信用监管是综合应用“互联网+”、大数据、云计算等现代新兴信息技术对信用信息实现集中统一管理、对市场主体开展信用评价、对失信者进行联合惩戒和保障市场主体各项权益的新型监管方式，是实现治理体系和治理能力现代化的重要手段。当前，虽然重庆以政府部门为主导、社会广泛参与的信用监管体系建设已经取得一定成效，但仍然存在一些问题及不足。

1. 推进信用监管的基础保障不足

重庆市社会信用体系建设联席会议制度的建立，为开展信用监管工作起到了良好的推动作用。但在基础保障方面还存在不足，一是尚未成立社会信用体系建设常设机构，社会信用体系建设是一项长期、复杂、具体的系统性工程，现有联席会议办公室设在市发展改革委，属临时机构，在开展制度建设、推进信用信息开放应用、培育信用服务市场、优化诚信环境等活动中还存在一些困难。二是信用监管力量不足，受发展基础影响，一些区县相关科室人员配备不够，一个人既管理日常政务工作也负责全域的监管工作，疲于应付上级检查考核，对实施监管分身乏术。三是支撑智慧监管的基础平台功能还不完善，近年来，随着“放管服”改革的不断深入，国务院办公厅、国家市场监督管理总局自上而下上线了“互联网+监管”“双随机、一公开”等监管系统，同时，地方层面，环保、应急等部门也根据自身监管要求建立了监管信息管理系统，由于系统建设层级、牵头部门、建设目的不同，这些系统之间缺乏有效手段进行协同联动。特别是没有信用监管综合系统，贯穿“互联网+监管”“双随机、一公开”等业务系统衔接，提升重庆企业信用信息公示系统、交通执法系统、执法人员管理系统等市级各部门业务系统监管效能，让全过程监管落地实施。四是数据共享不充分，现有各监管系统及政府各职能部门的数据库开放共享程度还不够，“信息孤岛、信息烟囱”现象还普遍存在，不同部门和区县的信用信息数据库在指标内容、技术标准、数据格式等方面不尽相同，全市信用信息应用平台数据归集共享水平还需进一步加强。

2. 开展信用监管的法律法规亟须完善

由于国家层面信用上位法尚未出台，各地方在开展信用监管活动方面都还处于“摸着石头过河”的状态，截至2024年6月，全国已有29个省市开展了信用立法建设，并取得了实质性成效。《重庆市社会信用条例》现已进入人大立法环节，但距离正式出台还有一段距离，信用监管法规依据仍需完善。一是落实国家文件要求的配套制度尚未建立，出于多方面的原因一些执行层面的制度迟迟不能出台实施，如“红黑名单”的认定及使用、信用修复、信用服务机构管理等管理办法均在起草中，导致监管工作推动困难。二是信用监管事项清单尚未建立，信用监管是有限监管，把权力关进制度的笼子，信用监管事项清单是确保权力不泛化的重要保障，当前全市权责清单已基本建立，但监管清单还未建立，各级各部门对清单式管理不理解不清楚，实际工作中随意性比较大，急需通过相应机制来规范。三是缺乏统一的信用评级评价标准，实施分级分类监管的依据就是信用评级评价结果，各部门的行业信用评价侧重点在于行业信用信息，其与公共信用评价衔接不到位，如海关、税务等开展的行业分级评价，基础数据不同，评价形式不统一，导致评价结果难以在各类监管事项中通用。

3. 协同监管机制尚未建立

由于经济发展水平不同，信用体系建设起步时间存在差异，各部门、各领域、各行业信息化发展水平和信用监管实施进展不平衡，距实现协同监管、差异化监管、一体化监管的要求还有一段距离。一是缺少统一的协同机制，随着新兴业态的不断涌现，涉及的事项多、环节多、部门多，由于技术、体制、机制、观念等问题，难以实现跨部门的协同监管、联动监管，无法对严重违法失信企业和当事人采取联合惩戒措施，使其真正体验到“一处失信、处处受制”。二是“双随机、一公开”机制不健全，部分监管部门虽建立了各自的“双随机、一公开”机制，但在抽查的范围、频次、方式上还不合理，抽查结果不够透明，该机制适用范围受到一定限制，在一些专业性较强、执法者经验要求较丰富的行业，若机械地采取随机抽取的方式反而会耽误时间，影响检查结果的公正性和准确性。三是对新业态的审慎包容监管难落实，当前信用监管还处于探索阶段，相应的监管范围、内容、规范还不完全明确，监管方式和实施方法还未完全明确，面对新业态监管，还存在概念模糊、实施无力等问题。

4. 市场主体守信“获得感”还需进一步增强

守信激励与失信约束是社会信用机制正常运行的“两只驱动轮”，地方层面重视惩戒而轻视激励的现象长期存在。2019年5月，司法部印发《开展证明事项告知承诺制试点工作方案》，2020年11月，国务院办公厅印发《关于全面推行证明事项和涉企经营许可事项告知承诺制的指导意见》在提升市场主体办事效率方面明确了范围和措施，但重庆在落实相关要求方面还需要进一步深化，提升守信主体的“获得感”。

六、重庆实施信用监管的总体思路及重点任务

（一）总体思路

1. 指导思想

以习近平新时代中国特色社会主义思想为指导，深入贯彻落实党的十九大和二十大精神，助力“放管服”改革，按照统筹规划、依法依规、协同共治的基本原则，以加快推进政府数字化转型为导向，以构建重庆信用监管机制为主要目标，实施“3+3+X”信用监管工程，即：“3”个保障，完善信用监管法规制度保障，标准规范保障，强化组织机构、人才、技术等基础保障；“3”个环节，贯穿市场主体全生命周期，涵盖事前、事中、事后三个环节的闭环监管机制；“X”个信用监管措施，包括信用承诺、评级评价、奖惩等措施。不断提升监管能力和监管水平，打造整体协同、高效运行的市场监管新格局，推进政府治理体系和治理能力现代化。重庆市信用监管机制实施框架见图4–1。

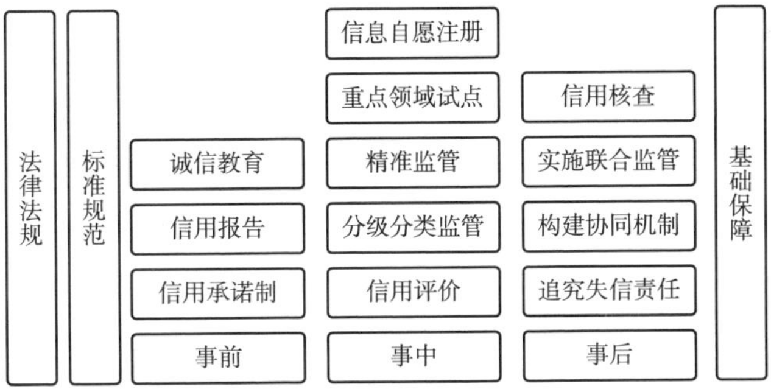

图4–1　重庆市信用监管机制实施框架

2. 基本原则

统筹规划，逐步推进。按照国家信用监管顶层设计要求，对全市信用监管体系进行统筹规划，按照先在重点领域、重点部门、重点应用试点实施，再向社会全领域推广的步骤，确定合理时序，逐步构建全域覆盖、业务协同、运转高效的信用监管体系。

制度先行，依法监管。逐步完善信用监管相关制度建设，建立健全信用信息管理、信用信息开发应用、信用服务市场发展等制度，规范监督检查和执法监管，提高监管工作法治化、规范化水平，确保信用监管有法可依、有法必依。

统分结合，共享协同。公共业务支撑平台和核心应用采取统建模式，行业监管信息系统采取分建模式。坚持集约利旧，对国家监管系统、市级各部门和各区县监管信息系统做好清理和整合，充分利用各级各部门现有监管信息资源，促进信息共享和监管协同。

问题导向，着眼长远。针对过去“一刀切”监管、静态监管等存在的问题，建立健全公共信用综合评价和行业信用评价机制，完善与之相对应的差异化监管措施，构建行业信用监管责任体系，依法依规对市场主体实施精准监管举措，不断拓展信用监管应用的广度和深度，提升监管工作精细化和智能化水平。

3. 具体目标

到2024年底，在市场监管、食品安全、社会服务、环境保护、交通运输、司法鉴定、文化执法等重点行业（领域）以信用为基础的新型监管机制基本建立，在信用监管目录范围内初步实现分级分类监管、全过程监管、精准监管，以信用为核心的行政监管水平得到明显提高。到2027年底，全市以信用为基础的信用监管机制全面建立，信用监管事项全面覆盖，各级政府行政监管能力和水平大幅提高，信用监管成为政府管理和社会治理体系现代化的重要途径和方式。

（二）重点任务

1. 探索建立以信用为基础的新型监管机制

建立健全新型监管机制。创新事前环节监管，开展经营者准入前诚信教育，拓展信用报告应用范围，推广信用承诺制度；加强事中环节监管，全面建立市场主体记录，将公共信用综合评价与行业评价相结合，依评价结果实施不同等级的信用分级分类监管；完善事后环节监管，依法依规建立失信联合惩戒对象名单制度，对纳入失信惩戒名单的市场主体开展失信联合惩戒，追究违法失信责任，建立信用修复机制。

优化联合执法机制。一是完善社会信用体系联席会议制度，建立协同监管信息沟通交流机制、监管人员协作机制、学习培训互动机制等多方面的协同监管工作机制，在电子商务、资金往来、公共安全、消费投诉、广告宣传等重点领域开展先行先试，在会议制度、人员调配、资源共享等方面建立和优化联合执法机制。二是以提升政务诚信为基础推进综合行政执法改革，结合全市执法人员数据库和权力事项清单统筹配置行政处罚职能和执法资源，提高监管的公平性、精准性和透明性。

探索新兴业态审慎监管机制。数字经济的大力发展催生了新的业态，传统监管无法适应发展需求，建立完善新兴产业企业信用承诺、信用公示、信用修复等制度，实施以信用为基础的风险预警机制、“容错”机制和守信联合激励失信联合惩戒机制，对法律政策界限不清、没有造成严重社会不良后果的行为（涉及食品药品安全、生态安全、公共安全等除外），采取约谈告诫等措施指导企业合规合法经营。

主导建立跨区域监管协同机制。经济发展水平和区域信用状况密切相关，重庆是西部大开发的重要战略支点，处在“一带一路”和长江经济带的联结点上，区位优势显著，建立西部信用体系建设一体化联盟促进区域信用水平不断提升。一是联合四川、陕西、贵州等省市发挥综合优势，建立信用联盟，逐步吸纳云南、广西、青海、宁夏等西部其他省市加入联盟。二是建立西部信用信息共享平台，在促进跨区域信用信息共享共用，实现监管领域信用证明互认共用等方面加大一体化协同力度，特别是在环境保护、食品安全、产品质量、旅游等重点领域，探索建立跨区域信用联合监管模式。三是加快培育信用服务市场，引进培育有良好信誉的信用服务机构，研发适合西部地区的信用产品，促进区域经济高质量发展。

2. 推进监管机制法治化标准化

出台信用监管全过程的法规制度文件。确保信用监管依法依规，信用监管是对传统监管手段的提升，属于“托底”监管，涵盖领域广，涉及事项多，要避免“信用滥用”也要避免“信用无用”，各项监管手段必须以相关法律法规为依据，加快《重庆市社会信用条例》(修订)制定、行业信用监管办法及相关配套法规制度出台，确保信用监管的行为、主体权益保障有法可依。

开展信用监管标准建设研究。信用标准是促进信息共享、扩大信用应用的必要基础，主要包括信用平台及“信用中国(重庆)”门户网站建设标准、数据交换及接口标准、信用评级评价标准及信用主体档案建设规范等。

逐步制定确保信用监管实施的规范性文件。行政规范性文件是法律法规出台的基础保障和执行指南，信用监管的实施除依据法律法规外，还需逐步完善相关配套文件制定，例如失信联合惩戒和守信联合激励名单认定办法、管理办法，信用信息目录管理，信用监管事项清单管理等。鼓励和支持各行业、各部门，如政府采购、工程招投标、环境保护、食品药品安全等领域，根据国家法律法规制定各领域信用相关管理办法，为其开展信用监管、实施联合奖惩及各项“信用+”市场应用提供制度保障。

3. 创新事前环节信用监管

依法建立信用监管事项清单。市社会信用体系建设主管部门会同各行业主管部门依据行政权力范围，共同制定信用评价和监管事项清单，将监管对象信用评价等级与监管事项、监管措施等行政监管活动相衔接，支撑行业部门精准监督检查和执法监管。

推行告知承诺制。根据国务院办公厅《关于全面推行证明事项和涉企经营许可事项告知承诺制的指导意见》要求，梳理全市监管事项，开发信用承诺系统将信用承诺功能广泛嵌入行政审批、行政给付等系统，对适合应用信用承诺制的主体实施便利化、快捷化服务措施。

拓宽信用报告应用范围。发挥政府在市场中的引导作用，在政府采购、工程建设、PPP项目、交通运输等领域深入推进信用报告使用。同时，鼓励市场主体间经济交易活动使用信用报告，不断拓宽信用报告应用范围。

4. 加强事中环节信用监管

加大信息公开力度。优化“信用中国(重庆)”网站的功能，变被动式查询为主动式提供服务，提升其查询便利性和界面友好性，进一步夯实重庆市信用信息应用平台权威地位。同时，有条件、有选择地开放政府部门归集的信息，鼓励征信机构、平台公司等第三方机构进行差异化的接入和使用，拓宽信息出口。因势利导，通过信息公示发挥社会的监督作用，使市场主体不敢失信，促进主体自治、社会共治的环境逐步建立。

开展公共信用综合评价。按照市公共信用信息目录，结合国家有关标准，多维度梳理行业（领域）信用信息，探索设立公共信用综合评价模型和评价指标体系，推动信用评价规范化、标准化，形成以A（优秀）、B（良好）、C（中等）、D（较差）、E（差）五档为展现形式的综合信用评价结果，并将市场主体评价结果按需推送给相关行业部门，推动信用评价规范化、标准化，助力行业精准监管，提升行业风险识别能力和行政管理效能。

开展行业信用监管评价。市级各行业部门按照国家有关要求和行业监管需要，以公共信用综合评价结果为基础，设置符合行业监管特色的关键性指标，完善相关指标权重和模型算法，开展行业信用监管评价，确保信用主体评价的客观性和全面性，逐步实现监管事项和监管对象全覆盖。

建立信用分级分类监管制度。各行业主管部门结合梳理的信用监管应用事项清单，制定出台行业信用监管制度文件，将行业信用信息归集范围、信用等级分类标准、评价周期、与信用等级相对应的监管措施等内容明确和固化下来，为规范开展信用监管提供制度保障。

实施分级分类监管。根据前述不同领域开展的信用监管评价结果，实施相应等级的监管措施。对信用状况良好的市场主体，实施降低检查频次和抽查概率等便利化监管措施，对信用状况差失信频率高的市场主体，进行提高检查频次、加大检查力度、提高随机抽查概率等措施加强监管，并及时记录相关信用监管及检查结果，修正完善市场主体信用评价等级。

拓展信用评价结果应用场景。在审批服务、公共服务、公共资源交易和其他政务事务中，将公共信用综合评价或以此为基础开展的行业信用评价结果作为重要参考依据，为信用良好的市场主体提供便利。鼓励市场主体在开展经济活动中主动使用公共信用评价结果，并将评价结果作为是否开展交易活动的重要依据。

完善信用信息注册机制。在“信用中国（重庆）”网站开发市场主体信用信息自助注册功能，规范注册信息格式和填报流程。鼓励市场主体主动在“信用中国（重庆）”网站上传注册资质证照、资金往来、合同履约、买卖租赁、社会公益、生产经营等信用信息，并对信息真实性公开作出信用承诺，主动授权公共信用服务机构对相关信息进行整合、共享与应用，并将经“信用中国（重庆）”网站验证市场主体确认的注册信息作为开展信用评价和生成信用报告的重要依据，提高信用报告的完整性和真实性。

5. 完善事后环节信用监管

推动信用监管评价等级共享。依托重庆市信用信息应用平台和全市政务资源共享交换系统，建立健全信用监管信用信息实时共享机制，市级各行业（领域）主管部门将归集的本领域的信用信息、信用监管评价结果和等级信息、监管预警结果信息等及时通过市政务资源共享交换平台推送至市公共信用信息平台，市公共信用信息平台将市场主体公共信用评价指标体系及评价数据、各行业信用监管评价结果和等级信息等按需实时推送给各行业主管部门，确保信用信息共享交换畅通无阻。

建立健全信用评价等级核查机制。依托市信用信息应用平台，建立市场主体信用评价等级数据库，建立健全信用评价等级核查机制，对同一市场主体评价等级存在两档以上差距的，及时通报相关部门进行复核并说明理由，确保各行业信用监管评价的客观和公正。

健全失信联合惩戒对象认定机制。根据国家法律法规和重庆市地方性法规，建立健全失信联合惩戒对象认定机制，一是确定失信联合惩戒认定标准，标准必须有相关法律法规作为依据，为保障市场主体权益，该标准的认定只能是市人民政府；二是按认定标准确定纳入联合惩戒的失信名单，并将该名单推送至各级各部门政务管理服务系统，依法实施联合惩戒，使失信者处处受限。

完善全市联合惩戒系统功能。进一步完善全市联合奖惩功能，扩大系统接入范围，不但实现政务领域的全覆盖，更要引入社会信息平台系统并广泛接入，在招标投标、政府采购、卫生健康、交通运输等重点领域打通各级各部门业务系统，实现全市奖惩“一张网”，提升系统智能化水平，提高监管效能。

完善信用监管协同机制。一是建立协同监管工作机制，完善社会信用体系联席会议制度，建立监管信息共享交换机制、监管人员沟通协作机制、互动学习培训机制等多方面的监管机制，为依法高效履职打好基础；二是建立信用信息共享交换机制，充分运用云计算、大数据等新一代信息技术，以统一社会信用代码为基础，以重庆市信用应用平台为载体实现与“互联网+监管”平台（重庆）、重庆市网上行政审批平台以及市级各部门业务系统互联互通，实现信用信息实时动态更新，开展大数据分析对市场主体进行全面画像。在全市“互联网+监管”框架下，完善公共信用综合评价、行业信用评价与“双随机、一公开”监管标准互认和工作协作机制，建立健全跨部门、跨行业、跨领域、跨地区信用评价信息共享和协同监管工作机制，推动不同行业（领域）的信用等级划分、信用抽查事项和监管措施相协同，构建全市信用监管“一张网”。

6. 重点领域信用监管试点示范

（1）公共资源交易领域。

随着“放管服”改革的深入推进，招标投标传统监管模式逐渐过渡到信用监管模式，事前审批变为事前开展信用承诺，事中检查监管变为事后奖惩监管，对招标投标活动参与主体诚信提出更高的要求。重庆市已成立重庆市公共资源交易监督管理局，需要统筹建立公共资源交易信用体系，加强公共资源交易领域信用监管。

一是加强基础建设。制定全市以信用为基础的公共资源交易管理办法，实施全流程、全人员信用监管机制。以市公共信用信息平台为基础搭建公共资源交易信用管理系统，整合全市各行业、各领域交易平台，统一信用指标、采集标准，实现信用承诺电子化、信用记录归集自动化、信用评价和风险预警智能化，支撑招标投标监管模式的转变。

二是建立健全招标投标领域信用承诺制度。制定投标人、招标代理机构、代理人员和评标专家等4类主体信用承诺书模板，在参与招标投标活动前签订《信用承诺书》，鼓励招投标协会组织会员主动做出信用承诺。信用承诺书实时推送到公共资源交易信用管理系统，通过公共资源交易网站、信用门户网站主动向全社会公示，承诺及履约情况记入公共信用档案，作为事中事后监管的重要依据。

三是大力推广信用报告应用。依托公共资源交易管理系统，对招投标参与主体开展信用分级分类评价。率先在政府采购活动中使用信用报告，鼓励和引导市场主体在参与招标采购活动中使用公共信用报告或者经认证、授权的第三方机构提供的信用报告，鼓励招标人将投标人信用报告作为投标资格审查重要参考，鼓励投标人将招标代理机构及从业人员信用报告作为选择代理机构的重要参考，鼓励公共资源交易管理机构将评标专家信用报告作为抽取评标专家的重要参考。

(2)工程建设。

工程建设领域产业链条长，涉及领域多，监管事项多，监管任务重，社会关注度高。监管部门传统监管模式主要是“门槛管理”，随着工程建设项目审批制度改革全面推动，准入门槛降低，事前审批变为事前承诺，更需要加强事中事后信用监管。市住房城乡建设委在房地产开发、建筑施工、勘察设计、工程造价、工程监理、物业管理等多个行业开展信用监管，出台多个行业信用管理办法，建成多个行业信用管理系统，但是各个系统处于孤立状态，还没有实现工程项目建设全生命周期管理，急需加以整合。

一是实现信用档案全覆盖。建立工程建设项目信用管理制度，按照工程建设项目管理要求，整合勘察设计、建筑施工等行业信用管理系统，形成统一的工程建设信用管理系统，实现工程建设项目全生命周期信用管理。实时对接重庆市公共信用信息平台，全面、及时、准确地归集市场主体信用信息，建立行业企业和从业人员信用档案。

二是开展信用分级分类监管。以违法失信风险为导向优化配置监管资源，实现精准监管。以公共信用信息评价为基础，开展工程建设项目质量评价，建立科学合理的大数据分析评价模型，对市场主体精准画像，识别市场主体信用风险，开展信用分级分类监管，打通“双随机、一公开”系统，按照工程建设项目质量评价等级结果对市场主体采取差异化措施，适当分配抽查比例和频次。

三是开展失信问题专项整治。建立健全信用风险预判预警机制，制定科学合理的信用风险预警模型，以便及早发现防范苗头性和跨行业跨区域风险，对信用风险事件频发、信用风险等级集中的行业开展重点整治、专项治理工作，将失信行为记入信用档案，达到黑名单认定条件的纳入联合惩戒，督促失信主体限期整改，通过多种方式开展信用修复，降低行业信用风险，营造良好的行业诚信氛围。

（3）行政审批。

重庆市积极贯彻落实“放管服”改革，通过完善基础设施、精简审批事项、优化审批流程、加强业务协同等举措，大大压缩了审批时限，为市场主体提供了便利。为更好地支持重庆市“放管服”改革，让“放”放得更开，有效衔接事中事后监管，需要加强事前环节信用监管。

一是全面推行信用告知承诺。各市级部门全面梳理本部门适用于信用告知承诺的行政审批事项，市发展改革委会同市电子政务办、市司法局制定信用告知承诺制度、规范和标准，依托市公共信用平台建立统一的信用承诺子系统，无缝对接全市网上行政审批平台等市级业务办理系统，通过审批业务办理窗口宣传审批替代型承诺的办理流程、条件和类型，为市场主体“最多跑一次”提供便利。将申请人承诺情况和履约情况及时推送至市公共信用平台。

二是大力推广信用报告应用范围。依托重庆市公共信用平台建立公共信用报告管理系统，实时对接重庆市“互联网+监管平台”、市政务服务平台、市级部门业务系统，将公共信用报告查询嵌入业务办理流程，各级部门在办理行政审批事项中实时查询市场主体信用报告，并逐步扩展到行政确认、行政给付、备案登记等事项中。鼓励各级部门使用信用三方服务机构出具的信用报告。

（4）环境保护。

市生态环境局自2017年起连续6年开展环境信用评价，目前重庆市在市级层面每年有近500家参评企业、区县级层面每年约有2000家参评企业，和评价办法要求的强制参评企业范围差距较大。究其原因，首先是掌握的信用信息不够全面，其次是当前联合奖惩“重奖轻惩”，部分企业参评意愿不高，需要采取针对性措施，建立全生命周期信用监管机制。

一是信用档案全覆盖。建立环境信用管理系统，对接重庆市公共信用信息平台，按信用评价办法要求建立所有参评企业公共信用档案，叠加生态环境领域信用信息，形成参评企业环境信用档案。

二是推动信用应用。在行政审批、确认以及“双随机、一公开”等管理事项中，对于信用较好的市场主体，联合其他部门共同落实绿色通道、减少检查频次、优先办理业务、优先发放政府补贴等联合激励措施，提高诚实守信主体诚信获得感。对于信用较差的市场主体，依法依规实行严管和惩戒，适当提高抽查比例和频次。切实体现出信用对于市场主体成长的重要性。

（5）市场监管。

重庆市工商严重失信企业、工商经营异常名录企业占比高于全国平均水平，不利于营造全市良好的诚信氛围，应当加强失信问题专项治理，分析原因并采取针对性措施，通过各种方式促使失信主体退出名单。

一是加强诚信教育。通过举办“3·15”系列宣传活动，有针对性地开展相关法律知识和信用知识宣传，让市场主体切实了解到诚信的重要性，增强市场主体诚信意识。

二是深入推进信用联合奖惩。持续优化信用联合奖惩子系统，扩大信用联合奖惩覆盖范围，制定奖惩措施清单和应用清单编制指南，各级部门按照指南制定操作性较强的措施清单，确保惩戒措施“拳拳到肉”，让市场主体不敢失信。

三是督促失信主体限期整改。通过大数据分析，整理归纳失信原因，针对情节轻微的失信主体开展信用知识公益培训，定期警示约谈失信主体，督促其履行相关义务、消除不良影响并对违法违规行为限期整改，约谈记录、整改记录等信息同步记入市场主体公共信用档案。

四是积极稳妥开展信用修复。按照国家部委相关要求，根据市场主体失信行为轻重程度，采取差异化的信用修复措施，包括信用承诺、限期整改、信用稽核、专题培训、提交报告、参加公益慈善等多种方式。

（6）交通运输。

重庆市交通局以创建全国“信用交通省”为抓手，统筹推进全市交通信用体系建设。事前环节，累计向信用状况良好的巡游出租汽车驾驶员免试发放《网络预约出租汽车驾驶员证》600余件，对部分行政许可事项建立了告知承诺制度，对无严重失信记录的市场主体实行容缺受理。以“诚信建设万里行”“信用交通”宣传月等主题活动为载体，加强舆论引导，宣传诚信典型、曝光失信案例，向市场主体宣传普及信用政策、诚信理念和信用文化，引导企业和从业人员加强信用自律。

事中环节，建成重庆市公路水路建设与运输市场信用信息服务系统，推动和市信用平台互联互通。有效落实信用分级分类监管，制定重庆市公路水路建设与运输信用评价标准，对市场主体开展年度信用评价，根据信用评价结果开展差异化、精准化监管。落实重点领域失信问题专项治理，对违法违规较多的客运企业进行警示、提醒，要求企业就严格依法开展生产经营活动、主动接受行业监管、自觉接受有关部门的日常检查、落实企业主体责任、积极履行社会责任、自觉接受社会监督、负责人维护良好的个人信用记录等方面进行书面信用承诺。联合公安交警部门在主城区开展巡游出租汽车服务质量专项治理行动，对一般性违法行为，依法进行了教育和处罚；对于多次有拒载、故意绕道、宰客等重点违规行为的驾驶员，执法部门依法吊销其从业资格证，纳入诚信考核，有效建立从业人员退出机制。

事后环节，加强信用联合奖惩。依法依规认定并报送严重违法超限超载运输行为相关责任主体失信信息47件。健全完善联合惩戒机制，将未履行处罚决定的严重违法当事人名单推送至市高院，纳入最高人民法院的“老赖”名单。嵌入市信用平台“红黑名单”查询接口，在政府投资工程建设项目投标、超限运输通行许可等行政管理事项中，进行了查询应用和奖惩反馈，全年共触发信用“红黑名单”191次。

整体而言，市交通局的信用监管机制涵盖了事前、事中、事后各个环节，相对而言较为完善。但是交通运输涉及的行业领域较多，从单个领域来看还是存在缺位的情况，需要进一步加强信用监管体系建设，实现事前事中事后全覆盖。

一是信用承诺全覆盖。在出租车、公路水路建设和运输等行业领域，在招标投标、资质审核、行政审批等事项中全面推广信用承诺制，引导和鼓励从业企业和从业人员主动承诺，完善相关企业和人员信用档案。

二是信用评价全覆盖。全面建立从业企业和从业人员信用档案，开展信用分级分类评价，根据信用等级采取不同的管理措施。根据评价结果开展行业、区域信用风险预警，为开展专项治理提供支撑。

三是全面推动信用联合奖惩。制定信用应用清单和措施清单，制定有效的奖惩措施。梳理市交通局应用系统，全面接入重庆市信用联合奖惩子系统，实现信用联合奖惩“应查必查、触发并反馈”，让失信者不敢失信，主动修复。

（7）家政服务。

重庆市于2019年启动家政行业信用体系建设。截至2024年3月，全市注册登记的家政服务企业约2万家，年经营规模上千万的企业仅21家，从业人员约30万人，员工制家政工占10%，重庆市家政行业面临有效供给不足、行业发展不规范、群众满意度不高等问题，亟须建立完善家政行业信用监管体系，促进行业提质升级，推进家政服务职业化、专业化、品牌化、规范化发展，充分发挥家政在促进就业、保障民生、扩大消费方面的重要作用。

一是推广应用信用承诺。制定信用承诺模板，鼓励和引导家政企业和从业人员主动开展信用承诺，作为事中事后监管依据，通过“信用中国（重庆）”网站主动公开。

二是建立完善家政企业和从业人员信用档案。依托商务部家政信用平台，为大型家政企业、参与家政扶贫的家政企业，建立企业和从业人员信用档案。探索部门协同，建立全市家政服务信用信息管理平台，以市信用平台为基础开展对相关人员的评价，将评价结果向社会公布，并作为分级分类监管重要依据，会同相关部门按信用等级对家政企业和服务人员在融资租赁、税收、日常检查等方面采取差异化管理措施和服务。

三是探索建立家政服务领域信用奖惩名单制度。国家发展改革委、商务部等28个国家部委和单位于2018年联合印发《关于对家政服务领域相关失信责任主体实施联合惩戒的合作备忘录》(发改财金〔2018〕277号)，明确了惩戒对象、实施方式及惩戒措施，为制定家政服务领域红黑名单制度提供了有力支撑，在此基础上依托全市联合奖惩子系统，建立健全守信激励和失信惩戒机制。

四是开展诚信宣传教育活动。对家政服务政策法规、家政服务标准规范等通过纸质媒体、网络媒体等多个渠道统一开展家政服务业诚信宣传和诚信教育活动。

(8)科研诚信。

重庆市科研诚信建设启动时间较早，诚信体系较为完备。市科技局在《重庆市科技计划项目管理暂行办法》《重庆市科技计划信用管理暂行办法》基础上按照社会信用体系建设相关要求调整，于2020年1月印发《重庆市科技计划项目诚信管理暂行办法》，要求全面推广信用承诺制、开展科研分级分类评价，实施信用激励和惩戒，为科研领域信用监管提供了制度保障。建成科研诚信管理系统，对执行或者参与市科技局各类科技计划主体开展信用计分和评价。下一步，科研诚信体系需要融入整个社会信用体系建设，加强系统对接和信用信息共享，更客观、全面、准确、公正地开展科研项目参与主体的分级分类评价，鼓励和支持科研机构开展自身信用管理。

一是加强系统对接和信息共享。科研诚信是社会信用体系建设的一部分，实现科研诚信和社会信用的融合，首先需要实现重庆市公共信用信息平台和科研诚信管理系统对接。依托重庆市公共信用信息平台，重庆市信用承诺子系统已初步建成，按照《重庆市科技计划项目诚信管理暂行办法》要求，对各责任主体要全面实施科研诚信承诺制，将信用承诺子系统和科研诚信管理系统对接，可以实现科研诚信承诺的“自动生成、一键承诺”，并在“信用中国(重庆)”网站公开，接受公众监督。科研诚信评分标准主要着眼于科研项目管理各个环节的信用行为，对科研诚信管理起到良好作用，但是对科研主体的公共信用参照较少，不利于全面掌握相关责任主体整体信用状况，需要加强信用信息共享，和公共信用评价相结合，按照“公共信用数据+行业数据”模式完善相关责任主体信用档案，开展信用计分和评价，及早发现信用风险。

二是鼓励科研机构建立完善信用管理机制。科研机构是科研项目的重要组成部分，应鼓励和引导科研机构建立完善信用管理机制。以诚信为底线，规范科研机构行政权力和学术权力，避免权力寻租和学术腐败，以便更大程度赋予科研主体科技创新自由，激发科技创新活力。一方面，加强科研诚信教育。在入职、职称晋升、参与科研项目等各个环节加强对科研人员的诚信教育，增强诚信意识，明确失信受损、守信受益的观念，让“诚信之剑”置顶高悬。另一方面，将科研诚信工作纳入日常管理。按照科研诚信管理办法，建立科研机构相关人员内部诚信档案，开展信用计分和评价，作为日常管理的重要依据。

（9）园林绿化。

原市园林局较早地建立园林绿化诚信管理系统，建立了园林绿化企业和园林绿化从业人员信用档案，在市场准入、资质管理等方面发挥了重要作用，随着“放管服”改革的深入推进，园林绿化资质许可已经取消，政府如何管好园林绿化行业面临着新的挑战。

一是全面推广信用承诺制。有序推进事前环节信用承诺，鼓励和引导行业企业和从业人员主动做出信用承诺，建立信用承诺跟踪机制，将承诺履行情况纳入信用档案管理，作为事中事后监管的重要依据。信用承诺书通过信用门户网站和部门门户网站主动向社会公开，为社会公众广泛监督创造条件。

二是建立完整的行业信用档案。园林绿化诚信管理系统实时对接重庆市公共信用信息平台，加强信用信息共享，补全相关主体公共信用信息。建立自愿注册机制，鼓励园林绿化企业和从业人员主动填报自身基本信息、项目信息、业绩信息、资格信息等，在园林绿化行业信用分级分类评价时对指标完整度高的主体适当加分，形成完整的行业信用档案，以便更准确地开展行业信用分级分类评价。

三是加强事中事后监管。通过完整的行业信用档案，开展行业信用分级分类评价，评价结果运用于行业事中事后监管。对信用状况好、信用评价等级高的市场主体，实施降低检查频次和随机抽查概率等监管措施，对信用状况差的市场主体，开展提高检查频次、加大检查力度、提高随机抽查概率等监管措施。促使行业企业和从业人员知信守信，提高园林绿化行业整体信用水平。

（三）实施路径

1. 完善信用监管基础设施

提高重庆市公共信用信息平台数据处理能力。充分发挥重庆市公共信用信息应用平台的枢纽作用，打通与国家“互联网+监管”（重庆）系统、各级各部门业务系统对接渠道，实现全市市场主体信用信息“应归尽归”。将市场主体基础信息、守信联合激励失信联合惩戒信息、监管执法和处置信息等与各级各部门业务系统实施授权共享，在监管履职过程中综合开展应用。一是完善平台基础能力建设，充分运用云计算、大数据等新技术手段，提供动态、灵活、高效的计算服务，提升平台虚拟计算、PB级信用大数据处理能力，支撑拓展各类信用应用场景。二是加大公共信用信息归集力度，定期更新全市统一的公共信用信息目录，加大与市场主体生产经营状况密切相关的税收缴纳、社保缴纳、公共事业等关键信用信息归集力度，确保信用信息按目录实现“应归尽归”。

依托重庆市公共信用信息平台开发贯穿全流程的综合信用监管系统。与“渝快办”、全国“互联网+监管”（重庆）系统及其他市级监管系统对接，建立以“双随机、一公开”监管为基本手段、以重点监管为补充的新型监管方式，推进跨部门联合监管和非现场监管，形成全市监管一张网，有效提高监管的法治化、规范化、精准化、一体化水平。一是在事前监管环节建立信用承诺功能，实现对审批替代型承诺、主动公开型承诺、行业自律型承诺、告知承诺、容缺受理承诺等的管理。二是在事中环节建立基于信用信息的综合评价功能，依托评价结果实施“互联网+监管”，采用“双随机、一公开”的方式，实施对守信企业减少频次甚至不检查，失信企业增加监管频次的差异化措施。三是在事后环节完善联合奖惩功能，对事前承诺对象进行承诺内容、承诺材料、承诺期限等承诺履行情况进行确认检查，对违背承诺者取消享受的优惠政策，对严重失信者发起联合惩戒机制实施联合惩戒。四是应用大数据智能化技术，建立信用风险预警功能。通过对监管大数据的分析、挖掘，形成市场主体的全面画像，对系统性、行业性风险早发现、早处置，提高监管精准性和有效性实现智慧监管。五是促进监管信用信息实时共享，各行业监管部门在履行职能过程中，充分运用各种信息化手段查询、上传、分析、记录信用信息，实时归集更新市场主体信用状态信息，实现信用信息“以归促用、以用促归”，提高监管的精准性和实时性。

加大信用监管信息公示力度。依托“信用中国（重庆）”网站、重庆市人民政府网和各级各部门政务服务网站，将履职过程中产生的行政许可、行政处罚、行政强制、行政征收、行政补偿、行政裁决、行政确认、行政给付、行政奖励和行政监督检查等信息上网公开，并与公检法、仲裁等部门进行对接，将司法裁判和执行活动中应当公开的失信被执行人、虚假诉讼失信人相关信息进行公开公示，使失信者无处遁形。

2. 建立健全信用监管体制机制

加强党对信用监管工作的领导。将信用监管作为市委全面深化改革领导小组办公室重点工作持续推进，在市级联席会议制度的基础上，加强参会单位的党委工作联系，把相关工作纳入党委的领导和监管日常事务，将社会信用体系建设作为“放管服”改革和优化营商环境的重要指标。

设立市社会信用体系建设办公室。全面推动全市社会信用体系建设，制定信用监管运行机制，协调各业务主管部门对市场主体实施监管。一是根据市场主体信用状况，按照“谁审批、谁监管，谁主管、谁监管”原则，各行业主管部门在开展监管活动中实施不同类型的监管措施，并将监管信息报送至市社会信用体系建设办公室。二是探索推进行政执法综合改革，根据各行业信用状况合理配置行政处罚职能，统一调度执法资源，解决多头多层重复执法问题。同时，依托市信用平台运用大数据、云计算等技术实现高效、公平、精准监管。

完善社会信用建设组织体系。主要包括行政监管部门、行业协会组织和信用服务机构。一是行政监管部门是信用监管组织体系，主要负责实施以信用为基础的行政监管措施，包括信用核查、信用检查、联合惩戒等；二是行业协会组织是实现行业自律、促进行业发展的主导者，行业协会负责收集本行业、协会成员信用信息，制定行业信用管理章程，在行业内部实施信用管理措施，并将相关实施效果报送至信用公共服务机构；三是信用服务机构，主要从事大数据管理、信用评级评价、信用风险管理、信用管理咨询等相关经营性活动的市场化中介服务机构，通过信息化、智能化手段加工处理信用信息，为使用者提供信用报告等服务，进行信用管理知识的培训，培养信用管理人才。

3. 多角度培育信用监管人才

人才是发展的第一动力，信用监管涵盖的范围广，涉及的专业知识多，因此应从多维度、多渠道进行人才培养。一是培养信用监管专业人员，提高行政监管、信用管理等方面综合能力；二是组建信用体系建设专家咨询服务团队，广泛吸纳市内外政治、经济、社会、信息技术等领域专家组成顾问团为全市法规制度、平台建设、信用应用等提供决策支持；三是加大信用体系建设和信用研究人才储备力度，做好各类问题基础性、理论性研究，为信用监管相关政策制定出谋划策。同时，鼓励在渝部分高校开设社会信用建设专业，做好信用基础管理人才储备。

4. 积极开展信用监管试点示范

一是推动信用告知承诺制试点。在户籍管理、市场主体准营、社会救助、健康体检、资格考试、社会保险、法律服务等领域试点告知承诺制，相关行政管理部门在行使职能时，以书面形式（含电子文本）将证明义务、证明内容以及不实承诺的法律责任一次性告知申请人，减少证明事项，简化行政审批，方便企业和群众办事创业。二是探索实施以信用评级结果为基础的分级分类监管。行政管理部门结合市公共信用评价结果和行业评价结果确定市场主体信用状态，运用“双随机、一公开”检查和“互联网+监管”等监管方法，采取重点监管、精准监管等智能智慧方式实施差异化监管，对信用评价等级高的市场主体实施无事不扰、加快办理等激励性措施，对信用评价等级低的市场主体采取加大检查力度、提高检查频次等措施。

5. 加大舆论引导形成诚信氛围

做好信用监管宣传工作，提升市场主体守信意识。信用体系建设主管部门通过各种方式和渠道向市场主体做好政策宣传解读工作，通过组织开展信用监管宣讲会、观看诚信电影等，不仅让机关工作人员对信用监管工作有了更加全面的了解，还让企业充分认识到信用监管对自身的重大影响，帮助企业加强信用意识，与政府部门形成合力，共同打造更加规范公平透明的营商环境。

七、本章小结

信用监管机制是社会信用制度运行的内在动力，本章对信用监管的实施要求、路径、重点任务进行了分析，但信用监管是一个庞大复杂的过程，一些与市场主体权益相关的措施还需进一步研究。一是建立信用修复机制，对一般失信者通过作出信用承诺、接受专题培训、提交修复信用报告、完成信用整改、失信行为纠正和参加公益慈善活动等方式开展信用修复，探索建立本区域内信用修复系统，将信息修复记录纳入市场主体诚信档案；二是完善信用信息异议投诉制度，在重庆市公共信用信息平台、“信用中国（重庆）”网站开展信用信息异议处理工作，对市场主体提出异议的信息尽快核实并反馈结果，建立异议处理流程和管理办法，按相关规定依法对有误的信用信息及时予以更正或撤销，消除市场主体不良影响；三是加大信用信息安全和市场主体权益保护力度，通过地方性立法确保市场主体的知情权、消除权，提高信用信息安全防护能力。

第五章

信用促进资源优化配置

——信用助力中小企业高质量发展的路径[1]

① 本章由张锐完成。

社会信用制度已成为继产权保护、市场准入、公平竞争之后我国又一项市场经济基础制度，对提高资源配置效率、降低制度性交易成本、防范化解风险发挥了重要作用。中小企业是推动国民经济发展的生力军，在优化经济结构、促进技术创新、扩大创业范围、缓解就业压力、激活市场竞争等方面作出了不可或缺的贡献。根据IDC统计，截至2023年底，我国中小企业数量已超过5000万家，比上年增长8.5%，中小企业的数量已经占我国企业总数的99%，所贡献的国内生产总值占比较大，贡献了60%以上的GDP，因此，中小企业既是实现高质量发展的重点也是难点，只有中小企业实现高质量发展，我国经济整体才能实现高质量发展。

中小企业是中国市场经济的重要主体，具有旺盛的生命力，一部分中小企业还会成长为行业的巨头，但也还是会客观存在一些不可回避的问题。只有信用好的企业，才能切实贯彻创新、协调、绿色、开放、共享的新发展理念，才能在新时代背景下实现高质量发展，并在创新创业发展中做优做强、行稳致远。一是中小企业创新能力不够，国泰君安数据库显示，2022年全国上市中小企业获得专利授权仅10万件，而不到2000家的大型上市公司却能获得专利授权14万件。二是中小企业发展生命周期较短，受企业主眼界、对市场的把控能力和风险的管控能力影响，通常只有2.5年左右，“死亡”率比较高。三是诚信意识普遍不足，一些企业为追求高增长、高利润而忽略诚信意识和守法履约的契约精神，导致欺诈、拖欠债务、恶意抢注商标、售假制假等问题不断出现，严重损害诚信企业的创新发展，甚至出现劣币驱逐良币的现象。企业信用与质量、品牌紧密相连，同时也与商誉、信誉、信心息息相关，它不仅是衡量企业履约能力、资质信誉和竞争实力的关键指标，更是企业赖以生存和发展的重要资产。

当前，重庆市社会信用制度建设取得积极成效，但还存在影响民营经济营商环境的政府履约、信息公开、行政监管等失信问题，以及限制民营经济高质量发展的企业失信阻碍自身和社会发展、信用数据的价值尚未完全体现等问题。因此，急需运用信用理念、信用制度、信用手段为重庆市民营经济高质量发展保驾护航。作为西部唯一的直辖市、“一带一路”和长江经济带联结点，重庆市肩负在西部地区带头开放、带动开放的重任，应主动站位，积极探索运用信用的理念、信用的制度和信用的手段推动全市中小企业高质量发展，为全国解决中小企业发展中遇到的问题提供重庆方案。

一、推进中小企业高质量发展的重大意义

（一）党和政府高度重视中小企业发展

习近平总书记一直高度重视中小企业发展。近年来，特别是面对国际经济环境复杂多变和疫情影响，习近平总书记多次勉励中小企业迎难而上、克难攻坚，为中小企业加油打气、纾困解难，2022年，在给全国专精特新中小企业发展大会的贺信中指出“中小企业联系千家万户，是推动创新、促进就业、改善民生的重要力量。希望专精特新中小企业聚焦主业，精耕细作，在提升产业链供应链稳定性、推动经济社会发展中发挥更加重要的作用。各级党委和政府要坚决贯彻落实党中央决策部署，为中小企业发展营造良好环境，加大对中小企业支持力度，坚定企业发展信心，着力在推动企业创新上下功夫，加强产权保护，激发涌现更多专精特新中小企业”。这为中小企业发展指明了方向，也从发展环境、政策支持、产业链供应链安全稳定和中小企业自身竞争能力等方面作出了具体部署和要求。

加强中小企业发展已成为新时期的一项重要任务。在党的十八大、十九大、二十大报告中分别指出要“提高大中型企业核心竞争力，支持小微企业特别是科技型小微企业发展”“深化科技体制改革，建立以企业为主体、市场为导向、产学研深度融合的技术创新体系，加强对中小企业创新的支持，促进科技成果转化”“完善中国特色现代企业制度，弘扬企业家精神，加快建设世界一流企业。支持中小微企业发展”。给中小企业发展做好了顶层设计，为建立产业体系、创新体系、人才体系等提供政策保障。

为了改善中小企业经营环境，国家先后出台多项法规制度促进中小企

业健康发展。2002年，国家出台《中华人民共和国中小企业促进法》，从财税支持、融资促进、创业扶持、创新支持、市场开拓等方面为中小企业健康发展提供了良好的法治保障。随后，国家先后制定了《国务院关于进一步促进中小企业发展的若干意见》（国发〔2009〕36号）、《保障中小企业款项支付条例》（中华人民共和国国务院令第728号）、《国务院关于全国中小企业股份转让系统有关问题的决定》（国发〔2013〕49号）、《国务院办公厅关于印发加强信用信息共享应用促进中小微企业融资实施方案的通知》（国办发〔2021〕52号）等政策法规文件对中小企业在生产经营、账款收支、股权转让、融资贷款等方面进行大力支持。

（二）国民经济和社会发展亟须中小企业高质量发展

企业作为国民经济的基石，是推动经济增长的重要引擎。在我国经济结构中，国有经济占据主导地位，国家掌控着国民经济的核心，国有企业主导着国家重要资源的配置。与此同时，尽管中小企业主要集中在制造业和服务业领域，但它们在国民经济中所扮演的角色却是举足轻重的，其影响力不容忽视。中小企业通过不断地创新和生产活动，不仅带动了相关产业的发展，还带动了相关上下游产业的发展，为整个经济增长作出了贡献。国家市场监督管理总局数据显示，2023年，全国中小企业数量占企业总数的99%，为我国提供了80%以上的城镇就业岗位和90%以上的新增就业岗位，从业人员达到了3.8亿人，中小企业为我国经济发展贡献了超过50%的税收、60%的GDP和75%的技术创新①。

中小企业作为创新的引领者和源泉，对推动国家科技进步、产业经济发展和社会进步发挥着重要作用。它们是实现经济发展方式转变和可持续发展的决定性因素，是塑造和代表国家竞争力的核心要素。当前，我国中小企业在技术创新方面不仅占据了可观的份额，其创新水平和影响力与大企业相比也毫不逊色，同时由于中小企业所处行业、技术水平、规模、发展环境和企业体制等具有多样性，中小企业技术创新也必然表现出不同的类型，而且随着经济的发展和科技的进步，中小企业技术创新的类型也将更加丰富多彩，

① 刘中林.DY农商行小微企业评级授信指标体系优化研究［D］.成都：西南财经大学，2019.

创新创造了许多被认为是当代最重要的工业成果。

中小企业是稳岗就业的主要群体。无论是发达国家还是发展中国家，实现充分就业都是国民经济管理的重要目标。作为世界上人口最多的国家，我国在实现充分就业方面面临着不小的挑战。然而，随着城镇化进程的加快推进，大量农村人口涌入城市，中小企业在提供就业岗位方面发挥了巨大作用。当前，中小企业已提供了约75%的就业岗位，有效缓解了我国人口就业压力大的问题，促进了社会稳定发展。

（三）中小企业高质量发展是实现共同富裕的必然选择

共同富裕不是均贫富，更不是分大户，而是要每个人都有机会创造更多财富、获得更多财富。中小企业在我国的数量众多，创新活力强劲，是实体经济的核心组成部分。它们不仅具备创造财富的能力，还能实现财富的广泛分享，是推进共同富裕的最重要承载平台之一。中小企业的发展为初次分配环节带来了更多平等机会，有助于缩小城乡差距，并加快市场化进程，使劳动、资本、技术和管理等生产要素按贡献参与分配。同时，中小企业在扩张过程中，不仅可以激发勤劳实干的企业主通过创业提升个人收入以及获取更多上升空间，而且还为更多人带来了致富的新机遇，营造全民参与的发展氛围。尤为重要的是，中小企业的扩张吸纳了大量农民工就业，极大地缩小了城乡差距，提高了低收入群体的收入水平，这对扩大中等收入群体比重，增加低收入群体收入，形成中间大、两头小而避免两头大、中间小的产业和收入结构都具有极其重要的意义，有助于推动全社会共同奋斗，实现共同富裕的目标。

中小企业的发展给政府提供了大量税收，为国家二次分配提供了重要资源。随着中小企业的发展壮大，在社会捐赠方面，民营企业贡献已经超过国有企业，在个人捐赠上民营企业家更是主导力量，为三次分配作出越来越多的贡献。中小企业是中国经济的“毛细血管”，改革开放以来，我国中小企业蓬勃发展，已经逐渐成为推动我国全面建成社会主义现代化强国、实现第二个百年奋斗目标的重要力量①。

---

① 谢维胜.社会资本、技术创新与融资问题研究［D］.拉萨：西藏大学，2020.

共同富裕是社会主义的本质要求，是中国式现代化的重要特征。在共同富裕的道路上，中小企业的发展让各种所有制的经营者吃下“定心丸”，当然，我们也要注重弘扬新时代企业家精神，强化企业家的思想引导，强调关注广泛利益相关者诉求和树立长期价值导向，正确认识企业发展与共同富裕的关系。全力调动中小企业的创富积极性，促进先富带后富，通过鼓励中小企业在欠发达地区投资兴业，可以有效拉动当地经济，为实现共同富裕持续发力。

二、信用在中小企业高质量发展中的作用及相关研究现状

（一）关于中小企业的定义

目前，关于中小企业的定义和划分标准在国际上尚未达成共识，不同国家或地区根据各自的实际情况，对中小企业的划分标准存在较大的差异。而且，即便是同一国家或地区，随着社会经济的不断发展，也会不断调整和完善之前的划分标准。结合当前实际情况，国内外通常采用的方法主要是从定量和定性两个方面进行界定，以明确中小企业包含的内涵和范围。从定量的角度，主要包括该企业的经营范围、所属行业、雇用人数、资产、营业收入和缴费纳税等。从定性的角度，主要包括企业属性——是否独立所有、是否自主经营、组织架构和市场份额占有情况等。

分析以上差异的原因主要是企业所处国家或区域的经济发展环境各不相同、政府或所有者形式也不相同，即使在同一国家或地区，因本身的经济发展的阶段和状况迥异也可能导致划分标准出现偏差，同时，企业自身发展有可能从强到弱，或者由弱变强，要以动态、发展的眼光去识别或定义。例如，在欧洲，通常将企业分为微小企业、中小企业、大型企业、极大型企业四类。而在美国，通常把企业分为微型企业、小型企业、中型企业和大型企业四类，其把员工规模不超过500人的企业称为小企业，也就是我国通常所说的中小企业。

我国对中小企业的界定标准也多次发生变化。2003年2月19日，国家经贸委、国家发展计划委、财政部、国家统计局共同研究制定出我国中

小企业划分标准。主要从企业的发起人数、经营范围、固定资产规模、企业员工数量四个方面进行区分。具体包括：企业的出资人是个人还是群体、多个人抑或法人；经营活动除本地外的辐射范围；与同行业的大型企业相比，企业规模较小，且固定资产不高于40000万元、年营业额不超过40000万元、企业员工人数在500人以内。2011年6月，国家发展改革委、工业和信息化部、财政部、国家统计局研究出台《中小企业划型标准规定》（工信部联企业〔2011〕300号），2003年颁布的《中小企业标准暂行规定》相应废止。随后，国家统计局根据《中小企业划型标准规定》（工信部联企业〔2011〕300号）出台了《统计上大中小微型企业划分办法》（国统字〔2011〕75号）。2017年12月，国家统计局根据新国家标准《国民经济行业分类》（GB/T 4754—2017），在延续《中小企业划型标准规定》（工信部联企业〔2011〕300号）的分类原则、方法、结构框架和适用范围的前提下，修订出台了《统计上大中小微型企业划分办法（2017）》（国统字〔2017〕213号），按照行业门类、大类、中类和组合类别，依据从业人员、营业收入、资产总额等指标或替代指标，定义了中小微企业的划分标准[①]。具体见表5-1。

表5-1　我国中小微企业规模划分标准

行业	指标	计量单位	中型企业	小型企业	微型企业
农林牧渔业	营业收入（Y）	万元	500 ≤ Y<20000	50 ≤ Y<500	Y<50
工业*	从业人员（X）	人	300 ≤ X<1000	20 ≤ X<300	X<20
	营业收入（Y）	万元	2000 ≤ Y<40000	300 ≤ Y<2000	Y<300
建筑业	营业收入（Y）	万元	6000 ≤ Y<80000	300 ≤ Y<6000	Y<300
	资产总额（Z）	万元	5000 ≤ Z<80000	300 ≤ Z<5000	Z<300
批发业	从业人员（X）	人	20 ≤ X<200	5 ≤ X<20	X<5
	营业收入（Y）	万元	5000 ≤ Y<40000	1000 ≤ Y<5000	Y<1000
零售业	从业人员（X）	人	50 ≤ X<300	10 ≤ X<50	X<10
	营业收入（Y）	万元	500 ≤ Y<20000	100 ≤ Y<500	Y<100

① 国家统计局.国家统计局关于印发《统计上大中小微型企业划分办法（2017）》的通知［EB/OL］.（2023-12-01）［2023-12-01］. http：//www.nnjn.gov.cn/fw/ggfw/bzxzf/bdcdj/xgyj/t5783124.html.

续表

行业	指标	计量单位	中型企业	小型企业	微型企业
交通运输业*	从业人员（X）	人	300 ≤ X<1000	20 ≤ X<300	X<20
	营业收入（Y）	万元	3000 ≤ Y<30000	200 ≤ Y<3000	Y<200
仓储业*	从业人员（X）	人	100 ≤ X<200	20 ≤ X<100	X<20
	营业收入（Y）	万元	1000 ≤ Y<30000	100 ≤ Y<1000	Y<100
邮政业	从业人员（X）	人	300 ≤ X<1000	20 ≤ X<300	X<20
	营业收入（Y）	万元	2000 ≤ Y<30000	100 ≤ Y<2000	Y<100
住宿业	从业人员（X）	人	100 ≤ X<300	10 ≤ X<100	X<10
	营业收入（Y）	万元	2000 ≤ Y<10000	100 ≤ Y<2000	Y<100
餐饮业	从业人员（X）	人	100 ≤ X<300	10 ≤ X<100	X<10
	营业收入（Y）	万元	2000 ≤ Y<10000	100 ≤ Y<2000	Y<100
信息传输业*	从业人员（X）	人	100 ≤ X<2000	10 ≤ X<100	X<10
	营业收入（Y）	万元	1000 ≤ Y<100000	100 ≤ Y<1000	Y<100
软件和信息技术服务业	从业人员（X）	人	100 ≤ X<300	10 ≤ X<100	X<10
	营业收入（Y）	万元	1000 ≤ Y<10000	50 ≤ Y<1000	Y<50
房地产开发经营	营业收入（Y）	万元	1000 ≤ Y<200000	100 ≤ Y<1000	Y<100
	资产总额（Z）	万元	5000 ≤ Z<10000	2000 ≤ Z<5000	Z<2000
物业管理	从业人员（X）	人	300 ≤ X<1000	100 ≤ X<300	X<100
	营业收入（Y）	万元	1000 ≤ Y<5000	500 ≤ Y<1000	Y<500
租赁和商务服务业	从业人员（X）	人	100 ≤ X<300	10 ≤ X<100	X<10
	资产总额（Z）	万元	8000 ≤ Z<120000	100 ≤ Z<8000	Z<100
其他未列明行业*	从业人员（X）	人	100 ≤ X<300	10 ≤ X<100	X<10

注：1. 大型、中型和小型企业须同时满足所列指标的下限，否则下划一档；微型企业只需满足所列指标中的一项即可。

2. 表中各行业的范围以《国民经济行业分类》（GB/T 4754—2017）为准。带 * 的项为行业组合类别，其中，工业包括采矿业，制造业，电力、热力、燃气及水生产和供应业；交通运输业包括道路运输业、水上运输业、航空运输业、管道运输业、多式联运和运输代理业、装卸搬运业，不包括铁路运输业；仓储业包括通用仓储，低温仓储，危险品仓储，谷物、棉花等农产品仓储，中药材仓储和其他仓储业；信息传输业包括电信、广播电视和卫星传输服务，互联网和相关服务；其他未列明行业包括科学研究和技术服务业，水利、环境和公共设施管理业，居民服务、修理和其他服务业，社会工作，文化、体育和娱乐业，以及房地产中介服务，其他房地产业等，不包括自有房地产经营活动。

3. 企业划分指标以现行统计制度为准。从业人员是指期末从业人员数，没有期末从业人员数的，采用全年平均人员数代替。营业收入，工业、建筑业、限额以上批发和零售业、限额以上住宿和餐饮业以及其他设置主营业务收入指标的行业，采用主营业务收入；限额以下批发与零售业企业采用商品销售额代替；限额以下住宿与餐饮业企业采用营业额代替；农林牧渔业企业采用营业总收入代替；其他未设置主营业务收入的行业，采用营业收入指标。资产总额，采用资产总计代替。

（二）信用在促进中小企业高质量发展中的作用

1. 信用的内涵

信用一词源于拉丁语 Credere，狭义理解意为信赖、信任，后来经过发展演变，其内涵范围不断丰富并超出了原有的精神领域，发展为现代的广义信用，涵盖了物质领域和精神领域两大范畴。《辞海》对信用的解释是“遵守诺言，实践成约，从而获得的信任”。在《新帕格雷夫经济大辞典》中，对信用的解释是：“提供信贷（Credit）意味着把对某物（如一笔钱）的财产权给以让渡，以交换在将来的某一特定时刻对另外的物品（如另外一部分钱）的所有权。”《牛津法律大辞典》的解释是：“信用（Credit），指在得到或提供货物或服务后并不立即而是允诺在将来付给报酬的做法。”①

从各国的实践来看，信用的发展也是概念范畴逐步扩大的，无论是以私有制为基础的西方国家还是我国正在推动的具有社会主义特色的信用体系建设，信用已经被赋予经济、文化和道德等多重属性，在现代市场经济中，信用已经演化为经济交易和社会交往的基本准则、公平与效率的道德基础、收入与分配的首要条件，逐步成为现代文明的基石和标志。在我国全面完善社会主义市场经济体制的新阶段，信用同样也发展为一个多层次的概念，综合古今中外关于信用的诠释，可以从以下三方面理解信用的内涵：

一是信用具备的大数据属性。与传统信用概念不同，现代信用是以数据为基础，通过A（人工智能）、B（区块链）、C（云计算）、D（大数据）等各种信息技术手段对信用主体状态进行科学、全面的展示，可以从数据背后发现价值、风险和问题。例如，通过企业税务、社保及缴纳的水电气讯等信息可以综合判断企业的规模、生产经营状态、一定时间段的市场竞争能力等。

二是信用具备的经济价值属性。信用是以一定的经济标的物为内容、以借贷为特征的经济行为。信用是一种价值尺度，代表受信人具备的获取

---

① 马国建.构建区域一体化社会信用体系研究：以长三角地区为例［M］.上海：上海三联书店，2008.

货物活动贷款的经济能力，也代表了授信人对受信人具有偿还债务能力的信赖，这种能力具体表现为授信双方可以信赖的价值标准。在社会生活中接触最多的是信用卡、信用贷款，然后是在经济社会交易中的赊销、“先享后付”等，由此可以看出，信用的经济价值在于它本身不是直接的物质财富或利益，但它却能提供获得利益的机会，是提高经济效益的手段，从而成为市场中一种无形的社会资源。

三是信用具备的社会治理属性。2019年全国两会上，“信用监管”首次被写入政府工作报告。同年7月，国务院办公厅印发《关于加快推进社会信用体系建设构建以信用为基础的新型监管机制的指导意见》。2020年11月，国务院办公厅印发《关于进一步完善失信约束制度构建诚信建设长效机制的指导意见》，确定完善失信约束制度、健全社会信用体系的措施。截至2024年6月，重庆市在公共资源交易、税务、市场监管等40余个领域已经初步构建以信用为基础的新型监管机制，信用监管已经成为社会主义市场经济高质量发展、提升社会治理能力和治理水平现代化的重要手段。

2. 信用对中小企业发展的作用

一是挖掘信用数据可以了解中小企业生存状态。通过对企业注册登记、行政审批、行政处罚、税收、公积金以及司法判决等信用信息的分析挖掘了解企业、产业链状态，为经济决策提供参考。中小企业的基本情况信息包括注册登记、变更、注销等；生存状态信息包括企业缴纳公积金、社保、税收、年报等；经营活动信息包括准营准办、资质证照、项目审核、招标投标、水电气等；风险提示信息包括监督检查、行政处罚、司法判决、投诉举报等；社会责任及其他信息包括信用评价、慈善捐赠、荣誉表彰、社会舆论等。

二是建立信用监管机制促进中小企业合规经营。通过推动行业监管部门建立起基于行业信用评价、差异化监督检查的新型监管机制，实现对守信企业少打扰、失信企业强监管的监管模式，在优化行业监管力量调配的同时，倒逼企业更加合规、诚信经营。通过查询社会信用信息或者购买信用服务，识别、分析、判断信息主体信用状况，开展信用分类管理。按照信用等级高低采取差异化的监管措施：对信用较好、风险较低的市场主体，可合理降低抽查比例和频次；对信用风险一般的市场主体，按常规比例和频次抽查；对违法失信、风险较高的市场主体，适当提高抽查比例和频次。

三是运用信用激励手段帮助中小企业纾困发展。通过将信用与企业融资、园区房租以及行政审批活动等场景相结合，给守信企业提供降低融资成本、减免园区租金、开通审批绿色通道等更加便捷的营商条件，为守信企业纾困和发展提供信用措施。例如，信易租——对信用状态良好的企业租金更优惠、租期更长久，鼓励地方园区、租赁公司等落地实施，助力大众创业、万众创新；信易融——对信用状态良好的企业贷款利率更优惠、贷款审批通道更便捷，鼓励金融机构等落地实施，缓解小微企业融资难融资贵问题；信易批——对信用状态良好的企业开通行政审批“绿色通道”、审批材料“容缺受理”，行政审批部门逐步扩大应用范围，推进审批服务便民化。

（三）文献综述

1.关于中小企业高质量发展优势及价值的研究

左承舜（2022）认为企业供应链金融的发展可以有效促进企业自身高质量发展水平的提升，企业技术创新在这个影响过程中存在显著的中介效应①。企业通过供应链金融工具可以很好地缓解自身存在的融资约束，进而改善企业存在的财务紧张状况，更有可能投入资金开展技术创新，利于企业的高质量发展。陆岷峰和周军煜（2021）认为虽然中小企业面临着管理体制不健全、容易受到市场的冲击、资金短缺等一系列难题，但是具有体制机制灵活、转型速度快、能够快速吸收新生事物等优点，这使得中小企业在一定程度上能够经受住市场冲击②。赵越和陆岷峰（2021）认为中小企业的创新能力强，贴近市场，机制灵活，应对突发事件能力较强，通过技术的不断创新成为科技巨头的案例屡见不鲜，中小企业比大型企业具有更高的创新效率，无论是欧美国家还是中国，超过60%的技术创新都来自中小企业，在众多行业中，中小企业的科技创新占据很重要的市场，这些

① 左承舜.供应链金融、技术创新与中小企业高质量发展的研究［D］.长沙：湖南大学，2022.

② 陆岷峰，周军煜.金融治理体系和治理能力现代化中的治理科技研究［J］.广西社会科学，2021（2）：121-127.

企业一般掌握某个产业的核心技术或者创造新的商业模式，或者聚焦某个细分市场，对社会技术创新具有极大的推动作用[①]。曹梦石等（2021）认为中小企业存在的意义极大，除了促进经济发展，也解决了大量的社会就业问题，超过75%的城镇居民就业岗位由中小企业提供，除此以外，中小企业可以贴近市场、贴近生活，容易满足人们差异化以及个性化需求[②]。陆岷峰和欧阳文杰（2021）认为中小企业虽然天然存在诸多弱势，但是初始企业表现出极强的生命力，中小企业在走向发展壮大的过程中，企业家需要艰苦卓绝、顽强拼搏、攻坚克难的勇气和决心，中小企业发展壮大的过程也是企业家精神形成的过程，党和国家领导人不断呼吁要发扬企业家精神，而中小企业正是企业家精神产生的基地[③]。

2. 关于中小企业实现高质量发展路径的研究

陆岷峰和徐阳洋（2021）认为中小企业对实体经济的贡献度非常大，与实体经济的关联度也非常大，中小企业的高质量发展对推动中国经济的高质量发展具有重要意义，现在全社会已步入高质量发展阶段，这给中小企业提供了一个良好的外部生态环境，其形成的一种无形的约束与督促机制十分重要，也是中小企业高质量发展不可或缺的一部分[④]。周晨松（2023）认为融资约束越强，商业信用扭曲对中小企业高质量发展的抑制作用越强；公司治理水平越高，商业信用扭曲对中小企业高质量发展的抑制作用越弱；在排除坏账损失的影响后，大企业单纯的账款拖欠行为也会制约中小企业高质量发展。因此，政府部门应继续完善延迟支付的法律规制，强化债务拖欠的法律支撑；而中小企业则需利用好供应链金融缓解商业信用扭曲的负面影响[⑤]。陆岷峰和徐阳洋（2022）认为中小企业高质量发展需要一套“组合拳”，而在这套“组合拳”中最重要的是如何帮助中小

① 赵越，陆岷峰．数据资产：价值链生成与经营模式的设计研究［J］．海南金融，2021（9）：24-33.

② 曹梦石，徐阳洋，陆岷峰．“双碳”目标与绿色资本：构建资本有序流动体制与机制研究［J］．南方金融，2021（6）：59-68.

③ 陆岷峰，欧阳文杰．数据要素市场化与数据资产估值与定价的体制机制研究［J］．新疆社会科学，2021（1）：43-53，168.

④ 陆岷峰，徐阳洋．经济双循环背景下中小企业的机遇、挑战与成长的着力点［J］．西南金融，2021（1）：73-82.

⑤ 周晨松．商业信用扭曲与中小企业高质量发展［J］．江西社会科学，2023（10）：61-71.

企业建立科学的管理体制与机制，只有建立科学的管理体制与机制才能保证中小企业在发展过程中不会走歪路，其经营决策更加科学，可以认为，科学的体制与机制是中小企业航行中的“指南针”[①]。陆岷峰（2021）认为当前支持中小企业发展刻不容缓，但是他认为全面支持中小企业、因小而支以及大包大揽式的支持模式是一种政策资源的浪费，对于一些高污染、低产能、落后淘汰型产业的中小企业就应该让其在市场竞争中自动退出市场，因此应当实行差异化的支持政策，精准施政，支持有利于社会进步、绿色环保、科技创新的中小企业[②]。赵越等（2021）认为必须发展最优质的中小企业，其他交给市场，市场经济的逻辑是优胜劣汰，现代社会需要的是“高”“精”“尖”，而不是“多”“杂”，政府的作用是制定市场规则并且维护市场规则，规则的原则是保护优质企业、惩罚或淘汰劣质企业[③]。左承舜（2022）认为加大研发投入并且提高研发人员的比例有助于为企业创造更多的知识产权和专利，扩大企业的无形资产和提升技术创新水平，在与同行业其他企业竞争时将具有更为显著的优势，也有利于企业的高质量发展[④]。

3. 关于中小企业高质量发展与信用的作用研究

周晨松（2023）认为政府机构、企事业单位对中小企业的货款拖欠是阻碍中小企业高质量发展的重要障碍之一，商业信用扭曲可能通过降低主业投资、降低研发投入和增加代理成本三个渠道抑制中小企业高质量发展[⑤]。李雪童（2023）认为我国社会信用体系建设对中小企业商业信用评定模式存在一定的疏漏，厘清信用评级机构和中小企业信用评级体系的缺点和不足，疏通有利于中小企业发展的融资之路迫在眉睫[⑥]。林静（2023）认

---

① 陆岷峰，徐阳洋.“双碳”目标背景下供应链经济的新特点、新挑战与新对策［J］. 新疆社会科学，2022（1）：38-46，146.

② 陆岷峰.“双碳”目标下碳金融现状评估、目标定位与发展对策［J］. 福建金融，2021（6）：27-35.

③ 赵越，欧阳文杰，陆岷峰.基于经济双循环战略背景下数据资产经营管理体制机制构建研究［J］. 大庆师范学院学报，2021（5）：26-37.

④ 左承舜.供应链金融、技术创新与中小企业高质量发展的研究［D］. 长沙：湖南大学，2022.

⑤ 周晨松. 商业信用扭曲与中小企业高质量发展［J］. 江西社会科学，2023（10）：62-70.

⑥ 李雪童.社会信用体系建设背景下中小企业信用评级法律问题研究［J］. 石河子大学学报（哲学社会科学版），2023（4）：49-57.

为中小企业信用体系建设可以促进中小企业的发展、提高金融机构的风险管理能力、促进金融创新等[①]。何静（2022）认为由于小微企业信用体系不全面和对担保机构的考核管理不灵活，导致担保机构对支持小微企业缺乏积极性，降低了提供担保服务的能力[②]。高晓灵（2022）认为研究信用风险需要充分考虑行业、地域差异，对模型进行有针对性且专业化的修改，针对不同的行业在选择指标时需加入体现行业特色的非财务指标，只有针对不同行业建立对应的风险评估体系，才能使得风险管理切实可行[③]。张之君等（2024）认为企业通过供应链上下游的协同关系获取的商业信用可以在一定程度上支持创新资金的投入，缓解创新融资困境，但是对于过度依赖核心供应商的企业而言，可能会带来反向效果[④]。

三、重庆中小企业发展状况及环境分析

（一）重庆中小企业发展历程

1. 积势蓄势阶段（1997—2006 年）

直辖之前，重庆作为全国老工业基地，国有经济占比高、中小企业力量弱，由于所有制结构调整较为缓慢，中小企业发展水平同东部沿海省市的差距快速拉大。直辖以来，重庆市委、市政府以转换思想、更新观念为先导，积极发展以个体和私营经济为代表的中小企业，尤其是在党的十六大对中小企业的地位和作用予以重新确立以来，相继出台多项针对中小企业发展的支持政策和专项规划，积极开放市场，深入开展“执政为民、服务发展”学习整改活动，掀起高调“挺私”热潮。这一阶段，重庆中小企业蓬勃发展，不断积蓄力量，逐步完成了由“拾遗补阙”的经济“配角”到国民经济的“重要组成部分”角色转换，成为推动全市经济增长的重要力量和促进改革发展的生力军。

---

① 林静. 中小企业信用体系建设路径［J］. 山东国资，2023（8）：105-107.

② 何静. 新时代山西中小企业高质量发展政策研究［J］. 生产力研究，2022（5）：50-55.

③ 高晓灵. 中国制造业中小企业的信用风险评估［D］. 杭州：杭州电子科技大学，2022.

④ 张之君，等. 商业信用对企业创新的影响［J］. 合作经济与科技，2024（5）：119.

一是中小企业总量快速扩大。截至2006年底，重庆中小企业实现增加值2166.2亿元，是1997年的2.7倍，年均增长11.8%。以中小企业为主体的非公有制经济占全市GDP的比重为53.0%，较1997年提升26.6个百分点，对全市GDP增长的贡献率达75.7%。二是中小企业数量大幅增加。截至2006年底，重庆市有中小企业58.3万户，其中私营企业实体数量增长明显，是1997年的5.0倍。全市中小企业从业人员数量达到605.7万人，占第二、第三产业从业人员数量的73%以上。三是税收贡献不断增强。2006年，全市中小企业纳税超过230亿元，占全市税收总量的52.7%，较1997年提升46.4个百分点。四是行业分布较为集中。这一时期，全市中小企业在摩托车、房地产和餐饮服务3个行业逐渐占据主导地位，力帆、隆鑫、龙湖等企业快速成长为国内行业“排头兵”。

但是，由于前期发展基础相对薄弱，重庆中小企业在数量、规模和实力上同浙江、江苏和广东等省份差距较大。截至2006年底，重庆市产值上百亿元的民营企业仅1家（力帆），每万人拥有的非公有制企业数量为39户，低于全国平均（46.9户）及浙江（86户）、江苏（80户）、广东（57户）。注册资金1亿元以上的企业不足50家，同样大幅低于广东（469家）、江苏（396家）、浙江（368家）。2006年中国民营企业500强上榜渝企仅6家，占全国的1.2%。

2. 巩固提升阶段（2007—2011年）

2007年以来，重庆认真贯彻党的十七大精神，立足本地实际情况，积极落实国家支持中小企业发展的政策措施，加快“走出去”和“引进来”步伐，为广大民营企业积极搭建完善融资、市场、创业、培训、信息等服务平台，引导民间资本参与城市基础设施建设，努力为中小企业发展不断创造良好条件。这一阶段，得益于不断改善的发展环境，全市中小企业进一步巩固发展，在全球金融危机蔓延、国内通胀压力加大的背景下逆势前行，呈较快发展势头，成为重庆市经济持续增长的重要支撑。

一是中小企业总量不断提高。重庆市中小企业增加值从2007年的2621.9亿元增加至2011年的5837.6亿元，年均增长22.2%。重庆市非公有制经济占GDP的比重突破60%，中小企业占比增长至2011年的57.4%，坐稳重庆经济的“半壁河山”。二是投资贡献日益突出，发展领域不断拓展。2011年，重庆市中小企业完成投资4415.59亿元，占全市投资总额的57.9%。中小企业开始向能源化工、汽车、基础设施建设和军工等领域拓展，发展空间不断扩大。三是市场主体进一步大幅增长，就业吸纳能力持续提升。2011年，重庆市个体私营企业总户数达107.8万户，较2007年增长57.4%，中小企业就业人员达856.4万人，提供了全市80%以上的城镇就业岗位和90%以上的新增就业岗位。四是企业组织形式不断优化。重庆市越来越多的中小企业向多元投资主体和现代企业制度转变，投资融资能力也不断发生变化，一部分规模较大的中小企业积极推进上市工作。

这一时期，虽然重庆中小企业数量和实力较第一阶段有了明显提升，但放眼全国，同东部沿海省份差距依旧明显。市场主体数量仅是江苏的23.9%、浙江的35.7%、广东的23.5%。全国工商联公布的2011年全国中小企业500强名单中，重庆入围企业为10家，仅占总数的2%。

3. 转型升级阶段（2012年至今）

党的十八大以来，重庆市始终坚持“两个毫不动摇”方针，深刻把握“两个都是”理论，深入贯彻落实习近平总书记关于中小企业的重要论述，把发展壮大中小企业摆在突出位置，全面提升政策供给的力度和准度，积极营造更加公平、有序竞争的营商环境，不断激发中小企业活力能力。这一阶段，重庆中小企业提质增效升级发展，成为全市经济高质量发展的重要支撑、创新创业的主体力量、吸纳就业的主要渠道和社会财富的重要来源。

一是中小企业总量稳步上升，增速有所回落。2012—2020年，重庆市中小企业更加注重提质发展，增加值年均增长10.4%，增速有所回落。占GDP的比重由2012年的57.6%提升至2020年的59.0%，对全市经济增长的贡献率在50%以上，支撑作用依旧较强。二是创新活力不断增强，龙头企业规模大幅提升。2018年，重庆市科技型企业中，中小型科技型企业占比达99%，主营业务收入近9000亿元。2020年，重庆民营企业100强榜单中，高新技术企业占比超过70%，其中营业收入超过1000亿元的企业2家、超过100亿元的企业23家，上榜民营企业营业收入总额达到11107.4亿元。三是中小企业结构进一步优化，新兴产业发展态势良好。计算机、通信和其他电子设备制造业，汽车制造业，铁路、船舶、航空航天和其他运输设备制造业产值突破千亿元，道路运输和商务服务等传统民营服务业稳定发展，互联网及相关服务、民营研究试验等新兴产业呈迅猛发展态势。

直辖以来重庆中小企业发展历程见表5–2。

表 5–2　直辖以来重庆中小企业发展历程

阶段	重要政策与事件	主要特征
积势蓄势阶段（1997—2006年）	1997—1998年，市委、市政府相继出台《关于大力发展个体私营经济的决定》（渝委发〔1997〕6号）和《关于进一步加快发展个体私营经济的决定》（渝委发〔1998〕35号），有力推动了全市中小企业发展。 2003年，市委、市政府制定发布了《关于进一步加快民营经济发展的决定》（渝委发〔2003〕21号），进一步强调要对民营经济转换思想、更新观念，有力地促进了全市中小企业不断发展。 2004年，市级有关部门出台8个配套文件，与国务院颁布的《关于鼓励支持和引导个体私营等非公有制经济发展的若干意见》相呼应，确定了"非禁即入"的原则，打开了非公企业进军垄断行业大门。 2005年，市政府制定发布《贯彻〈国务院关于鼓励支持和引导个体私营等非公有制经济发展若干意见〉的实施意见》（渝府发〔2005〕85号），颁布了《重庆市非公有制经济中长期发展规划（2005—2020）》，在"十一五"规划中独树一帜地制定中小企业发展专项规划。 2006年7月19日，时任市委书记汪洋考察洪崖洞民俗风貌区，随后发表"挺私"讲话，要求全市各级政府努力为中小企业的突破性发展创造良好氛围。随后，市委、市政府在政府部门发起长达5个月的"执政为民、服务发展"活动，20多个政府部门根据自身实际纷纷出台支持中小企业发展的举措，其共同特点是民营企业的"国民身份"待遇。 2006年10月，首届"中国（重庆）民营经济发展论坛"召开，市主要领导与民营企业家同台探讨，重庆市委书记汪洋、市长王鸿举在论坛上表明了重庆市委、市政府大力发展中小企业的坚定立场	（1）政府鼎力支持，中小企业发展环境持续改善； （2）平等待遇保障加强，市场空间拓展大门打开； （3）中小企业规模快速增长，私营企业数量大幅增加； （4）行业结构较为集中，民营企业成长迅速
巩固提升阶段（2007—2011年）	2007年，重庆市在2006年开展的清理限制非公有制经济发展行政文件专项工作基础上，废止或修改79件限制中小企业发展的规章文件，从行政源头上进一步消除限制中小企业发展的障碍。 2008年，市政府出台了《关于推进产学研结合提高自主创新能力的意见》《关于加快发展服务业的意见》《关于加快推进互联网产业发展的指导意见》《关于促进民办教育发展的意见》等政策，在放宽准入条件、落实创业用地、支持从事个体经营、实行税收优惠政策等方面作出了明确规定。为配套和落实好中央刺激经济发展的系列政策，应对金融危机，市政府在出台的12条适应性措施基础上，再次出台12条政策措施，增加市级财政投入60亿元、减负让利26亿元，为中小企业发展提供了政策支持。 2011年，市委、市政府召开工商联会议，出台《中共重庆市委　重庆市人民政府贯彻〈中共中央、国务院关于加强和改进新形势下工商联工作的意见〉的实施意见》（渝委发〔2011〕5号），明确了今后一个时期全市非公经济的发展目标，为引领非公经济健康发展构建了长效机制	（1）中小企业总量快速提升，发展领域不断拓展； （2）投资与就业贡献日益突出； （3）中小企业组织形式和治理结构不断优化

续表

阶段	重要政策与事件	主要特征
转型升级阶段（2012年至今）	2012年，市政府出台《关于大力发展民营经济的意见》（渝府发〔2012〕62号），推出45条政策举措，市政府办公厅同时下发多项财税、投资和金融服务等方面的支持举措。 2014年，市政府出台《重庆市完善小微企业扶持机制实施方案》（渝府发〔2014〕36号），市财政局、市经信委、市工商局等多部门就减税降费、财政扶持、科技创新等领域出台多个专项政策，支持全市小微企业做大做强和持续健康发展。 2015年，市政府办公厅相继发布第二批和第三批《重庆市减轻企业负担政策措施目录清单》（渝府办发〔2015〕29号、渝府办发〔2015〕181号），进一步完善支持民营企业发展政策，不断优化企业发展环境。 2016年，市政府办公厅出台《关于进一步落实涉企政策促进经济平稳发展的意见》（渝府办发〔2016〕8号），推动涉企政策落实；公布第四批《重庆市减轻企业负担政策措施目录清单》（渝府办发〔2016〕123号）。 2017年，重庆市高级人民法院、重庆市工商业联合会联合发布《关于依法平等全面保护民营经济健康发展的意见》（渝高法〔2017〕308号），重庆市人民检察院、重庆市工商业联合会联合发布《关于服务保障民营经济健康发展的意见》（渝检会〔2017〕4号），重庆市公安局推出“服务民营经济发展30条”。 2018年，市委、市政府出台《关于全面优化营商环境促进民营经济发展的意见》（渝委发〔2018〕37号），着力解决重庆中小企业发展“瓶颈”，为中小企业发展创造更大市场空间。 2019年，市政府办公厅发布《进一步支持实体经济企业健康发展若干政策措施》（渝府办发〔2019〕1号），在“涉企减负30条”等政策措施基础上进一步加大民营企业支持力度、降低企业成本、优化企业发展环境；发布《重庆市营商环境优化提升工作方案》（渝府办发〔2019〕81号），推动加快打造法治化、国际化、便利化的营商环境。 2020年，市委、市政府出台《关于支持民营企业改革发展的若干措施》，提出了五方面共20条具体措施，进一步推动民营企业改革创新、转型升级和健康发展	（1）政策供给的全面性和精准度不断提升； （2）民营企业发展环境进一步改善； （3）中小企业总量持续攀升，结构不断优化； （4）中小企业创新活力和龙头企业能级不断提升

（二）重庆市中小企业发展状况

1. 重庆市中小企业发展现状

市委、市政府高度重视重庆市中小企业发展，引导和推动民营经济向经济规模化、产业高度化、经营国际化、布局合理化、资源节约化、人才集聚化迈进，为实现民营经济总量、质量、结构、效益全方位腾飞夯实基础。为具体指导协调中小企业发展，重庆市人民政府批准设立重庆市中小企业发展指导局（重庆市乡镇企业局）（渝委发〔2009〕6号、渝编〔2002〕70号、渝办发〔2009〕191号），实行重庆市中小企业局、重庆市乡镇企业局、重庆市非公有制经济发展领导小组办公室“三块牌子一套班子”的体制。负责贯彻执行有关中小企业、乡镇企业发展的法律法规、规章和方针政策，拟定全市中小企业、乡镇企业的发展战略、规划和年度指导性计划并组织实施。2018年因大部制改革要求，撤销重庆市中小企业发展指导局，在重庆市经济信息委设立中小企业发展促进处、民营经济发展服务处，负责中小企业发展服务体系建设，保障和促进中小企业发展。

近年来，为促进中小企业高质量发展，重庆市主要围绕以下几个方面持续发力。一是重庆市政府办公厅出台《关于印发重庆市推进“专精特新”企业高质量发展专项行动计划（2022—2025年）的通知》（渝府办发〔2022〕23号），推动企业建立质量品牌管理体系。目前全市有国家级专精特新“小巨人”企业255家，2022年增长116%，居西部第一位；市级“专精特新”中小企业3850家，近年来年均增长30%以上。二是市政府出台《制造业智能化赋能行动实施方案（2021—2025年）》，近3年累计实施6080个智能化项目，产品不良率降低39.6%；建设144个智能工厂、958个数字化车间，长安汽车等7家企业入选国家智能制造示范工厂揭榜单位。重庆市两化融合发展指数105.5，持续保持中西部第一位。三是市政府出台《以实现碳达峰碳中和目标为引领深入推进制造业高质量绿色发展行动计划（2022—2025年）》（渝府发〔2022〕34号），提升产业绿色发展水平，累计创建国家绿色工厂81家、绿色园区8个、绿色设计产品60种、绿色供应链8条；市级绿色工厂250家、绿色园区20个。四是市政府办公厅出台《重庆市推动消费品工业高质量发展行动计划（2020—2022年）》（渝府办发〔2020〕49号），大力培育食品、纺织品、绿色包装、个护美妆等特色产业链，持续开展重庆特色消费品品牌主题推广活动，江津区、巴南区、荣昌区入选全国消费品工业“三品”战略示范城市。五是一体化推进技术攻关与质量标准品牌建设。重庆市经济信息委梳理形成《“十四五”时期重点发展的产业链关键重要技术需求》，引导企业技术攻关，近3年累计支持39个企业牵头的标准制（修）订项目1490万元，累计创建盟讯电子等国家级质量标杆企业5家、青山工业等国家级品牌培育示范企业16家。六是持续加强制造业质量基础设施建设。累计创建国家级产业技术基础公共服务平台11家，全国占比4.5%。

重庆市经济信息委提供的数据显示，2017年，重庆市新成立中小企业12.7万户，期末登记户数72.7万户，占重庆市企业总数的99.2%以上。2022年，重庆市新设立中小微企业超过15.3万户，中小微企业数量达到107万户，新增中小企业从业人员50.5万人，全市中小企业从业人员达到802.4万人。截至2023年底，重庆市中小微企业数量已超过110万户，其中许多企业都是专业水平高、发展潜力大的生力军，共有创新型中小企业3726家、"专精特新"中小企业2484家、"小巨人"企业255家。

2. 存在问题

改革开放40多年以来，经济的高速发展也伴随了一些企业违法违规、唯利是图、自私自利等失信失德的现象发生，社会对守信的获得感和失信的负罪感不强。企业违法失信事件频繁发生。一是企业失信严重影响区域营商环境。从"3·15"曝光的失信案例和重庆市公共信用信息平台大量的行政处罚信息可以看出，当前存在的假冒伪劣、弄虚作假、合同违约、拖欠债务、逃税废债等失信行为已成为社会稳定、经济发展的巨大阻力。截至2024年4月，重庆市存量严重失信主体为22732户，2023年比2022年新增严重失信主体数量比退出数量多近一倍。二是企业失信限制自身发展。中小企业普遍数字化程度不高，规范性不足，经营管理比较随意，没有严谨的财务和审计制度，有的甚至没有建立会计账目，资金管理较为混乱，融资不按约定使用和偿还，不按规定缴费纳税，难以获得便利的公共服务。三是企业对信用重视不够。维护自身信用的意识不强，一些企业因纳入失信被执行人名单、受到行政处罚等在政府采购、招标投标、政府补贴等方面被限制，才感受到了"一处失信、处处受限"的不便。据重庆市公共信用信息平台数据统计，2023年，重庆市A级纳税人占比仅为3.5%，与浙江（20%）相比还有很大的差距。

企业融资难融资贵问题依旧存在。从金融机构来看，一是金融机构对中小企业，尤其是民营中小微企业的融资门槛较高。近年来，虽然金融机构对小微企业授信覆盖面有所拓宽，但出于防范风险等考虑，仍存在门槛较高、环节多、周期长等问题，同时，针对中小企业的融资产品和服务体系还不够完善，金融产品的设计还不能满足小微企业的实际需求。二是民营中小微企业与金融机构之间存在信息不对称现象，金融机构对中小微企业的了解更是需要花费大量的人力、物力、财力，成本较高，动力不足。从企业自身来看，一是中小企业发展规模不大。受自身发展规模和企业管理方面的局限，通过上市、债券渠道融资困难，融资途径主要依赖银行信贷和民间借贷。二是企业自身信用状况不好。信用对企业融资来说至关重要，相较于大型企业，中小型民营企业规范性不足，经营管理比较随意，没有严谨的财务和审计制度，有的甚至没有建立会计账目，资金管理较为混乱，融资不按约定使用和偿还，这些不当行为导致企业信用水平低下；企业相关信息的数字化程度不足，难以套用常规的银行信贷业务流程。同时，企业对纳税、水电等费用缴纳方面的信用不够重视，容易造成企业的污点。三是企业信用信息不透明。企业作为融资主体，透明度低、不确定性多、信息不对称等问题抑制了金融机构的放贷意愿，从而给中小企业融资带来困难。

政务监管能力有待提升。随着数字化改革的不断推进，重庆市“一件事一次办”等改革事项取得良好效果，但当前“一窗受理、集成服务”模式大多局限于单一部门，多部门、跨层级、跨区域联合办件水平还比较低，政务服务集约化办理水平还有较大提升空间。一是存在“谁审批，谁监管”思想，受部门和职责分工影响，监管者对审管分离的内涵理解不足，职责分工认识不到位，部门之间配合不强，特别是“机构改革”、“放管服”改革后，部分政府工作人员对改革存在一定模糊认识，认为自己不负责审批工作，与其相关的所有工作都不用做，导致一些违规行为游离监管之外。二是受长期管理型政府思维的影响，政府“有形的手”对市场主体干预过多，由于监管者对市场主体信用掌握不全面，对不同监管对象的监管重点、关键环节等相关信息的感知水平差，无法全面、准确、动态、及时地判断监管对象的状态，导致守信企业经营受干扰，而失信企业却无暇顾及。三是缺乏协同监管理念，传统监管模式下部门之间协同沟通不足，如环保部门只负责企业是否涉及环境违法、处理结果仅存在处罚单位的数据库，而在税务部门有可能确认该企业为优秀纳税企业并给予表彰，这种监管方式不能对一个企业的信用状况进行全面了解，导致奖惩分离，给政府行政行为的权威性和公正性带来了较大的负面影响，难以适应现代经济社会发展。

中小企业服务水平需提高。中小企业公共服务体系仍存在基层基础比较薄弱、体制机制不够健全、服务资源整合不足、服务能力有待提升等突出问题，行业服务水平与中小企业需求和期盼还存在较大差距。一是科技创新亟须提升行业服务水平。新一轮科技革命和产业变革带来的机遇和挑战并存，中小企业专精特新发展愿望更加迫切，对中小企业行业服务体系建设提出了新的、更高的要求。二是公共服务和市场监管的精准性急须提升，要发挥信用对资源配置的优化作用，主动顺应中小企业发展需求和产业技术变革趋势，坚持有为政府与有效市场更好结合、整体推进与重点突破更好结合、能力提升与机制创新更好结合，进一步加大社会、市场、政府对中小企业发展的支持力度，推动中小企业行业服务体系建设迈上新台阶，在服务中小企业高质量发展中发挥更大作用。

（三）重庆市中小企业发展环境 PEST 分析

PEST分析是战略咨询顾问用来帮助企业检阅其外部宏观环境的一种方法，是对宏观环境的分析，而宏观环境又称一般环境，是影响一切行业和企业的各种宏观力量。中小企业发展与宏观经济发展条件包括：政府政策、经济发展阶段、社会环境、技术创新，本书选择PEST分析方法，能全面分析我国中小企业面临的各种宏观环境，清晰地掌握中小企业高质量发展遇到的问题和需要的发展条件。

1. 政治环境（Political Factors）

政治环境包括一个国家的社会制度，执政党的性质，政府的方针、政策、法令等。政府的政策导向、法律法规及政治稳定性等都会对中小企业的经营和发展产生深远的影响。近年来，国家出台了一系列支持中小企业发展的政策，如减税降费、提供融资支持等，为中小企业的发展提供了有力的保障。然而，在实际执行过程中，一些政策难以真正落地，中小企业仍面临着一些不公平的待遇。此外，政府的监管力度也在不断加大，对中小企业的合规性提出了更高的要求。

在企业发展政策方面。为适应建立现代企业制度的需要，规范公司的组织和行为，保护公司、股东和债权人的合法权益，维护社会经济秩序，促进社会主义市场经济的发展，我国先后颁布了《中华人民共和国公司法》《中华人民共和国中小企业促进法》，对中小企业存在的合法性给予了法治保障。随后，党和政府高度重视中小企业发展，先后印发《关于加强中小企业信用担保体系建设意见的通知》（国办发〔2006〕90号）、《国务院关于进一步促进中小企业发展的若干意见》（国发〔2009〕36号）、《国务院办公厅关于进一步加大对中小企业纾困帮扶力度的通知》（国办发〔2021〕45号）、《国务院办公厅关于印发加强信用信息共享应用促进中小微企业融资实施方案的通知》（国办发〔2021〕52号）、《中共中央 国务院关于促进民营经济发展壮大的意见》、《工业和信息化部关于健全中小企业公共服务体系的指导意见》（工信部企业〔2023〕213号）等一系列文件，聚焦落准、落细、落实，既提出了缓解中小企业融资难、融资贵等突出问题的具体措施，又对营造良好发展环境、加大财税支持、支持中小企业开拓市场、优化服务体系、加快中小企业技术进步和结构调整、保护中小企业合法权益等方面进行了制度设计，同时对完善基础性制度、压实地方政府责任提出了要求。

在企业公共服务方面。我国民间投资占全社会投资的50%以上，坚持“两个毫不动摇”，加大政策支持，用市场办法、改革举措激发民间投资活力，有利于调动各方投资积极性、稳定市场预期、增加就业岗位、促进经济高质量发展，助力实现中国式现代化。2023年，出台的《工业和信息化部关于健全中小企业公共服务体系的指导意见》（工信部企业〔2023〕213号）提出了明确目标，到2025年，各级中小企业公共服务力量得到加强，国家、省级中小企业公共服务机构服务能力与质效明显提升、示范效应明显增强，市、县级中小企业公共服务体系覆盖面稳步扩大、服务能力稳步提升。服务资源有效整合，横向连通、纵向贯通、便利共享、泛在可及的“一站式”服务平台基本建成，政策直享、服务直达、诉求直办的服务企业模式逐步形成。到2035年，与中小企业高质量发展相适应的中小企业公共服务体系更加完备，布局进一步优化，服务平台智能化水平显著提升，服务功能不断完善，服务资源高效利用，服务能力大幅提高，服务质量有力保障，服务供给满足需求，中小企业获得感和满意度不断提升，形成“机构优、平台强、资源多、服务好、满意度高”的中小企业公共服务体系。

在拓宽投融资渠道方面。在我国加入WTO之前，民间资本被许多领域禁止进入，如通信、银行、能源、保险、国防及一些重要工业等行业，中小企业几乎不能进入这些领域。党的十八大以来，针对中小企业发展不活跃、民间资本难以发挥作用等问题，党和政府高度重视，加紧制定出台相关政策法规制度，有序推动中小企业进入各投资领域，这样既发挥了民间资本的积极性也缓解了以前仅靠政府投资所带来的资金缺口问题，对促进我国经济高质量、快速发展发挥了积极作用。近年来，国家发展改革委、工业和信息化部等部委积极推进建立重点民间投资项目库、推动强化重点民间投资项目用地保障、设立中央预算内投资促进民间投资引导专项等工作。2023年，国家发展改革委向有关银行推送了首批715个民间投资项目，全国各地向民间资本推介的项目超过3500个、总投资超过3.7万亿元。

在规范企业监管方面。国务院办公厅印发《关于推广随机抽查规范事中事后监管的通知》（国办发〔2015〕58号）要求规范事中事后监管工作，发挥随机抽查的基础性作用，避免一些领域检查任性、执法不公、执法扰民和执法不严等现象发生，为全社会营造公开、公平、透明的发展环境，推动大众创业、万众创新。为深入推进“放管服”改革，更好激发市场主体活力，推动高质量发展，充分发挥信用在创新监管机制、提高监管能力和水平方面的基础性作用，国务院办公厅印发《关于加快推进社会信用体系建设构建以信用为基础的新型监管机制的指导意见》（国办发〔2019〕35号）要求以信用的理念创新事前、事中、事后监管。国家卫生健康委《关于印发医疗监督执法工作规范（试行）的通知》（国卫医急发〔2023〕35号）规范医疗监督执法工作，维护医疗秩序，保障人民群众健康权益。

2023年，全国依法查处滥用行政权力排除限制竞争案件13起，开展行政性垄断执法约谈8次，加强反垄断和反不正当竞争监管执法，截至2023年8月，依法查处垄断协议、滥用市场支配地位行为案件17件，罚没款总额9.1亿元，深化垄断行业改革，扩大市场准入范围，降低准入门槛，进一步营造了公开、公平的市场环境。

2. 经济环境（Economic Factors）

目前我国的基本经济制度以公有制为主体，多种所有制经济共同发展，中小企业绝大多数属于非公有制经济，发展非公有制经济对经济增长、扩大就业、增加税收等方面具有重要作用。随着我国经济由高速度向高质量发展转型升级，中小企业面临着越来越大的竞争压力。

在经营成本方面。近30年来，原材料、人工成本的上涨使得中小企业的经营成本不断攀升，全球经济呈现“低利率、低增长、低通胀”的特征，无论是发达经济体、新兴经济体还是欠发达地区的利率水平均呈下降趋势。2008年全球金融危机，发达国家普遍施行的量化宽松货币政策使“低利率”成为常态，2015年后美联储长达七八年的降息周期终于进入收尾阶段。随着2020年重大公共卫生事件新冠疫情席卷全球，全球各经济体被迫实行宽松的货币政策刺激经济，全球利率再次普遍下降。我国贷款市场报价利率（LPR）改革以来，企业贷款利率从2019年7月的5.32%降至2023年12月的3.45%，创有统计以来最低水平。由此可以看出，尽管国家在解决中小企业融资贷款方面出台了许多优惠政策，解决了一部分企业发展中遇到的困难，但还有许多企业除了可以从金融机构、第三方金融服务机构获得一定的融资数额外，还很难享受到国家提供的免息、贴息政策，金融机构“嫌贫爱富”的本质无法让中小企业真正体会到“雪中送炭”的感觉。近年来，随着国家宏观调控政策和金融紧缩政策的不断出台，中小企业特别是民营中小企业在融资过程中的融资成本不但没有下降，反而在不断增加。

在市场竞争方面。市场需求的变化也使得中小企业的产品和服务面临更大的竞争压力，一是品牌建设意识不够。一些企业认为只要能够赚钱就可以了，殊不知市场竞争越来越激烈，价格战越来越厉害，让企业陷入了发展的“瓶颈”，难以可持续发展。二是市场诚信意识不强。近年来一些企业因产品设计、质量缺陷发布产品召回公告，及时弥补产品缺陷导致的品牌崩塌风险，树立了良好的企业形象，企业因产品质量问题导致破产的事件屡屡发生。三是国际竞争意识不足。受传统封建意识和大陆国家地缘意识影响，我国企业家国际竞争意识普遍不足，通常认为国际环境复杂、语言不通、文化不同、交流不畅，国际性维权成本高，不敢、不愿意参与国际竞争，导致一些优秀的产品难以走出国门。

3. 社会环境（Sociocultural Factors）

社会环境中的社会文化环境因素主要包括一个国家或地区居民的教育程度和文化水平、价值观念、宗教信仰等。随着人们生活水平的提高，消费者对产品和服务的质量、安全、环保等方面的要求也越来越高。中小企业在满足消费者需求的同时，也需要关注社会责任和可持续发展等方面的问题。此外，随着城市化进程的加速，中小企业也需要适应城市发展的需要，积极参与城市的建设和发展。

在诚信氛围培育方面。诚信作为我国社会主义核心价值观的重要组成部分，是社会发展的价值取向，是国家建设的核心精神，社会对信用的认可程度和文化观念对中小企业信用建设产生重大影响。党的二十大报告提出要“弘扬诚信文化，健全诚信建设长效机制”，社会信用制度作为社会主义市场经济的基本制度正全面影响经济、政治、文化、社会、生态文明建设各领域和全过程，给生产生活带来广泛而深刻的变化。让践行诚信理念根植于中小企业家心中，提升企业家“知信、立信、守信、用信”的意识，诚信文化与当今社会主流价值观实现完美融合，守信处处畅通、失信处处受限的氛围正逐步形成。

在企业社会责任方面。中小企业积极履行社会责任，关心环境和员工利益等可以提升社会对其信用建设的认可，提高企业信用的影响力。企业在其本质、宗旨、职责以及供应链、生产、仓储、运输和销售等各个环节中，都应坚持诚信原则。诚信不仅是企业的道德标准，而且是企业持续发展的关键。企业的每一个决策和行为是否诚实守信，都直接影响其成功与否。诚信应被视为企业在权衡自身利益时不可忽视的重要因素。从这个视角来看，坚持诚信是企业做出理性决策和承担社会责任的基础。在现代社会中，诚信对企业而言，不再仅仅是道德层面的要求，也不再仅仅是为了做好人而提倡的教条。诚信已成为企业在社会中立足、发展和成功的基本要素。这种诚信体现了现代社会人的理性，即在追求个人权益的同时，也考虑到诚信的重要性。

4. 技术环境（Technological Factors）

随着科技的不断发展，新技术、新业态、新模式不断涌现，为中小企业的发展提供了更多的机遇和挑战。一方面，中小企业可以利用新技术提高生产效率、降低成本、提升产品和服务的质量；另一方面，新技术也带来了新的竞争压力和不确定性。例如，人工智能、大数据等技术的应用对传统产业造成了较大的冲击，许多中小企业需要寻找新的发展路径和商业模式。

在技术创新企业培育方面。一是国家致力于促进中小企业专业化、精细化、特色化和创新化发展。通过分阶段培养和政策支持，目前已在全国范围内认定了约2万家具有这些特质的中小企业。在此基础上，国家计划在未来三年内，培养600家专注于核心业务、具有强大创新能力和高市场占有率的细分市场领导者，即“小巨人”企业，以帮助它们逐步发展成为行业内的领军企业。国家将启动“互联网+”小微企业创业创新培育行动，并实施中小企业信息化推进工程。二是鼓励大型企业建立面向中小企业的互联网公共服务平台，该平台预计将集成100万个工业应用程序，为中小企业提供知识、技能和资源共享。在2018年举办的“创客中国”创新创业大赛中，参赛项目共8112个，同比增长92%，相关机构与大赛24强中的有关项目签署了投资意向书。简而言之，国家通过一系列措施，旨在推动中小企业的专业化和创新发展，建立共享平台，促进产业融合，并激发中小企业的创新活力。三是推动实施促进大中小企业融通发展，包括推广一系列以供应链协同为核心的运作模式，通过各环节的紧密协作，实现资源的共享和流程的高效；推广一种基于创新资源共享的模式，激励企业之间相互分享创新资源和成果，以期实现共同进步；推广一种以数据为驱动的模式，通过数据分析和智能化决策来优化业务流程，提升决策的效率和准确性；推广一种基于区域生态环境的融合模式，利用区域的独特优势，构建一个协同发展的区域经济体系，引领制造业融通发展迈上新台阶。四是发挥知识产权对企业的推动作用。国家知识产权局推动实施“中小企业知识产权战略推进工程”，在广州、深圳、南京、成都等多个城市推动知识产权发展促进行动，帮助中小企业维护知识产权。

在企业信用促进创新发展方面。从西方百年的信用发展历程到现代信用建设所取得的成果可以看出，完整、准确、海量的数据是支撑现代信用的核心要素，新兴信息技术的广泛引入，在促进现代信用迅速发展的同时也对信用信息管理和应用创新提出了更高的要求。一是信用大数据管理能力逐步提升。从架构、算力、算法等全面提升信用信息管理平台的智慧化水平，充分发挥其核心枢纽作用，广泛整合社会信用信息，奠定区域信用风险、行业信用风险、主体信用风险大数据预判基础。随着国家数据局成立、数据基础制度的制定，数据资源整合共享和开发利用等工作逐步推进，数据资源的应用和管理将进一步科学化、规范化和广泛化。二是信用主体评价不断探索。国家公共信用信息中心制定信用评价标准，探索科学评价方法，运用云计算、大数据、AI等技术不断优化评价模型，精准主体画像，供各地参考使用。浙江、江苏、福建等地运用大数据方法对区域法人、自然人等主体开展信用评价，并广泛应用于日常生产生活和政府管理，均取得良好成效。三是信用应用场景不断丰富。上海、浙江等地广泛开拓“信易贷”“信易租”“信易游”“信易阅”等信用应用场景，提升信用便企惠民服务能力，发挥信用服务机构的主观能动性创新信用服务产品和方式，促进信用服务产业发展。四是探索构建信用“元宇宙”。一些互联网企业、大数据公司打通互联网商业平台、电子游戏、社交网络等虚拟环境，形成以主体身份为标识、以行为活动为主线、以信用为根基的信用世界，实现现实主体信用状态在线上线下清晰呈现，使失信失德无处藏身。

综合来看，信用在政治、经济、社会、技术环境等方面都是影响中小企业发展的重要因素。为了促进中小企业的健康发展，政府和社会各界需要共同努力，政府应该加大政策引导和监管力度，为中小企业的发展提供更加公平、透明、稳定、诚信的环境；同时，中小企业自身也需要不断适应变化的环境，坚持以诚信为本，加强技术创新和管理创新，提升自身的竞争力和可持续发展能力。此外，社会各界也应该加大对中小企业的关注和支持力度，共同营造诚信发展环境，推动中小企业的健康发展。

四、重庆市中小企业高质量发展的整体思路和重点任务

（一）指导思想

以习近平新时代中国特色社会主义思想为指导，深入贯彻党的十八大、十九大、二十大精神，坚持公平、正义、高效、绿色，打造诚实守信的社会环境，扎实推进信用理念、信用制度、信用手段与中小企业发展的各方面各环节深度融合，进一步凸显信用对提高资源配置效率、降低制度性交易成本、防范化解风险的重要功能，为充分发挥中小企业对缓解就业压力、促进技术创新、优化经济结构的作用提供支撑保障，激发中小企业活力、提升市场竞争力，促进全市中小企业高质量发展。

（二）发展原则

健全制度、规范发展。逐步建立健全中小企业发展相关的信用政策法规体系和标准体系，加强中小企业信用信息管理，规范中小企业监管、服务体系发展。

统筹规划、分步实施。针对中小企业庞大的数量和发展的复杂性，强化信用对企业发展的突出作用，做好顶层设计，立足当前，着眼长远，统筹全局，系统规划，有计划、分步骤地组织实施。

突出重点、保障权益。信用贯穿了中小企业发展的整体过程，突出信用在企业注册、经营、注销等环节的作用，促进企业高质量发展，同时，对失信企业给予改过自新机会，做到守信有激励、失信有修复，依法依规保障相关权益，共推市场繁荣。

（三）重点任务

1. 知诚信之“意”

全社会开展诚信教育。“诚信”是社会主义核心价值观的重要组成部分，要让诚信意识内化于心、外化于行，使每个公民自觉守诺践行。一是充分利用“信用中国（重庆）”网站、“信用重庆”微信公众号等渠道开设信用知识专栏，制作发布趣味性、知识性的信用知识短视频等，引导抖音、快手等移动新媒体讲好诚信故事，做好诚信宣传，为全民诚信意识的培育、提升创造良好的社会环境。二是诚信宣传从娃娃抓起，在学前教育、中小学教育等课程中设计诚信教育课程、思政课程，从小宣扬诚信光荣、失信可耻的良好诚信氛围，鼓励学生讲好身边的诚信典型故事。三是开展中小企业、中小企业家等市场主体诚信教育，倡导诚信守法经营理念，加强企业主、高管人员、财务人员诚信教育，提升相关人员诚信、守法意识。

大力开展诚信主题宣传。一是发挥公共传统媒体的引导作用。充分发挥电视、广播、报纸、网络等媒体的宣传引导作用，灵活运用新闻宣传、典型宣传、社会宣传等手段，加大信用建设重大政策文件、信用建设相关成果、诚信和失信典型等方面宣传力度。二是发挥影视媒体的立体感官宣传。依托重庆卫视、重庆广播电台、“新重庆”等新闻载体，推出一系列有温度、有深度、有影响的诚信宣传报道和文艺作品。三是组织线下实体宣传活动。组织开展“诚信活动周”“安全生产月”“食品安全宣传周”“诚信兴商宣传月”“3·5学雷锋活动日”“3·15国际消费者权益保护日”“6·14信用记录关爱日”“12·4全国法制宣传日”等诚信主题公益宣传活动，使各项活动进街道、进社区、进园区、进企业。四是加强行业自律宣传。在商会组织的各类活动中，开展诚信经营、信用建设等主题宣传，通过诚信知识教育、诚信典型案例讲解等方式引导中小企业守信践诺。

打造诚信文化品牌。政府引导组织开展中小企业及企业家诚信典型评选和诚信主题创建活动，选树一批诚实守信道德模范、身边好人、最美诚信人物、诚信之星、诚实守信青年等典型模范。强化信用典型案例宣传，发挥诚信典型示范引领作用，创作一批诚信主题文艺作品，引导社会公众积极践行讲诚信、守信誉、重践诺。围绕“山水之城·美丽之地”目标定位，创新文化旅游产品和服务供给，推出一批具有巴渝特色的“诚信之旅”“诚信景区”“诚信街道”，着力打造重庆文化诚信品牌。

2. 立守信之“志”

加强党对社会信用建设的统一领导。“坚持和加强党的全面领导”是党的二十大报告深刻阐述的首要原则，把社会信用制度作为我国创新设立的基础制度，以党建统领中小企业发展、社会信用体系建设工作，将党和国家及广大人民群众的意志充分融入中小企业高质量发展的运行机制及相关规制设计中，能有效推动党、政、司法及社会各领域信用建设，统筹各项任务合理安排、协同推进。发挥基层党组织的主观能动作用，引导中小企业学习党中央、国务院及有关方面出台的关于信用建设方面的重要文件和法律法规精神，学习掌握各类信用知识，真正把信用作为助推企业发展的重要无形资产。

设立首席信用官制度。志之难也，不在胜人，在自胜也。中小企业只有从内心切实践行法治意识、契约精神、守约观念，树立诚信经营的志向才能从根源上解决失信行为的发生。鼓励企业设立首席信用官制度，信用官负责长期关注企业信用发展状态，提醒企业董监高管理人员、普通员工将个人信用与企业信用深度融合，树立“企业诚信个人光荣”意识，切实把守法诚信融入企业文化之中，把信用建设贯穿于企业生产经营、科研创新、团队建设的全过程，科学管理、合理利用企业信用资源，持之以恒提升企业的信用管理水平，不断提升“立信、知信、守信、用信”的能力。

3. 享守信之“利”

提高守信中小企业审批质效。深入推进告知承诺，有针对性地选取与企业和群众生产生活密切相关、使用频次较高或者获取难度较大的证明事项实行告知承诺制，特别是在中小企业准营、户籍管理、产权登记、资格考试、社会保险与救助等方面，从制度层面进一步解决企业和群众办证多、办事难等问题。在行政机关办理涉企经营许可事项时实行告知承诺制，以行政机关清楚告知、企业和群众诚信守诺为重点，优化告知承诺流程，在涉企经营许可事项领域逐步实现告知承诺办理电子化、告知承诺效率可量化、信用监管自动化，推动形成标准公开、规则公平、预期明确、各负其责、信用监管的治理模式。建立告知承诺制目录管理机制，目录实行动态调整，并依法依规向社会公布，明确告知承诺制适用对象，规范告知承诺制工作流程。

提高中小企业信用融资效能。加快建设重庆市中小企业融资信用综合服务平台，进一步扩大“信易贷”试点范围，将更多金融机构纳入试点，覆盖至所有区县。加快推动“信易贷”平台、地方金融综合服务平台互联互通，为金融风险预警和企业融资服务提供信用支撑。建立健全“信易贷”风险共担和补偿机制，不断扩大“信易贷”规模，切实解决中小微企业融资难、融资贵问题。深化“信易贷”工作机制，推动信用信息查询用于贷前审核、贷中跟踪预警、贷后服务等融资环节。充分利用“信易贷”平台提供的各类信用信息，实现企业“信用画像”精准化，创新信用融资产品和场景，精准“滴灌”中小企业。

广泛拓展信用激励场景。社会各方面加强对信用手段的运用，将信用体系建设融入业务工作各环节，对事前、事中、事后进行风险管理，规范化、制度化、流程化处理各项业务，实现全流程信用管理，通过系统设计、收集、分析并科学使用各类信用数据和信用资源，充分发挥信用在企业资质提升、商务合作、融资贷款、生产经营、品牌形象等方面的放大效应。在社会活动中，聚焦医疗卫生、饮食购物、旅游住宿、交通出行、文化体育、商业消费等领域，充分运用“免押金”“免手续”“免证明”“免排队”“免担保”等激励措施让守信主体获得便利与实惠。在政务服务中，让守信中小企业市场主体享受优先办理、简化手续、容缺受理等便捷服务。

降低中小企业制度性交易成本。聚焦企业生产经营活动的高频事项，从市场准入、投资建设、融资信贷、生产运营、退出市场等方面，通过简化流程、提升效率、降低成本等措施为企业提供便利。打响“渝快办”

服务品牌，推进“互联网+信用”政务服务，为守信企业优化审批流程，简化审批环节，缩短办理时限。依托市公共信用信息系统，将信用信息嵌入政府部门审批流程，通过“信易批”“信易贷”“信易租”等场景应用，为企业提供高效服务。持续建设“渝信码”，在自贸试验区范围内试点运用的基础上，逐步推广至全市。跨地区组织行业部门、协会商会、服务机构等建立信用合作联盟，实现跨地区“信易+”融合应用。

4. 修失信之“弊”

依法依规开展失信惩戒。依据全国失信惩戒措施基础清单，针对信用主体违反法定义务、不履行约定义务、不践行承诺的具体情况，按照合法、关联、比例的原则，制定重庆市失信惩戒措施清单，包括：在实施行政审批等活动中，将失信企业列为重点审查对象，不适用告知承诺、容缺受理等便利性服务措施；在行政监管活动中，将失信企业列为重点监管对象，增加监管频次，加强现场检查；在国有资金补助、项目支持中，对失信企业作相应限制等失信惩戒措施。

促进中小企业及时掌握自身信用状态。全面落实全国公共信用信息基础目录，优化完善重庆市公共信用信息补充目录，按照目录及时、准确、规范、完整归集公共信用信息，建立信用信息目录动态更新机制。按照公共信用信息目录，健全信用信息共享机制，依托自然人库、法人库等基础信息库，进一步夯实信用信息基础数据库。对行政许可、行政处罚等行政管理信息，重点领域、重点人群从业资格信息，司法判决、仲裁及执行信息，严重失信主体信息等纳入公共信用信息范围的信息实现全面覆盖。推动建立公共信用信息和金融信用信息共用共享机制。畅通中小企业自主申报通道，建立中小企业自主申报核实机制，鼓励中小企业主动提供或者授权使用相关公共信用信息。引导中小企业通过“信用中国（重庆）”网站、“信用重庆”微信公众号、“信易贷·渝惠融”移动客户端和微信小程序等互联网渠道，以及市公共信用服务便民窗口查询公共信用信息，掌握自身信用状态。

开展异议信用信息处理。畅通“信用中国（重庆）”网站、人民银行重庆分行征信中心异议信用信息修复渠道，企业认为信用报告中的信息存在错误、遗漏的，企业法定代表人可以亲自或委托经办人代理提交企业异议申请。相关机构应当在收到异议材料之日起的规定时间内做出异议标注，对属于本机构更正范围的，应当在收到异议材料之日起按要求做出是否更正的决定。对属于公共信用信息提供单位更正范围的，应当在收到异议材料之日及时转交公共信用信息提供单位办理，在规定的时间内做出是否更正的决定并告知公共信用服务机构，由相关机构及时告知异议申请人。

创新信用修复模式。按《重庆市社会信用条例》中“信用主体依法纠正失信行为、消除不利影响的，可以向公共信用信息提供单位或者公共信用服务机构提出信用修复的申请，并提供相关资料”的要求开展信息信用修复工作，组织公益性信用修复培训，鼓励中小企业主动纠正失信行为，通过整改失信、信用承诺、接受培训、提交报告、参加公益慈善活动等方式修复信用。对于完成信用修复的中小企业，按程序停止公示其失信记录，终止实施失信惩戒措施。探索建立全市统一的信用修复信息共享机制，鼓励符合条件的第三方信用服务机构向失信中小企业提供信用报告、信用管理咨询等服务。建立中央和地方联动的信用修复模式，让失信企业一处修复、信息共享，让失信企业能体验到“利剑高悬”的危机感，也能体验到“亡羊补牢”的满足感。

（四）具体路径

1. 挖掘信用大数据价值提升中小企业公共服务水平

一是建立以信用数据为核心的公共服务机制。进一步提升市信用平台信息归集、治理、分析统计及综合应用的能力，以平台为基础，融合全市各级各部门业务（行政许可、行政处罚、行政补贴等）系统，行政管理人员在业务办理过程中，根据行政相对人信用状况，实施差异化服务，业务办理产生的数据及时回流至信用平台，逐步夯实信用大数据基础。充分发挥重庆市公共信用信息平台的基础支撑作用，将行政许可、行政处罚、行政强制等行政管理信息、信用承诺及履行信息、信用评价结果等信息纳入中小企业信用档案管理。鼓励中小企业在“信用中国（重庆）”网站主动申报纳税、社会保险费和住房公积金、水电煤气、仓储物流、知识产权、合同履约，以及有关财务、经营业绩等信息，丰富企业自身信用档案内容和信用评价信息构成维度。

二是提升“信用中国（重庆）”门户网站及客户端便民服务能力。有序推动信用信息共享开放，加强信用信息共享开放管理制度和标准规范建设。按照公共信用信息目录，依法依规在“信用中国（重庆）”网站公开市场主体信用信息。在行政许可、行政处罚信息集中公示的基础上，推动行政强制、行政确认、行政征收、行政给付、行政裁决、行政补偿、行政奖励和行政监督检查等其他行政行为信息依法依规上网公开。建立健全信用主体授权查询机制，切实保障信用主体合法权益。依托重庆市公共信用信息平台建立信用专题应用数据库，支撑不同行业、不同区域的信用应用需求。推动政府机构和行业商协会、信用服务机构以及大数据公司等市场主体的信用信息共享，建成集公共信用信息和市场信用信息于一体的综合性数据资源池，提高信用信息综合利用率。完善“信用中国（重庆）”门户网站、客户端等互联网渠道信用查询、信用承诺、信用评价、信用奖惩、信用异议及修复等信用服务功能，使中小企业市场主体可以随时了解自身和交易对象的信用状况，逐步新增水电气讯缴纳、公积金查询、纳税申报、项目申请等功能，为群众办事创业、生产生活等提供友好、便利的公共服务。

三是打造“无证明城市”。根据《重庆市全面推行证明事项告知承诺制实施方案》，在全市行政领域推广证明事项告知承诺制，逐步应用至水、电、天然气、网络、教育等公共服务行业，以信用承诺代替行政机关需要的各种证明材料，充分发挥重庆市公共信用信息平台的基础功能，确保平台内的数据自动实现流转，中小企业市场主体在行政机关、事业单位或其他公共服务机构办理相关事项时，无须自己去第三方权威机构开具证明材料，降低反复跑路、门槛难进等造成的制度性交易成本，切实实现惠企助企。

2. 建立以信用为基础的中小企业差异化监管机制

一是深化政务领域信用承诺应用。对照《重庆市全面推行涉企经营许可事项告知承诺制实施方案》工作要求，全面落实涉企经营许可事项告知承诺制，规范受理、办理、核查及整改处罚流程，及时上报承诺履约信息，不断扩大行政许可告知承诺制适用范围，在政府采购、市场监管、卫生健康、社会保障、招标投标、税收等重点领域，深化行政管理、公共服务、信用修复等工作信用承诺环节应用，将不实承诺、虚假承诺等失信行为纳入市告知承诺系统统一管理，对相应失信中小企业主体实施重点监管。

二是建立市场应用信用承诺机制。鼓励中小企业市场主体以信用承诺代替传统交易资质、资格证明，降低中小企业市场主体交易成本，充分发挥全市各类行业协会商会作用，组织行业企业开展行业自律承诺。同时，发挥政府和市场的融汇作用，将各级各部门、行业协会商会产生的主动型、容缺受理、审批替代、信用修复等各类承诺和履约践诺信息及时归集至市信用平台，纳入市场主体信用档案统一管理。

三是推进信用分级分类监管。出台重庆市信用分级分类监管实施细则，推动各级各部门在行政检查等管理活动中使用重庆市公共信用评价结果，并将评价结果与“互联网+监管”“双随机、一公开”等监管系统有机结合，根据信用等级高低采取差异化监管措施，全面树立对守法诚信者“无事不扰”，对违法失信中小企业“利剑高悬”的管理理念。同时，将分级分类监管与“智慧监管”相融合，利用大数据、人工智能等技术“感知”企业，开展风险智能预警，及早防范化解行业性、区域性风险，推动监管关口前移，提升监管的精准性和靶向性。

四是完善信用联合奖惩机制。根据全国失信惩戒措施基础清单梳理现有失信惩戒措施，建立健全失信惩戒机制，确保各类措施依法依规，清理不合规惩戒措施，明确各类失信行为的联合惩戒期限，在规定期限内纠正失信行为、消除不良影响的，不再作为失信惩戒对象。通过市信用平台将基础清单相关措施嵌入各级各部门业务系统，实现主体信用状态自动查询、管理措施自动匹配、执行结果自动反馈等功能。鼓励各级各部门建立有利于中小企业自我纠错、主动自新的社会关爱机制，支持有失信行为的企业家个人通过社会公益服务等方式修复个人信用。

3. 运用信用手段加强行业自律

一是开展重点行业信用体系建设。加快推进食品、药品、住房、家装、教育等涉及民生领域的重点行业、重点领域的信用体系建设，通过“信用中国（重庆）”网站、“信易贷·渝惠融”移动客户端等渠道以主动公开、自我声明等方式做出诚信经营信用承诺，自觉履行社会责任，接受社会监督。

二是提高行业商会信用修复主观能动性。行业商会要督促和协助会员企业开展信用修复，定期通过“信用中国（重庆）”网站查询会员信用状况，认真核对各级工商联“黑名单”比对结果，动态了解本商会会员企业和企业主要负责人被纳入失信被执行人名单情况，及时告知失信企业，督促信用修复，及时跟踪修复工作进展。信用企业要及时了解自身的信用状态，并在规定的时间内履行相关义务，完成信用修复以避免造成更多损失。

三是建立行业信用评价和企业内部信用奖惩制度。市工商联结合市公共信用综合评价指标，根据行业特点，指导各商会制定会员企业信用评价指标体系、评价办法，常态化开展会员企业信用考核与评价，公开评价结果，发挥信用评价的正向引导作用，加强商会自身及会员信用管理。完善企业内部诚信考核与评价制度，实施守信奖励、失信惩戒制度，培养员工诚实守信的工作理念，营造守法诚信的氛围。

4.释放信用价值提升市场主体“获得感”

一是加快推动“信易贷”助企惠民。确立全国中小企业融资综合信用服务平台（重庆站）（以下简称“重庆信易贷平台”）为全市涉金融、工业、农业、服务业等信用信息的综合性应用平台，整合“税银互动”“中小企业商业价值贷”“知识产权价值贷”等融资渠道，统一全市涉信用贷款出入口，规范市场主体融资申请、金融机构授权查询审核、政府部门监管行为，使市场主体全方面了解各金融机构的金融产品、金融机构能精准掌握融资需求主体信用状况，提高数据的完整性、多样性和借贷双方信息的对称性。出台政策要求银行、保险、担保等金融机构加大对中小微企业发放普惠小额贷款力度，鼓励各区县建立和完善知识产权质押融资风险补偿制度、设立风险缓释基金，以降息、贴息、补贴等方式引导中小微企业、个体工商户、农专、家庭农场等市场主体在市信易贷平台登记注册并发起融资需求。在私营经济较为发达的区县建立个体工商户信用评价体系试点，实行“银税互动”，给予诚信纳税的私营主体较高等级的信用评价。扩大信用贷款规模，增加个体工商户获得贷款的便利度。加大知识产权质押融资支持力度和广度，细化、量化、优化知识产权等无形资产的估值标准和办法。

二是建立多元化的信用担保体系。发挥国家财政、金融等政策的引领作用，信用保险、担保、保理等行业协会、理事会的主观能动作用，完善中小民营企业信用担保体系，有力推动中小企业信用担保行业快速稳健发展，促进形成良好的信用担保环境；明确信用行业协会监管部门，加强对信用担保行业协会的监管和指导作用，培育一批政策性信用担保机构，发挥财政资金的导向性作用，重点支持中小企业；政府利用税收减免、奖励和补贴等激励措施，鼓励民间资本参与建立专门服务中小民营企业的融资担保机构，促进融资担保机构的稳健成长。

三是广泛创新“信易+”应用场景。鼓励各部门、各区县结合行业特征和区域特征广泛实施“信易+”惠民措施，聚焦饮食购物、旅游住宿、交通出行、文化体育、医疗卫生、商业消费等与中小企业密切相关的领域构建“信易+”应用场景，提升中小企业市场主体守信获得感。

5. 培育各种类型信用专业人才

一是配备企业信用管理人才。企业在具备条件的情况下，应根据经营发展状况专门建立信用管理部门，设置专门岗位，配备专业能力较强的信用管理人员，建立科学的客户信用等级评估管理体系。信用管理部门专派人员对客户及票据承兑方的经济实力、偿债能力、商业信用等方面进行全方位、深层次了解，在此基础上进行信用资质评估，建立客户及票据承兑方的信用档案，并进行动态更新。对信用等级质量较高的客户及票据承兑方，可以给予适当的优惠，建立良好的合作伙伴关系，或多收取该类承兑方票据；对信用等级差、信誉差的客户进行现金交易。同时，信用管理部门与财务部门、销售部门之间要互相配合、互相监督牵制，发挥更大的协同作用[①]。

二是丰富信用公共服务人才。不断完善各区（县）级公共信用信息中心专业人员队伍配备，推进市区两级业务人员专业能力建设，强化业务培训和跨地区交流，组织开展系统内部理论培训与实操演练，不断提高人才职业素养和能力水平。

三是培育信用研究人才。发挥重庆市非公有制经济服务中心的作用，协调市社科院、市信用中心等社会力量，开展重庆市中小企业信用体系建设理论与实践研究。加强专业人才队伍能力建设，完善人才工作体系，培养造就大批德才兼备的高素质人才。打造信用领域专家交流平台，在市综合经济研究院增设重庆市信用研究院，加大信用人才培养力度。推动高校信用管理相关专业和学科建设，推进“产学研”协同联动创新。建立健全信用管理职业培训与专业考评制度，实施信用管理职业资格培训。

五、本章小结

在市场经济条件下，信用是促进资源优化配置的重要手段。信用体系的构建对市场经济的发展质量和效率具有决定性影响，它将市场参与者的信用状况作为资源分配的关键参考，有助于建立一个公正和有序的市场环境，促进有效的市场竞争机制，即优胜劣汰，从而提高经济运行的效率。信用体系建设可以促进政府的监管资源、市场的金融资源和社会的人力资源得以优化，可以有效降低市场的制度性交易成本。本章以中小企业高质量发展为例，分析当前中小企业遇到的困境，研究如何应用信用的理念、信用的方法和信用的手段解决中小企业发展中遇到的金融资源分配不均、人力资源获取不足等问题，为其他市场主体、其他领域高质量发展提供了借鉴参考。

① 张金寿，聂琴.试析企业经营应关注应收账款的影响［J］. 价值工程，2019，38（22）：115-116.

第六章

规范和发展信用服务市场[①]

① 重庆市综合经济研究院李大珊、裴多，重庆征信有限责任公司蔡红波、刘春、郑琼参与本研究。

信用服务业发展是社会信用体系建设的重要内容，信用服务业的成熟度体现了一个区域信用经济的发展水平，信用交易越是发达、越是普遍，标志着市场经济即将进入信用经济高级阶段，在决胜全面建成小康社会，开启全面建设社会主义现代化国家新征程的关键时期，开展重庆信用服务业发展研究，探索建立公共信用服务机构和社会信用服务机构互为补充、信用信息基础服务和增值服务相辅相成的信用服务体系，发展信用服务机构，培育信用服务市场，对开创重庆社会信用体系建设新局面具有重要意义。

课题组通过对发达国家信用服务业相关体制机制的深入分析和国内先进省区信用服务情况的走访调研，结合先进经验借鉴和重庆发展基础，提出发展思路、重点内容和政策建议，为促进重庆信用服务业发展提供决策支持。

一、信用服务业综述

（一）信用服务业的概念

信用服务业主要指利用云计算、大数据、人工智能、区块链等现代科学技术对信用信息进行采集处理、存储传输、调查分析，形成各种不同的、满足各行业需求的信用产品，为社会经济活动提供信用支撑的各类机构的总称。信用服务业从概念上有狭义和广义之分。

1. 狭义的信用服务业

狭义的信用服务业主要是指征信服务业，在金融交易中，通过提供信用信息产品和服务，使授信方或金融产品购买方能够了解信用申请人或产品出售方的资信状况，防范信用风险，从而延伸出的一系列相关行业①。2013年出台的《征信业管理条例》明确规定，中国人民银行及其派出机构依法对征信业进行监督管理，征信业务是“指对企业、事业单位等组

① 郑磊.国外征信体系模式［J］.金融博览，2013（2）：12-13.

织（以下统称企业）的信用信息和个人的信用信息进行采集、整理、保存、加工，并向信息使用者提供的活动”。国际上征信服务业主要分为企业资信调查行业、消费者信用调查行业、资信评级行业、市场调查行业、信用保险行业、保理行业、担保行业、企业商账追收行业、消费者欠款追收行业和信用管理咨询行业等十大分支行业①。

2. 广义的信用服务业

与狭义概念相比，广义的信用服务业所覆盖的范围更广泛，涉及内容更丰富。《国务院关于印发社会信用体系建设规划纲要（2014—2020年）的通知》（国发〔2014〕21号）提出：“社会信用体系是社会主义市场经济体制和社会治理体制的重要组成部分，以健全覆盖社会成员的信用记录和信用基础设施网络为基础，以信用信息合规应用和信用服务体系为支撑，要发展各类信用服务机构，推动信用服务产品广泛运用，拓展信用服务产品应用范围，加大信用服务产品在社会治理和市场交易中的应用。”规划纲要明确要求在依法行政、公务员诚信管理和教育、生产、流通等34个领域推进信用体系建设。2017年10月，国家发展改革委发布的《关于引入第三方信用服务机构协同参与多领域及特定领域行业信用建设和信用监管工作的函》中提出：为充分发挥专业化信用服务机构在信用建设和监管中的积极作用，拟再引入一批综合实力强、信用服务经验丰富、社会信誉好的信用服务机构协同参与行业信用建设和信用监管工作，进一步延伸了信用服务机构的服务范围。

3. 信用服务业的特点

广泛性。首先是信用服务范围的广泛性。信用服务业发展至今，其内涵和外延已得到极大扩展，信用服务业基本上涵盖了社会的方方面面，从金融领域逐步扩展到政务、司法、商务和社会领域。其次是学科知识的交叉性。信用服务业涉及的学科较多，信用从业人员需要融会贯通法律、金融、计算机、行政管理、社会学等多学科知识，属于复合型人才，专业化

① 曾光辉.促进我国信用服务业发展的思路研究［J］. 现代经济信息，2016（15）：360-363.

程度相对较高。

公益性。信用服务业兼具经济效益和社会效益，与美国、日本等国家信用服务业相比，我国的信用服务业具有更强的公共服务属性，信用服务属于社会公共服务的重要组成部分。公共服务的外部性要求必须由政府主导，因此各级政府建立了联席会议制度，确定牵头部门，成立信用中心归集公共信用信息，并向政府部门、企业、自然人等提供信用公示、查询等公共基础服务和社会信用服务进行信用信息共享交换。

创新性。信用服务业具有鲜明的时代特征，随着我国经济社会体制改革纵深发展，社会信用体系在培育和践行社会主义核心价值观，完善社会主义市场经济体制，创新社会治理，转变政府职能，加强事中事后监管等方面发挥着重要作用，同时在“互联网+”新时代，迫切要求信用服务机构在数据采集、分析、挖掘和风险评估、监测预警等方面采用“大数据”“云计算”技术。因此，为满足经济社会发展的需要，紧跟时代的步伐，信用服务业无论是法律法规、政策措施，还是技术分析手段，都需要不断创新，才能不断提升信用服务水平。

（二）信用服务机构

1. 公共信用服务机构

公共信用服务机构主要是指由中央编办批准或各级人民政府依法设立的信用服务机构，代表政府公信力，向全社会提供公共信用信息基础服务，为政府部门行政监管提供数据支撑。

人民银行征信中心。2006年3月经中央编办批准，中国人民银行设立中国人民银行征信中心，作为直属事业单位专门负责企业和个人征信系统（即金融信用信息基础数据库，又称企业和个人信用信息基础数据库）的建设、运行和维护。同时为落实《中华人民共和国物权法》关于应收账款质押登记职责的规定，征信中心于2007年10月1日建成应收账款质押登记系统并对外提供服务。2008年5月，征信中心正式在上海举行了挂牌仪式，注册地为上海市浦东新区。2013年3月15日施行的《征信业管理条例》，明确了征信系统是由国家设立的金融信用信息基础数据库定位。截至2024年初，人民银行征信中心在全国设有36个分中心，包括31个省级分中心和5个计划单列市分中心，这些分中心覆盖了全国各个地区，以确保信用信息的广泛收集和分析，从而为商业银行及有关方面提供企业和个人的信用信息服务。

政府信用信息中心。随着社会信用体系建设的深入推进，中央编办已批复设立国家公共信用信息中心，多数省、自治区、直辖市已设立事业编制的信用中心或明确相关部门承担信用中心职责职能。其中，推进较早、发展较快的浙江等地已在县级行政机关设立公共信用信息中心，覆盖全国的公共信用服务体系逐渐形成。公共信用信息中心主要职责：负责公共信用信息归集共享公开和跨地区跨部门守信联合激励与失信联合惩戒信息共享工作；推动公共信用信息依法向社会机构开放，为有关部门和社会提供信用信息服务；制定公共信用信息归集、共享、公开与服务标准规范，指导各地区、各部门信用信息共享平台与归集系统建设和应用服务；开展社会信用体系建设重大问题研究等。

2. 社会信用服务机构

社会信用服务机构是指依法设立，从事信用服务的各类机构，包括各类征信评级机构、信用研究机构、信用行业协会、信用联盟和参与信用建设的大数据技术公司等。

征信评级机构。为政府部门、市场交易主体及个人提供征信、信用评级、信用管理咨询、信用风险控制等服务。协助公共信用服务机构向社会提供基础信用信息查询服务，协助行政部门开展信用联合奖惩；依法采集各类市场信用信息，与政府主管部门签署共享协议，在充分保护市场主体商业秘密、个人隐私的前提下，开展信用信息共建共享，实现公共信用信息与市场信用信息的有效整合；利用大数据技术挖掘、开发相关信用产品，向社会提供信用信息增值服务。

信用研究机构。从事信用研究工作的高校、科研院所和企业研究机构等科研机构，受政府或市场主体委托开展信用相关研究，发布相关信用研究成果，为社会信用体系建设提供智力支持。

信用行业协会。由信用服务机构和其他经济组织组成的跨部门、跨所有制的非营利行业性社会团体法人。信用协会在信用监管部门的指导下，宣传关于信用建设的方针、政策、法律和法规；开展信用专题调查工作，组织信用建设研究，提出政策建议；拓展信用服务市场，建立信用服务体系；推动会员单位、从业人员的自律；收集、整理、反映会员的合法要求和合理建议，协调会员间及会员与非会员间的关系，维护会员、企业的合法权益等。

信用联盟。由各类信用协会、企事业单位、科研机构、优秀企业家和专家学者组成的非营利性组织，主要是推进企业诚信自律，为企业创造诚实守信、公平竞争的市场环境，为联盟成员营造开阔视野、促进交流的高层平台。

参与信用建设的大数据技术公司。主要是向政府、征信机构、行业协会等提供信息技术支持，包括信用系统建设和维护、数据清洗整理和数据挖掘开发等。

（三）信用服务对象

1. 政府部门

政务诚信是社会信用体系建设的关键，各类政务行为主体的诚信水平，对其他社会主体诚信建设发挥着重要的表率和导向作用。信用服务是支撑政府服务理念和服务方式创新的需要，政府不同部门在公共管理工作中，掌握了本行业、本部门相关的自然人、法人和其他组织的部分信用信息。公共信用服务机构整合和开放各部门、各单位履行公共管理职能过程中各自掌握的信用信息，建立有效的信用共享联动机制，为政府部门在行使行政权力过程中提供全面、准确、客观的信用信息。社会信用服务机构依靠大数据技术开发信用产品，为政府部门提供更具有针对性、专业性的增值服务。

2. 市场交易主体

信用服务业能为企业法人、社团法人和其他组织等市场主体提供企业和个人的信用信息查询、评级等服务，解决市场信息不对称问题，对减少企业及个人逃废债行为，整顿、规范市场经济秩序等具有不可小觑的作用。信用服务业的发展，必然会加快市场上商品和服务的流通速度，扩大商品交易的规模，拓展商品交易的时间和空间。同时，企业从最开始的价格竞争到质量竞争、服务竞争，如今进入了信用竞争，信用销售已逐步成为企业的重要竞争手段[①]。

3. 居民个人

在现代社会，信用对于个人非常重要，被称作第二张身份证。信用服务机构积极向个人提供信用信息查询服务和个人信用报告，开发多种个人信用产品，开展个人信用评分，并在信用卡、消费金融、融资租赁、酒店、租房、出行、婚恋、分类信息、学生服务、公共事业服务等上百个场景中为个人提供个性化服务。

（四）信用服务内容

1. 信用信息基础服务

公共信用服务机构向服务对象提供信用信息基础服务，同时委托社会信用服务机构向服务对象提供部分信用信息基础服务。信用信息基础服务主要包括通过信用网站、手机App、新闻媒体等多种途径公示可公开的公共信用信息，向行政机关、司法机关、社会信用服务机构提供数据支撑，有序开放公共信用信息，共享守信联合激励和失信联合惩戒对象名单，接受异议申请、做好信用修复等工作。

2. 信用信息增值服务

社会信用机构除协助公共信用服务机构提供部分基础服务外，主要向服务对象提供信用信息增值服务。征信机构利用大数据技术，研发信用产品，提供多样化的信用信息增值服务，逐步拓展在行政管理、公共服务、市场交易、生产生活等方面的应用，在市场交易、企业治理、行业管理、融资信贷、社会公益、公共服务等活动中提供相应的产品支持；协助政府

① 景春海. 商无诚不兴，业缺信难隆 创建企业信用体系［J］. 中国经贸，2005（1）：26-27.

部门开展企业和个人信用评价，做好行业信用风险监控，预防行业信用风险；为创新示范园区、产业园区管理和入驻企业提供定制化产品和服务。满足社会应用和政务应用需求。

信用研究机构开展信用相关课题研究，为政府机构、征信机构、行业协会等提供智力支持；开展各类培训活动，有条件的大学可增设信用相关专业，培养信用人才。

大数据公司为政府机构、征信机构、行业协会等建设和维护信用信息系统，提供大数据开发、挖掘等技术支持。

二、国外信用服务业发展经验及借鉴

由于社会体制、法律渊源等，国外信用服务业主要涉及金融领域征信业。经过100余年的发展，基本形成了10个分支，主要包括企业资信调查（企业征信或商业征信）、消费者信用调查（个人征信）、财产征信、资信征信、商账追收、信用保险、保理、信用管理咨询、市场调查、利用电话查询票据等。根据信用服务市场形成过程和主导方式的不同，目前世界上基本形成了以美国、英国、加拿大等国家为代表的市场驱动型模式；以法国、德国等国家为代表的政府驱动型模式；以日本为代表的行业协会驱动模式，三种模式在市场形成、要素构成、监管体系等方面各有特色，优劣明显，对重庆发展信用服务业有较强的参考作用。

（一）国外信用服务业形成过程及特征

1. 国外信用服务业形成过程

美国的征信业始于1837年，企业资信调查是最早产生的信用管理业务[①]。第一家征信所是由纽约的一名纺织批发商刘易斯·塔潘所建立。从简单的征信服务到建立比较完善的现代信用体系，美国的征信业历时170多年。“美国模式”是典型的市场主导型，美国的征信服务机构，都是独立于政府之外的民营征信机构（或称为私人信用调查机构），是按照现代

① 向欣.加速构筑基础——从美日信用服务业发展特点看我国商务信用体系建设［J］. 中国贸易，2004（8）：17-21.

企业制度方式建立，并依据市场化原则运作的征信服务主体。

德国作为世界最早进行信用体系建设的国家之一，1934年已建立了信贷登记系统，即联邦银行（德国中央银行）信贷登记中心系统。发展至今，德国社会已形成了一个多方位、立体化和全覆盖的信用体系网络，建立了一套相对完善的信用制度和管理体系。该体系将各种与信用相关的社会力量结合起来，共同促进信用的完善与发展，制约和惩罚失信行为，保障了社会秩序和市场经济的正常发展。

从日本最早的企业征信公司——商业兴信所1892年成立起开始计算，日本征信业已经过100多年的发展①。目前建立了以行业协会信用信息中心为信息交换平台，实现各会员之间个人和企业信用信息征集、共享、使用的发展模式，即会员模式。在该模式下，会员向协会信息中心义务地提供由会员自身掌握的个人或者企业的信用信息，同时协会信用信息中心也仅向协会会员提供信用信息查询服务。

2. 国外信用服务业特征

美国是世界信用交易额最高的国家，是社会信用体系最发达的国家，其信用服务业发展具有以下特征：在信用管理方面的法律最健全；政府监督管理职能分工明确；信用信息开放程度高；信用服务机构的商业化运作能力强；市场需求巨大，信用产品特别是评级结果被广泛运用；形成了一批在全球占垄断性地位的信用服务公司。

德国信用服务业以中央银行信贷登记系统为核心，具有较强的公共服务性质，中央银行要求全国所有银行、财务公司、保险公司等在内的金融机构必须参加中央银行信贷登记系统，归集这些金融机构超过最低贷款数额的贷款信息。主要有以下特征：金融信息归集的强制性，信用服务的公共性，市场行业协会的互补性。

日本信用服务业以行业协会为主，呈现以下特征：由分散经营到集中垄断，在市场初期信用机构数量繁多，20世纪60年代市场快速发展期，寡头垄断日益明显，帝国数据银行和东京商工两家占市场份额的

① 赵萍.国际信用服务业的发展及启示［J］.研究与探讨，2009（10）：24-28.

60%~70%，目前处于市场成熟期，市场格局稳定，信用服务业发展经历由政府资助到自由经营的过程，市场发展初期政府给予信用服务机构一定的扶持。例如，帝国数据银行在资金和协助银行进行资信调查方面，免费公开政府信息，不干预业界的经营，同时有偿使用业界的服务，如破产分析、行业预测等；外国资本由单独开拓到与当地资本合作，面对日本庞大的征信需求，一些世界巨头跨国公司曾计划单独进入日本市场，但鉴于帝国数据银行和东京商工已具备相当实力，同时日本社会又讲求人际关系，这些因素迫使其放弃最初计划，最终以委托东京商工代为调查的方式间接开展对日业务；信用服务机构跨国经营的欲望不强、银行不能对外提供企业信用记录，银行在征信调查中的作用较弱。

（二）国外信用服务业监管体系

1. 法律法规体系

美国的信用管理法律制度大体来讲可以划分为三个层次[①]。第一层次是直接的信用管理法律规定。首先，1970年国会制定的《公平信用报告法》是对美国信用消费影响最大的一部法律，是规范信用报告行业的基本法。其次，有规范营利性信用修复机构业务的《信用修复机构法》；针对评级机构监管措施的《多德—弗兰克法案》；禁止债务催收中的不合法、不适当行为的《公平债务催收作业法》；与信贷和租赁相关的《诚实借贷法》《未经申请的信用卡法》《公平信用结账法》《消费者租赁法》《诚实借贷简化法》《公平信用卡披露法》《家庭平等贷款消费者保护法》《家庭财产所有权及其平等保护法》等法律。第二层次是直接保护个人隐私的法律。这些法律都直接规定在相应的特殊环境中不能公布或者限制公布个人或企业的相关信息，如《隐私权法》《统一商业秘密法》等。第三层次是规范政府信息公开的法律。为征信机构收集政府公开信息提供法律依据。主要包括《信息自由法》《联邦破产法》等。

美国信用法律法规概览见表6-1。

---

① 韩家平.美国信用信息服务业的发展及其借鉴意义［J］.世界经济与贸易，2012（7）：65-69.

表 6-1　美国信用法律法规概览

类别	法律名称	实施时间	主要原则与内容
基础性法律	《信息自由法》	1967 年	初步解决了政府对哪些信息应该公开、对哪些信息可以豁免公开的问题，并且对公开的途径和方式也作出了规定
	《个人隐私保护法》	1974 年	对个人信息的采集、使用、公开和保密作出了详细规定，可解决政府在使用公民私人信息时要保护公民隐私权的问题
	《联邦破产法》	1978 年	规定一旦债务人申请破产，债权人不能要求拍卖债务人的主要住房、汽车、基本家具和某些珠宝，以保证其有继续工作的能力；个人在破产清算后容许保留价值 7500 美元的不动产和与住宅有关的个人财产，价值 1200 美元的交通工具和 500 美元的首饰；债务人在申请破产后生活必须受到一些限制，如他将不被允许使用美容店、出租车等超过基本生活水平的奢侈消费
主干性法律	《公平信用报告法》	1971 年	消费者个人有了解自己的信用报告的权利，同时规范了信用报告的传播范围；征信机构可以通过收集和公开正面信息，向金融机构提供符合一定条件的消费者的名单，以便金融机构发展新的客户；规定了信用报告中的负面信息在法律上的保存时间
	《消费者信用报告革新法》	1996 年	放宽了合法使用信用报告的范围；对作为消费者信用信息提供者的金融机构责任和义务作了较为详细的规定；首次允许金融机构将信用报告信息与其下属机构共享；允许金融机构获得符合一定条件的消费者名单，并在以往的基础上给予其运作上更多的弹性；通过进一步完善消费者的知情权和争辩权，将确保信息准确并得以及时更正的责任交给了消费者自身
配套性法律	《诚实借贷法》	1969 年	该法主要规范了消费信贷中四个方面的内容，分别是消费信贷中利率的确定、公开事项、可撤销交易、公告及其程序
	《公平信用结账法》	1975 年	该法的核心内容是保护消费者，反对信用卡公司和其他循环信用交易的授信方在事前提供给消费者不精确的收费解释和不公平的信用条款
	《公平债务催收程序法》	1978 年	仅仅适用于与个人打交道的讨债机构——债款催收人，对催债的时间、联系方式与方法等方面作出了具体规定
	《债务收账法》	1982 年	法律允许政府机关将拖欠政府债款的债务人资料检送征信机构，并可以委托追收公司进行催收。政府也有权向个人征信机构或其他机构购买向政府申请借款的个人的信用调查报告

德国迄今还没有专门的信用管理法[①]，有关信用管理的法规散见于商法、民法、信贷法和数据保护法等法律法规中。主要相关法律如表 6-2 所示。

① 上海市征信管理办公室编．上海信用服务行业发展报告（2008）[M]．北京：社会科学文献出版社，2009.

表 6-2　德国信用法律法规概览

法律名称	通过及实施时间	主要内容
《商法典》	—	规定成立公司必须在地方法院以公开可信的形式，即通过公证进行商业登记注册，以载入商业登记簿。商业登记包括公司法律形式、工商注册号、公司地址、注册资本、法人代表、主要股东、营业范围等内容。商业登记簿可公开查阅
《民事诉讼条例》	—	第 915 条对债务人名单的建立、公布和销毁作了明确的规定。有关个人信用的负面记录将保留 3 年。作了宣誓的保证的消费者 3 年内无权享受银行贷款、分期付款和邮购商品等信用消费
《分期付款销售法》	1969 年通过，1984 年修改	规定了分期付款销售的概念、特征、解除及返还等法律关系；规定在不动产销售中，销售价金以分期付款的方式给付时，授信人对赊销出去的商品拥有留置所有权；合同解除时，各方当事人负有将收受的给付返还对方的义务，有相反约定的，其约定无效。修改后的法律，对分期付款赊购商品的受信人给予更多的保护
《个人数据保护法》	1970 年	规定在处理个人信用信息过程中，征信机构要保证被记录者的人格不受侵犯。在对信用信息采集和传播时，征信机构要征得当事人的同意，原则上要得到书面的认可。在征得当事人的同意后，征信机构还要说明采集或提供调查报告的目的。法律赋予当事人的权利包括：对个人信用信息进行采集、提供或利用时，当事人有知情权；当事人对自己的信用档案内容有知情权；有权要求征信机构对有争议的信用记录进行核实、更正、删除和冻结
《信息自由法》	2005 年表决通过，2006 年正式生效	规定了政府不准公开信息的内容，考虑到现代行政管理的电子化和网络化，进一步完善了政府信息公开的渠道和方式，将公民对政府信息普遍知情权由环境领域拓展到各个方面，是一部对政府信息公开具有指导性意义的联邦法
《联邦数据保护法》	—	规定德联邦内政部负责国家秘密保护工作的指导、监督和管理。联邦政府及各州政府均须设立个人数据保护监管局，负责对掌握个人数据的政府机构和信用服务机构进行监督和指导

日本相对欧美发达国家，信用服务相关法律法规还不健全，现行主要涉及信息公开、信息安全、信用消费等规定。主要法律法规如表 6-3 所示。

表 6-3　日本信用法律法规概要

法律名称	实施时间	主要内容
《贷款业规制法》 《分期付款销售法》	1983 年	对于个人信用信息的收集和使用等作了初步规定，规定信用信息机构保有的信息只能用于调查消费者的偿债能力或支付能力

续表

法律名称	实施时间	主要内容
《行政机关保有的电子计算机处理的个人信息保护法》	1988年	规定由公共部门保存的个人信息在一定范围内受到法律保护，民间机构保存的个人信息要接受指定政府部门以通知的形式进行的行政指导
《行政改革委员会行政信息公开法纲要》	1993年	对征信机构收集政府部门保有的信用信息提供法律依据
《信息公开法草案》	1996年	使用“排除法”，对不能公开的个人信息作出了规定
《关于行政机关所保有之信息公开的法律》	1999年	建立了政府信息公开制度，任何人都可以向行政机关长官提出信息公开的请求，其主体资格、主观动机在所不问。关于信息公开的限制，该法将政府信息分为豁免公开的信息、有限公开的信息、裁量公开的信息和免于披露的信息，并分别作了规定；对于信息公开的救济，规定设立信息公开审查会；对有关信息公开的处分不服者的诉讼进行审理并对信息公开争议的诉讼管辖作了特别规定

2. 监督管理机构

美国政府没有一个专门的信用监管机构，但联邦政府对信用服务业建立了分工明确的监管体系，对信用服务业的监管主要体现在体系建设和立法上，主要包括三类：第一类是行政监管，政府对信用服务行业的银行系统监管机构和非银行系统采用不同的监管方式，监管银行系统的机构包括财政部货币监理办公室、联邦储备系统和联邦储蓄保险公司，主要负责执法和权威解释、监管商业银行等金融机构信用管理法律执行情况。监管非银行系统的机构包括联邦贸易委员会、国家信用联盟办公室和储蓄监督局，主要负责法律解释与执行，包括全国个人征信公司、信用报告业协会、消费者信用提供者和使用者、零售企业、提供消费信贷的金融机构、不动产经纪商、汽车经销商、信用卡发行公司等。第二类是行业自律，美国行业相关企业自发组成行业协会，负责行业会员自律管理，主要有：①为企业提供服务的信用协会，如全国信用管理协会，为会员提供信息交换、培训等服务，还向会员提供相关国家风险报告，为企业拓展国际经贸业务提供帮助；②行业内同业信用信息交换协会，如消费者数据业协会（原信用报告协会）、国家化工信用信息交换协会，在协会内实现会员间信息交流；③专业信用研究咨询机构，如美国信用研究基金会（CRF），主要为会员提供调查研究成果，并与高校开展合作研究。第三类是司法监管，由联邦或州法院根据相关法案对银行机构等相关市场主体实施司法监管。

德国的信用服务业主要监管机构为联邦银行、联邦金融服务局和联邦内政部，各个部门以各自的部门职责为基础对其各自的领域进行监管，一是地方法院和破产法院对商务领域进行监督与管理；二是联邦银行和联邦金融服务监管局负责对银行与金融机构的监督与管理；三是德联邦内政部负责国家秘密保护工作的指导、监督和管理，联邦政府及各州政府均须设立个人数据保护监管局，负责对掌握个人数据的政府机构和信用服务机构进行监督和指导。

日本没有专门对信用服务行业进行监管的政府机构，政府各部门在各自的职能范围内对信用服务机构进行指导，主要通过行业协会进行监督。如全国银行业个人信用信息中心的业务内容、业务范围、个人信用信息库的登录和利用运行规则都由全国协会理事会制定，要取得会员资格必须取得理事会的承认。

（三）国外信用服务市场要素构成

1. 信用信息采集

美国信用基础数据由信用主体的市场行为、信用评价、信用状况、信用能力等方面的信息构成，主要有以下三个方面。一是政府部门的公共记录数据。从联邦政府获取人口、地理、失踪和死亡人口名单、破产等信息，从部分州政府和地方政府获取各类执照（如飞行员执照、医生执照、律师执照等）、不动产评估、机动车驾驶、法院判决记录等信息；美国向信用服务公司提供的企业信息主要有：工商注册、税收、统计、法院、商务活动、药品与食品等方面的数据资料等①。二是从公开渠道获取信息。如电话号码黄页、公开媒体等信息，以及消费者通过博客、社交网站等公开的帖子等；上市公司、企业工商注册年检、法院诉讼等信息，都可以从

① 陈新年，等.美国信用服务体系发展状况及对我国当前社会信用体系建设的启示［J］.经济研究参考，2005（8）：37-44.

互联网上获得。三是从各种商业渠道获取信息。从银行、信用卡公司、公用事业公司和零售商等渠道了解消费者付款记录的最新信息，与雇主接触了解消费者职业或岗位变化情况，汇集消费者各种市场调查、保修卡填写的信息，等等。此外，对于消费者个人信用数据的征集和传播，出于保护个人隐私的目的，法律制定了限制条款，但法律规定除个人隐私外都可采集，且不需要消费者同意。

德国的信用信息种类主要包括个人信用信息、商务信用信息、行政司法信用信息。其中，个人信用信息包括个人的基本情况、银行往来记录、公共记录、雇用记录、个人赊购和缴费等；商务信用信息包括企业的基本注册情况、股东结构、关联企业情况、市场信誉、市场竞争力、产品销售情况、采购情况、生产情况、内部管理水平、财务信息、人力资源情况和银行往来情况等；行政司法信用信息包括工商登记、破产法院破产记录、地方法院债务人名单等。德国信用信息主要从公共信用信息系统和私营信用服务系统中采集和使用。其中，公共信用信息系统是强制归集信息，德国的央行信用系统由政府出资，组成全国性的征信信息调查网络，建立全国数据库，通过法律强制性规范要求所有金融机构必须参加公共信用登记系统。

日本信用信息按提供主体划分为三类：政府提供的公共信息、协会信息中心收集的各会员企业信用信息和全国银行个人信用信息中心（KSC）收集的个人信用信息。信用信息来源：一是主要通过行业会员提供，如全国银行个人信用信息中心，1582家会员中包括131家商业银行、1230家金融机构、220家附属公司和1家信用卡公司。其信息主要来源于会员银行，至1999年底，该个人信用信息中心收集的3600万人信息中，来自银行的信息占60.9%。二是政府提供的公共信息，特别是在2001年《政府信息公开法》实施后，大量信息免费向社会公开。

2. 信用服务机构

（1）美国信用服务机构及服务。

美国信用服务机构主要分为两类：一类是基础信用数据归集公司，这类基础信用数据归集公司数量庞大，一些州甚至有上百家的数据采集企业，其主要职能是收集信用信息，加工处理形成信用信息库并有偿提供给信用评级评价公司使用。另一类是信用评级评价公司，一是对消费者信用评估的机构，目前有三家公司即美国人控股的环联（TransUnion）、伊奎法克斯（Equifax）和英国人控股的益百利（Experian）[①]。这些公司的主要信用服务产品是向客户提供消费者信用报告、按一定规则整理的信用数据以及各类消费者的信用评分，供各种金融机构、工商企业和雇主单位作为经营决策的重要依据。二是对企业或法人提供信用服务的信用评估机构，主要包括对各类大中小企业进行信用调查、信用评级等资信服务。典型代表是邓白氏（Dun & Bradstreet），其拥有的"世界数据库"内有来自世界各国5700万家企业的信用档案，全球企业1000强中有99%的企业把邓白氏作为经营决策的可靠商业伙伴。三是资本市场上的信用评级机构。这类机构主要是为国家、银行、证券公司及大公司的融资服务进行信用评级。在美国有3家信用评估机构，即美国人控股的穆迪、标准普尔和法国人控股的惠誉。其中，穆迪是全球性的信用评级、调查和风险分析公司。标准普尔的业务包括国家主权信用评级、金融机构评级、保险公司支付能力评级和证券评级。

美国信用服务业发展情况[②]见表6-4。

表6-4　美国信用服务业发展情况

信用服务细分市场	个人征信业	企业征信业	信用评级业
应用领域	个人消费信贷、求职、租房、保险理赔、公共服务	市场交易、风险评估	资本市场债券评级
数据来源	银行、信贷机构、消费者	法院税务等公共登记部门、被调查公司、信息公司	委托方提供数据、现场资料、自身数据库
信用产品	个人信用报告	企业信用调查报告、企业信用评估报告等	金融机构信用评级、保险公司信用评级、企业信用评级、资产支持证券信用评级和政府债券信用评级

① 韩家平.美国信用信息服务业的发展及其借鉴意义［J］.世界经济与贸易，2012（7）：66.

② 曾光辉.促进我国信用服务业发展的思路研究［J］.现代经济信息，2017（10）：360-363.

续表

信用服务细分市场	个人征信业	企业征信业	信用评级业
代表性信用服务机构	环联（TransUnion）、伊奎法克斯（Equifax）、益百利（Experian）	邓白氏（Dun & Bradstreet）、益百利（Experian）	穆迪、标准普尔、惠誉

（2）德国信用服务机构及服务。

德国信用机构主要分为公共信用服务机构和私营信用服务机构。公共信用服务机构有两类：一是联邦银行（德国中央银行）信贷登记中心系统，其是为金融类机构提供服务的机构，仅供银行与机构内部使用，在适用范围上有明确的限制；二是公共信用信息系统，此系统包括法院的破产记录、地方法院工商登记簿、地方法院债务人名单和司法信息等，公共信用信息系统依法向私营信用服务系统提供信息服务，成为私营征信机构信息的重要来源之一。私营信用服务系统为公共服务的补充，弥补了公共信用服务的不足，主要分为个人征信局和企业征信局。

德国信用服务机构见表6-5。

表6-5 德国信用服务机构

内容	公共信用服务机构		私营信用服务机构
	联邦银行（德国中央银行）信贷登记中心系统	公共信用信息系统	私营信用服务系统
体系框架	联邦银行（德国中央银行）信贷登记中心系统	法院的破产记录、地方法院工商登记簿、地方法院债务人名单和司法信息	个人征信局和企业征信局
信息采集机制	通过法律强制收集	通过法律规定，政府部门强制收集	基本信息来自政府部门、公共机构；信用信息来自金融机构、合作伙伴和私人部门等
信息采集成本	政府承担	政府承担	政府信息部分免费，其他信息按照市场交易原则定价、付费
信息适用	只向金融机构提供，不向社会开放	完全对社会公开	每个信用服务机构每年有义务向公民或企业提供一次免费的查询服务，其他信用报告等产品需付费

（3）日本信用服务机构及服务。

日本的信用服务机构大体上可划分为银行体系、消费信贷体系和销售信用体系三类。相应的行业协会分别是银行业协会、信贷业协会和信用产业协会。这些协会的会员包括银行、信用卡公司、保险公司、其他金融机构、商业公司以及零售店等。三大行业协会的信用信息服务基本能够满足会员对个人信用信息征集考查的需求。例如，日本银行协会建立了非营利性的银行会员制机构，即日本个人信用信息中心，地方性的银行作为会员参加“信息中心”。1988年，日本银行协会把其国内的信息中心统一起来，建立了全国银行个人信用信息中心[①]。信息中心的信息来源于会员银行，会员银行在与个人签订消费贷款的合同时，均要求个人义务提供真实的个人信用信息。这些个人信息中心负责对消费者个人或企业进行征信。该中心在收集与提供信息服务时要收费，以维持中心的运行与发展，但不以营利为目的。

日本信用服务机构见表6-6。

表 6-6 日本信用服务机构

类别	机构名称	服务内容
个人征信机构	全国银行个人信用信息中心（KSC）	KSC 由全国银行协会联合设置，全国银行以及其他金融机构、银行体系的信用卡公司、与银行有关的担保公司等 2000 多家公司为其会员。KSC 会员担负着信息提供的义务，并可向中心发出调查某一个人的信用状况的请求，该中心对于该业务请求将围绕着姓名、出生年月、贷款金额、负债额度、拖欠还款、停止交易处分等信息进行调查提供
	CIC 公司	CIC 公司是会员制的，股东来自一些大财团和信用销售关联公司，目前会员单位为 755 家。CIC 数据库拥有的信息包括两个部分：个人信用信息和法人信息。信息采集是无偿的，CIC 保留的个人信息主要包括三个方面：一是与信用交易有关的客观信息，二是由 CIC 公司独自收集的公共资料，三是从信息主体处直接收集的本人申告信息或从贷款业协会处发来的信息
企业征信机构	帝国征信公司	立足于日本国内不同地区的经济发展实际，每天由 1400 名训练有素的专业研究人员拜访约见各公司管理人员，采集源于事实的第一手信息，形成强大的信息采集及服务网络，提供企业征信和信用管理等服务

综上所述，美国、德国、日本信用业的发展模式由于政府角色、市场主导力量、服务范围等方面的不同，主要有以下差异：一是信用机构设立方面，德国信用信息服务机构是被作为中央银行的一个部门建立，而美国、日本则由市场的独立三方公司和行业协会发起设立。二是信息归集方面，德国法律强制要求金融机构需要依法向信用信息局提供相关信用信

① 上海市征信管理办公室编．上海信用服务行业发展报告（2008）[M]．北京：社会科学文献出版社，2009.

息，美国和日本则基本由市场或行业协会会员主动提供。三是监管方面，美国由其完善的法律法规作为信用业发展的保障，德国中央银行承担主要的监管职能，针对信用服务市场不活跃和公共征信系统的缺陷，德国正在加大私营征信机构的作用。

（四）国外信用服务业发展经验

1. 政府前期培育与后期严格监管相结合

纵观美国、德国、日本信用服务业，基本上都经历了100年左右的发展历程。发达的信用市场，与政府采取措施主动用信，创造信用需求密不可分。各国政府越来越多地利用评级结果和信用产品，确保银行、保险公司及养老基金所持资产组合维持在足够的信用水平上。同时利用多种手段，引导更多的交易者参与信用评级或使用评级结果。

美国、日本最初由企业发起探索信用产品应用，德国由中央银行发起提供信用信息的基础服务，通过政府在各领域的引导，市场规模不断扩大，政府根据市场出现的问题不断制定、完善相关法律法规，各种信用产品逐步深入应用到社会的各个领域。在注重引导信用服务业发展的同时，美国、德国也对行业的健康发展进行严格监管，先后制定与信用相关的法律10余部，较为全面地规范了市场发展。

2. 市场开放竞争与广泛应用领域相结合

国外信用服务市场经历了从数百家征信服务机构到现在已经呈现细分的市场格局。美国主要有以个人信用为主的益百利、伊奎法克斯、环联三家机构；以企业征信为主的邓白氏、益百利两家机构；以信用评级为主的穆迪、标准普尔、惠誉三家机构，市场经历了从完全竞争到寡头垄断的过程，目前，这些机构业务已经覆盖了全球市场。

信用服务已经深入社会经济的方方面面，不管是个人贷款、租房还是入职都需要信用报告，企业经营管理风险防控更是需要信用服务，信用多方位的应用场景从根本上降低了信用违约风险，保障了国外市场的平稳运行，同时也创新了社会治理的方式。各类信用产品、服务应用领域广泛，逐步培育了稳定的供需关系，也为信用服务业的发展奠定了良好的基础。

3. 全面推动产业与发展特色优势相结合

西方发达国家尤其是美国，之所以能建立起庞大而活跃的经济体系，很大程度上得益于其经济形态已过渡到完善的信用经济时代，从单个企业自发的信用产品到信用服务市场的全面繁荣，已经产生了征信、评级、商账等10余项业务。各行业信用服务机构（公司）形成了各自特色的产品或服务，在各自地域乃至全球具有较高的信誉度或垄断性，如环联提供的信用修复服务可以重塑个人消费信用度，穆迪、标准普尔等主权信用评级公司的评级报告基本得到全世界公认，其评级结果甚至影响他国经济的发展。

4. 注重信息开放与严格隐私保护相结合

多维度的信息来源是信用服务业的基础。美国信用服务机构的数据库中容纳了丰富的消费者信用信息。日本、德国都出台法律要求信息公开，特别是要求大公司、上市公司定期发布相关信息；在隐私保护方面，美国虽不限制信息来源的渠道，但制定了专门法律保护消费者的隐私权和消费者获得公平信用报告的权利。

三、国内信用服务业发展现状及趋势

（一）国内信用服务业发展历程及特点

1. 国内信用服务业发展历程

我国的现代信用服务业始于20世纪80年代末期，按照信用服务业的发展顺序大致分为三个阶段。

起步阶段（1988—2002年）。20世纪90年代末，外贸企业扩展到数百家，对外贸易取得了很大发展，但出现了大量逾期应收账款不能收回的问题。为了规避外贸中的信用风险，外经贸部引入国外的信用风险管理技术，其下属的外经贸计算中心成立攻关小组，广泛联系世界各国资信调查机构，尝试对外提供中国企业资信报告。

初级发展阶段（2003—2011年）。此阶段我国信用服务业主要为金融领域服务。人民银行组织金融机构建成全国集中统一的企业和个人征信系统。征信系统全面收集企业和个人的信息。其以银行信贷信息为核心，还包括社保、公积金、环保、欠税、民事裁决与执行等公共信息。接入了商业银行、农村信用社、信托公司、财务公司、汽车金融公司、小额贷款公司等各类放贷机构；征信系统的信息查询端口遍布全国各地的金融机构网点，信用信息服务网络覆盖全国。形成了以企业和个人信用报告为核心的征信产品体系，征信中心出具的信用报告已经成为国内企业和个人的“经济身份证”。

快速发展阶段（2012年至今）。2012年7月国家确定由国家发展改革委牵头社会信用体系建设，2014年6月国务院颁布的《社会信用体系建设规划纲要（2014—2020年）》明确规定培育和规范信用服务市场。至此，我国信用服务进入了一个新的发展阶段。随着社会信用体系建设的深入推进，从国家层面到各级地方层面相继成立了公共信用服务机构和行业协会，各种社会信用服务机构和信用研究机构纷纷涌现，信用服务业也从金融领域扩大到社会各个领域。

2. 国内信用服务业基本情况

公共信用服务机构。随着社会信用体系建设的不断推进，各级各部门逐步完善信用体系建设组织架构，除人民银行征信中心及各省市分中心外，2014年以来，全国公共信用服务机构逐步建成，截至2023年底，全国公共信用服务机构如表6-7所示。公共信用服务机构的建立在推进社会信用体系建设、信用信息标准规范制定、信用平台建设等方面发挥了重要作用。

表6-7　截至2023年底全国公共信用服务机构

序号	地区	名称	主管部门
1	国家	银行信贷征信服务中心	中国人民银行
2	北京	北京市信息资源管理中心	北京市经济和信息化委员会
3	上海	上海市公共信用信息服务中心	上海市发展改革委
4	重庆	重庆市信用中心	重庆市发展改革委

续表

序号	地区	名称	主管部门
5	吉林	吉林省信用信息服务中心	吉林省金融工作办公室
6	内蒙古	内蒙古自治区社会信用管理中心	内蒙古自治区发展改革委
7	陕西	陕西省联合征信中心	陕西省发展改革委
8	湖南	湖南省企业信息管理局	湖南省工商行政管理局
9	湖北	湖北省信用信息中心	湖北省发展改革委
10	江苏	江苏省公共信用信息中心	江苏省人民政府
11	海南	海南省信用管理办公室	海南省政府金融工作办公室

社会信用服务机构。随着国家大力推进社会信用体系建设向纵深发展，政府对社会经济的管理由事前审查向事中事后监管转变，信用监管作为政府创新社会治理模式的一个重要方式以及信用管理理念对社会各领域的逐渐渗透催生了对国内信用服务的需求，国内社会信用服务应运而生，相继出现了各种信用服务机构。主要类型有个人征信服务机构、企业征信服务机构、信用评级机构。根据中国人民银行官网展示的数据统计，截至2023年2月，全国共有28个省（区、市）的149家企业征信机构在人民银行分支行完成备案，其中，北京注册公司有35家，占比23.49%；上海注册公司有23家，占比15.44%；广东注册公司有11家，占比7.38%，3个区域合计占比46.31%。个人征信服务机构有百行征信、朴道征信和钱塘征信3家，其中，百行征信是我国第一家获得个人征信业务经营许可的市场化公司，由中国互联网金融协会（36%）与芝麻信用（8%）、腾讯征信（8%）、前海征信（8%）、考拉征信（8%）、鹏元征信（8%）、中诚信征信（8%）、中智诚征信（8%）、华道征信（8%）8家市场机构共同发起组建。这8家公司在业内体量较大，未来有望建立起行业普遍适用的征信标准，覆盖传统金融的征信盲点，形成一个庞大的征信数据库。个人征信业务服务对象为从事互联网金融个人借贷业务的机构，另外还包括传统金融机构、金融监管相关部门及个人信息主体等。备案的信用评级机构52家，目前，我国信用评级机构数量较少，且企业规模较小，暂未形成占据绝对市场份额的企业。

信用研究机构。国内的信用研究远远落后于其他先进国家，为了改变这种落后面貌，国内的部分大专院校、行业协会商会以及其他相关机构纷纷成立相应的信用研究机构。通过知网收集的信用相关的研究论文分析，国内涌现出了相当数量的信用研究机构，主要涉及政府公益性服务组织、高校及一些大数据服务公司。

3. 国内先进省份经验借鉴

目前，我国信用服务业发展比较好的地区均分布在东部发达省份和京沪等地。

法律体系初具雏形。发达省市已形成较完备的信用制度体系和地方信用标准体系，规范和引导了社会信用体系建设。2017年6月23日，上海市十四届人大常委会第38次会议通过《上海市社会信用条例》，2017年9月28日河北省十二届人大常委会第三十二次会议表决通过《河北省社会信用信息条例》，为社会信用体系建设提供了法律保障。上海、浙江、杭州等省市出台了信用服务机构管理办法，规范和培育信用服务机构，促进信用服务行业的健康发展。2013年，上海出台《上海市机构备案规定》《上海市企业信用征信管理试行办法》《上海市个人信用征信管理试行办法》。2007年，浙江出台《浙江省信用服务机构管理暂行办法》。

信用产品应用成效显著。发达省市信用产品应用场景广泛，应用效果显著，主要围绕政务诚信、司法公信、商务诚信和社会诚信四个方面，通过制度创新、社会治理、市场监管、产业发展等领域，发挥政务诚信示范作用，将信用信息广泛应用于政府日常管理和决策分析中，呈现“点面结合、重点突破、以用促建”的特征。

上海在人才招聘、信用卡办理、上海图书馆免押金办证、购买新能源车、居转户和其他领域使用个人信用报告，在行政审批、政府采购、招标投标、行政处罚、日常监管、信用展示、资金扶持和其他领域使用法人信用报告。通过服务大厅、信用中国、微信、App、市民信箱、申通地铁、图书馆、数字认证中心等手段推动信息主体查询。

浙江在行政业务系统嵌入信用查询功能、“信用浙江”客户端查询信用信息、各地办事大厅提供现场服务，全面推进信用信息在政府管理中的应用。信用平台实现与浙江银监局金融机构城域网专线互通，为全市银监系统、所有在浙金融机构提供信用信息查询服务，为防范金融风险、推动解决中小企业贷款难等问题发挥了积极作用。

杭州通过专线形式，实现了与阿里征信对接，向芝麻征信公司、杭州市市民卡公司、杭州银行等第三方机构开放公共信用信息实时查询。目前，杭州致力于将征信融入社会生活的方方面面，信用真正利民惠民，通过探索运用市民诚信卡，杭州开启了诚信城市模式，让诚实守信者一路绿灯，办事快捷便利。

除政府积极推动信用产品的应用外，广大的社会信用服务机构也推出了不少的信用产品来服务社会。信用评分，即通过对客户信息进行量化计算得出信用分值，综合反映客户的信用状况。比较典型的有：芝麻信用分、考拉分、中诚信万象分、猪猪分等。信用评级/信用报告对数据处理的分析画像能力要求较高，需要较为先进的评级技术以及较为完整精确的数据源，目前，市场上提供信用评级/信用报告的主要有老牌信用评级公司、互联网巨头以及部分新兴大数据征信公司。此外，还提供衍生服务，在大数据风控、反欺诈、小微金融服务、商账管理、商业决策支持等方面服务于广大客户。

信用服务也应用于多个领域。人力资源领域：主要包括背景调查、员工合规调查和职场征信数据研究等，帮助用人单位全面了解候选人、降低雇用风险、减少招聘失误。房地产中介领域：芝麻信用与多家房产中介公司合作，推出基于“个人信用”的信用租房服务。根据芝麻信用分评价，提供不同程度的押金减免和房租月付服务，如房司令、相寓和优客逸家。消费金融领域：百度、腾讯、阿里巴巴等BAT巨头纷纷进入消费金融领域，如百度“钱包”、腾讯“微粒贷”、阿里“花呗”、京东“白条”，互联网巨头拥有庞大的客户群和海量数据，利用大数据风控能更好地降低风险，以各种方式来开展消费金融业务，并且均取得了亮眼的成绩。保险领域：征信产品对客户的识别、身份认证解决了反欺诈问题。而信用评价往往和理赔金额、费用有很强的相关性。抵押服务领域：2017年5月共享出行平台盼达用车携手蚂蚁金服旗下的芝麻信用在浙江杭州召开“给你我的全部信任”战略合作发布会，推行全国首个新能源共享汽车信用免押以及支付宝扫码开车模式。此外，芝麻信用还与部分共享单车平台推出了免押金共享单车服务。

（二）重庆市信用服务业现状及问题

1. 重庆市信用服务业的发展情况

2003年，按照国务院、监察部的要求，由重庆市经信委牵头，成立了重庆市社会信用体系建设工作领导小组，其他56个市级部门为成员。同年，重庆市人民政府办公厅出台《关于印发重庆市企业信用体系建设工作方案的通知》（渝办发〔2003〕193号），重庆市正式启动了社会信用体系建设。同期，拟制定《重庆市企业信用征信和评级管理办法》《重庆市信用中介服务机构监管办法》等政府规章，但随着社会信用体系建设步伐的放缓，信用服务业相关的地方性法规规章迟迟未出台，极大地限制了信用服务业发展。

随着党中央、国务院对信用体系建设的要求和重视程度越来越高，国务院颁布了《社会信用体系建设规划纲要》，由国家发展改革委牵头的社会信用体系建设工作进入了一个前所未有的发展时期。2014年重庆市全面深化改革领导小组将社会信用体系建设纳入全市25项重点改革任务和全面推进依法治市的重要工作进行推动。建立了全市社会信用体系建设联席会议制度，市政府常务副市长担任总召集人，市政府分管副秘书长及市发展改革委、人民银行重庆营管部、市工商局分管领导为副召集人，办公室设在市发展改革委，46家成员单位均明确了分管领导、责任处室和联络员，社会信用体系建设进入加速发展阶段。

市委、市政府相继出台一系列政策、措施加快推进社会信用体系建设工作，包括《关于加快推进全市社会信用体系建设的意见》《关于印发重庆市贯彻落实社会信用体系建设规划纲要（2014—2020年）工作任务分工的通知》《关于建立完善守信联合激励和失信联合惩戒制度加快推进社会诚信建设的实施意见》《重庆市2017年社会信用体系建设任务分工》等文件。明确提出要逐步实现公共信用服务机构和社会信用服务机构互为补充，培育和规范信用服务市场，推进并规范信用评级行业发展，推动信用服务产品广泛运用，要建立社会监督和第三方机构评估机制，在招标投标、政府采购、公共资源交易、政府资金补助等重点领域率先使用第三方信用报告。重庆信用服务业进入了一个加速培育和发展的历史新阶段。

公共信用服务机构。2016年9月市委编办批复同意成立重庆市信用中心，主要职责是：负责重庆市信用信息应用平台和“信用中国（重庆）”网站建设和管理，承担全市信用信息归集和共享交换，开展信用体系建设各项政策研究，推动信用信息应用，助推信用服务业持续健康发展等相关工作。目前，全市统一的信用信息应用平台已上线运行，信息汇集交换枢纽作用逐步显现。“信用中国（重庆）”网站同步上线，通过与信用信息应用平台跨网式链接，实现信用“红黑名单”、企业异常名录、统一社会信用代码、行政许可、行政处罚等信用信息公示和“一站式”查询服务。

市场信用服务机构。目前重庆市的社会信用服务机构以金融征信为主。按照中国人民银行《征信业管理条例》《征信机构管理办法》及有关法律法规审批备案的企业征信机构中，重庆存续的备案企业征信机构有2家，即重庆华龙强渝信用管理有限公司和重庆云微信用管理有限公司。其中，重庆华龙强渝信用管理有限公司作为本土国企重庆华龙网集团有限公司的子公司，多年来一直积极与区县政府部门合作，搭建信用网站、平台，开展出具企业和个人信用报告等相关信用服务。由于重庆本地信用服务市场还未完全形成以及市场需求不足的影响，重庆云微信用管理有限公司几乎未涉足重庆市场。

2017年以来，重庆信用服务市场取得一定发展，第三方信用服务机构和大数据公司进驻重庆市场，开展多方合作。市发展改革委与芝麻信用、华龙信用签署战略合作备忘录，助力重庆信用体系建设。中网数据（北京）股份有限公司与西南大学签署合作协议成立信用研究中心，为政府信用建设提供大数据技术支持、政策咨询和服务等。金电联行（北京）信息技术有限公司、北京宸信征信有限公司、马上消费金融股份有限公司等技术实力较强的北京大数据、征信公司开始探索性地与政府、区县、行政机关开展广泛的第三方信用服务业务，业务涉及行政管理征信、金融征信、商业征信领域，还涵盖信用评价系统、信用平台建设等领域。

在政府的大力扶持下信用服务产品应用向纵深发展。信用报告成为金融信贷领域的必备要件，“信用免押金”“先享后付”“信用融资”等应用频繁，企业债券、中期票据等金融产品信用评级应用普遍化和常规化。人行巴南中心支行通过信用评价开展信用贷款试点。市城乡建委出台《重庆市建筑施工企业诚信综合评价暂行办法》，形成“1+4”诚信综合评价体系。市交委出台《重庆市公路水运工程建设市场信用管理暂行办法》，涵盖设计、施工、监理、业主和检测机构信用管理。市环保局制定的《重庆市企业环境信用评价办法》中规定环保部门委托第三方评价机构实施企业环境信用评价工作。目前，各部门、各区县先行先试逐步探索加强信用服务产品在各领域中的运用。

通过全市法人数据库统计，2023年，重庆从事信用服务的企业有446家，其中征信管理2家、信用管理248家、信用担保192家、信用保险4家。主要从事信用平台数据开发、企业资信调查（企业征信或商业征信）、消费者信用调查、财产征信、资信征信、商账追收、信用保险、保理、信用管理咨询、市场调查等业务，主要分布在商务领域和金融领域，社会领域和消费者领域少，综合性信用服务企业缺乏。信用服务业中，金融商务信用服务在信用服务业所占份额最大，其他信用服务业市场所占份额较小，总量较少。人民银行重庆银管部提供的最新数据显示，2015—2023年重庆市个人查询信用报告呈快速上升趋势，2021年个人查询信用报告527.5万余次；2022年，达到1320万余次，同比增长150.24%；2023年1—11月，达到4490万余次，同比增长240.15%。而企业查询信用报告却呈逐年下降趋势，2021年查询信用报告90.6万余次；2022年缩减至76.8万余次，同比下降15.23%；2023年，查询量仅有48.9万余次，同比下降36.33%。但总体来看，金融领域的市场份额还是呈逐年递增趋势，金融市场的运用范围也逐步扩大到各个领域、各个行业。

重庆华龙强渝信用管理有限公司作为重庆最早涉足信用服务业的企业，业务主要涉及与14个区县及企业签订合作协议，为各区县在政府采购、招投标等领域出具信用报告共计3760余份，为重庆市人社局诚信服务示范机构评选提供信用数据供专家参考，为重庆市商联会打造“商业联合会诚信系统”，垫江7家商业银行、江津21家商业银行全面采用华龙信用系统。从重庆华龙强渝信用管理有限公司2022年的经营状况来看，整个新兴信用服务市场占比份额还很小，市场拓展与运用不足，供需不协调。从信用服务业细分行业交易规模结构来看，2022年金融信用服务和商务信用服务贡献最大，占比97.8%。

2. 重庆市信用服务业存在的问题

信用法律法规不完善，信用基本立法缺失。重庆市地方层面的信用相关条例、法规也仍处在立法调研阶段，亟须出台。信息安全法规不健全。重庆层面暂时还未出台关于信用信息归集、使用和信息安全方面的政策规定。没有明确的信用监管机构和相关备案程序。对相关信用服务业没有相应的监管制度，除人民银行的征信企业管理有严格的准入条件外，其他信用服务机构都只需在工商行政管理部门按一般企业进行登记，没有严格的备案程序。

信用服务机构数量少、规模小。信用服务行业创新不仅仅是传统意义上的产品和技术创新，还涵盖了管理、制度、战略等各方面的创新。现阶段，重庆信用服务机构数量少、规模小，整体的创新水平不高，没有充分利用“互联网+”背景下对信用产品的开发使用，也存在诸如投入资金不足、创新人才匮乏、创新制度缺乏等问题。外地入渝的信用机构因不熟悉本地市场，难以快速融入，前期投入资本较多但利润率低，与本土企业相比业务开展比较困难，也极大地限制了一些实力较强的大数据及信用服务机构在重庆发展的积极性。如此导致信用服务产品单一，且主要是一些低端产品，缺少增值的信用产品体系，信用服务产品的认可度和信用度不高。

信用服务市场尚未形成。在当前各种经济活动中，企业还不具有积极使用信用信息产品、减少交易风险、降低交易成本的意识。由于缺乏信用管理意识，并没有把信用看作商品，社会对信用产品的需求十分有限，存在着信用市场需求不足的问题。企业和个人对征信产品的需求还局限于较小的范围，距全社会的广泛应用还有较大差距，限制了信用服务机构的发展。现阶段重庆公共信用信息应用仅在项目审批、工程建设、招标投标、政府采购、企业融资融债等部分政务领域展开了信息查询、信息对比等初级应用，信用服务市场的需求不明显。从信用服务供给上看，市场总体规模较小，机构总体实力偏弱经营分散，行业整体水平不高，没有建立起一套完整的、科学的信用调查和评价体系，从而难以向社会提供高质量的信用报告，而这势必会影响社会对信用产品的需求。

3. 重庆市信用服务业的发展趋势

多方参与、协同合作的架构更加完善。目前，重庆已建立了社会信用体系建设联席会议制度，在市发展改革委下设办公室，市委编办批复同意成立重庆市信用中心，下一步将成立社会信用体系建设工作办公室，逐步形成信用办负责抓统揽、市信用中心具体抓落实的公共服务格局。培育和扶持一批具有较大规模、经营规范、种类齐全、功能互补、市场认知度高的信用服务机构做好社会服务。推动成立信用协会，发挥行业自律作用。引导高校和三方机构合作成立信用研究中心，做好政府支持和行业补充工作。

信用信息归集共享公开使用机制更加健全。全市统一的信用信息应用平台和“信用中国（重庆）”网站上线运行后，成为与国家信用信息共享交换平台、市级部门、区县实现数据对接的重要载体，信息汇集交换枢纽作用逐步显现。下一步，重庆地方信用法律法规更加完善，政府信息数据的开放与保护国家秘密之间的边界已经厘清，政务信息的采集、整理、加工、公示进一步规范，有序推动公共信用信息数据向社会开放，并向社会提供信用基准报告查询服务。市信用中心充分发挥政府公共信用信息与社会信用信息共享交换的枢纽作用，使信用信息在行政管理、公共服务各个重点领域和关键环节应用常态化。同时，进一步明确信用主管部门责任，加强信用服务机构管理规范，建立信用服务机构的准入和退出机制，对信用服务机构实行备案管理，建立行业服务规范，强化市场监管。

信用产品应用的广度和深度逐步增大。在信用产品使用上，聚焦重点领域，以政府应用为示范，以市场应用为重点，发挥信用服务机构的专业优势，不断加大重庆市公共信用信息平台的推广力度，积极推动信用产品使用。在应用范围上，信用产品从个别政府部门专项资金申请等领域拓展到多个政府部门专项资金申请、工程建设招投标管理、政府采购供应商及代理机构信用核查、电子商务网站企业信用评价等领域。在应用方式上，从单一的信息查询逐步向综合模型运用拓展，依托平台数据和信用服务机构，建立企业、个人信用评分模型，实现信用信息在政府事前事中事后管理中的深度应用，极大地提高了政府配置公共资源的效率、促进市场主体公平竞争。

社会信用环境更加优化。失信惩戒守信激励的作用逐渐凸显，政府部门依据信用状况实施分类监管，对信用良好者减少检查频次、优先办理业务、容缺办理业务，对信用不良者加大监控力度，在建设项目招投标、政府采购等领域压缩信用不良企业的商业机会，引导个人和企业树立信用观念。通过多种形式、多种渠道，积极营造良好的社会信用环境。

四、重庆市服务业的发展思路及目标

（一）指导思想

全面贯彻党的十八大、十九大、二十大精神，深入贯彻习近平新时代中国特色社会主义思想和基本方略，充分利用国际国内两个市场和重庆在国家的战略定位及地域优势，积极利用互联网、大数据等新技术发展信用服务业，构建以法律法规和监管体系、信用安全和服务规范标准体系、公共信用服务体系和市场信用服务体系为支撑的重庆信用服务业体系，形成特色明显、优势互补、良性竞争的产业格局，依法推进信用市场对外开放，加强对信用市场发展的监管，促进信用服务业规范健康发展，开创重庆信用服务业发展的新局面。

（二）基本原则

健全法规，完善制度。逐步建立健全信用法律法规体系和信用标准体系，加强信用信息管理，规范信用服务业发展，维护信用信息安全和信息主体权益。

政府推动，市场培育。充分发挥政府的组织、引导、推动和示范作用，制定信用服务行业发展规划，鼓励和调动社会力量广泛参与，培育具有特色的信用服务机构，满足信用市场各层次服务需求。

加强监管，行业自律。信用服务机构不仅是信用服务的提供者也是信用活动的实践者，加强政府监管与行业自律，鼓励信用服务机构率先开展信用承诺并公示，确保信用服务产业健康有序发展。

开放合作，协调发展。推动重庆市信用服务业双向开放战略，构建开放、公平、高效、有序的现代信用服务业市场体系，推动重庆市信用服务业向区域和国内外市场拓展，提升全市信用服务业的影响力。

（三）阶段目标

一是完善《重庆市社会信用条例》配套制度。制定《重庆市信用信息异议申诉管理办法》《重庆市信用修复管理办法》等规范性文件；启动全市公共信用信息平台二期建设，引入大数据公司，加快推动信用大数据分析、市场主体信用评价、小微企业信用信息服务、城市信用和重点行业领域信用监测预警等重要信息系统建设；加快社保、税收、物管、水电气讯缴费以及房产登记等信息纳入相关主体信用记录，实现市级信用信息100%归集到公共平台，为信用应用和信用大数据分析做好支撑；启动综合信用服务试点，支持具备条件的信用服务机构参与重点行业市场主体信用记录采集、特定领域备案、联合奖惩与失信治理、信用考核评价，向政府部门、市场主体、社会组织和个人提供多样化、定制化的信用产品与信用服务，增强部门和社会信用。

二是出台《重庆市社会信用条例》配套文件。制定《社会信用三方机构管理办法》《行为清单》《应用清单》等规范性文件；完善法人、自然人及其他组织信用基础库，重点人群、重点领域、专题应用等各类主题库逐渐丰富，信用大数据平台初步建成；建立信用信息主动采集长效机制和公共信用信息与市场信用信息互动融合机制，发挥行业协会商会、信用服务机构、大数据企业等社会力量，以多种方式提高信用主体的信息完整性、全面性和准确性；大数据分析、市场主体信用评价、小微企业信用信息服务、城市信用和重点行业领域信用监测预警等信用服务初见成效，政府信用率达到80%，重点领域信用评价达到80%，信用市场规模逐步扩大，8~10家国内外知名信用服务机构和大数据公司入渝开展基本信用服务。

三是逐步建立以信用行政监管和行业自律互为补充的监管体制。重庆市信用服务大厅正式对外提供公共信用服务，多家信用服务机构与大数据公司在全市开展市场信用信息归集、信用主体信用评级评价、信用产品应用、信用修复等市场活动。政府信用率达到100%，重点领域和重点行业信用评价达到95%，信用服务市场体系初步形成，信用市场初具规模，社会信用环境逐渐形成，信用服务业快速发展。

五、重庆市信用服务业发展的重点内容

（一）构建信用服务业体系

围绕社会信用体系建设而形成的信用服务业，已从金融领域的信用交易延伸到经济社会各个商业领域的信用交易，种类繁多，情况复杂，许多行业的信用交易还处于起步阶段，信用产品的权威性、独立性、公正性和客观性受到全社会的广泛关注。与其他服务业不同的是，信用服务业的发展更加依赖法制健全和标准规范，迫切需要构建信用服务业体系，明确建设重点（见图6-1）。因此，处于快速发展的重庆市信用服务业，新时期新阶段将重点强化“两大保障”，着力抓好“三大任务”，即：保障信用服务有法可依、保障信用信息规范安全，加快信用基础建设、发展信用服务机构、培育信用服务市场。

图6-1　重庆市信用服务业体系架构

保障信用服务有法可依。有法可依是确保信用服务业合法、规范发展的必然要求，应根据信用服务业发展状况出台一批法律法规、行政规范性文件，着力解决发展过程中的信息公开与隐私保护、信用主体权益保护、危险性行为前置性制约、一事不再罚等法理问题，逐步形成完善的法律体系；建立市场主体信息公示制度，形成以信用监管为核心的新型监管机制。

保障信用信息规范安全。信用信息是信用主体在经济社会活动中产生的信息记录，这些记录在一定条件下能完全真实客观反映信用主体的信用状态，一旦泄露将会对信用主体的经济社会活动造成重大影响。应规范信用数据标准、确保信用信息规范安全、定期发布信用目录，保障信用服务活动统一规范、安全可靠、真实可信。

加快信用基础建设。信用信息基础由信用信息及各类信用平台、信用系统、信用信息数据库构成。完善信用信息基础主要包括优化信用平台技术架构、完善信用系统功能建设、扩展各类信用系统联动范围，加快信用信息归集与共享。

发展信用服务机构。信用服务机构属于信用服务业发展要素的主体部分，是运用信用信息开展信用服务、提供信用产品的治理机构。主要任务包括引进国内外专业信用服务机构、培育本地信用服务机构及鼓励信用服务创新发展。

培育信用服务市场。培育激活信用服务市场是发展信用服务产业、促进信用经济发展的必由之路。培育信用服务市场主要包括信用服务市场的客体和主体两部分，客体包括强化信用产品应用、扩大联合奖惩范围、创新信用服务产品；主体包括引导更多的征信服务机构、大数据机构进入信用服务市场。

（二）保障信用服务有法可依

1. 加快信用制度建设

法律法规和监管是信用服务业市场合规合法运营的必要保障，健全的法律法规可以确保信用服务活动有法可依、有法必依。开展法律法规相关研究，加快推进《重庆市社会信用条例》立法进程，在制定《重庆市社会信用条例》时，要注重以下几点：

一是明确信用信息归集范围。明确信用信息记录、归集、应用应当将统一社会信用代码作为关联匹配信息主体信用信息的标识。对于信用信息的公布，侧重规范行政机关依法向社会公布公共信用信息。从公共利益保护角度，加大失信信息的公布范围和力度。对黑名单或重大失信行为主体信息一律公布；其他对公共利益造成重大影响的也应当公布。另外，细化政府信息主动公开标准，向社会公开法治政府建设报告、违法行政典型案例等，提升政务诚信。同时鼓励加大司法裁判文书等司法公开力度，便于社会监督，提升司法公信力[①]。公布的渠道规定在“信用中国（重庆）”网站、移动客户端等便利公众知悉的地方。限定公布的期限一般为5年，法律法规另有规定的，从其规定。

二是强化信用信息保护。首先需要强调信息主体权益保护。设置原则性条款，要求信用信息公布和查询时不得泄露国家秘密、侵犯商业秘密和个人隐私。对于自然人，需要规定不得归集的信息类别。对于信用信息的公开，除了信息主体同意主动公开、法律法规规章规定应主动公开的信用信息，其他信用信息只能提供查询。对于信用信息的查询，信息主体有权查询，其他主体查询应当事先征得信息主体书面同意，明示用途和使用范围。除非信息主体事先同意，否则不能转委托。同时明确提供查询单位的保密义务和查询程序。信息主体有权在自身遭受信用侵害时，要求赔偿损失。

三是提供异议处理渠道。信息异议程序有助于保证信息真实准确，降低错误信息对信息主体造成损害的风险。立法可就异议申请、异议处理、异议标注三个方面进行规定。具体有：设置信用信息公布前的确认程序。要求信息提供单位在公布信用信息之前，提供相关信息给信息主体进行事前确认，赋予其陈述和申辩的机会。就异议申请方面，明确信息主体有权在其信用信息记录存在不准确、不完整、超过期限未删除、侵犯其商业秘

① 肖卫兵.我国社会信用立法若干问题探析［J］.电子政务，2017（6）：64-70.

密或个人隐私的情形时，提出异议。信用平台有义务在收到异议申请时，在规定时间内进行比对或通知信息提供单位，由其进行核查，不准确、不完整情况属实的，应当予以更正并通知信息主体。同时，对于信息主体对异议处理仍有异议的以及信息提供单位未按照规定核查异议的，信用平台有义务予以标注或中止向社会提供该异议信息的查询。规定信用信息准确性举证责任倒置制度。即在信息主体提出信息异议时，信息提供单位在一定期限内无法证明该信用信息准确性的，信用平台应当删除该信息。

四是实施信用修复管理。信用联动奖惩机制设计的初衷并不是要“一棒子”将失信者彻底“打死”，而是要让失信主体付出代价后，知晓守信的重要性，给予失信主体改过的机会。因此，信用联动奖惩还应该建立有条件的信用动态修复制度，明确信用修复的条件和程序。如对于信息主体非主观失信行为，应允许其提出信用修复申请，已经整改到位的，如按照规定的条件和程序，通过主动履行法定义务、申请延期或自主解释等方式减轻或者消除不利影响的，可以允许信用修复；信息主体因主观故意发生失信行为或者信息主体失信行为造成严重影响的，不允许修复。

五是明确信息安全责任。信息提供和查询单位及其工作人员应当做好信息安全工作，确保信息主体的信息安全。这也是不可或缺的内容。这就要求信息提供单位在信用信息的记录、维护、报送、异议处理等信息安全方面得以规范。信息查询单位在信用信息的查询、应用、维护等信息安全方面也需规范。

2. 建立信用监管体制

深化落实政府信息公开，确保政府行政监管阳光化、透明化，研究制定“黑名单”管理、信息共享和联合惩戒、大数据监管和社会共治等新制度、新机制，提高行政效率，推动“放管服”改革，构建以信用为核心的新型市场监管体制。

信用服务市场监管体制。建立市场主体准入前信用承诺制度。市场主体以规范格式向社会作出公开承诺，违法失信经营后将自愿接受约束和惩戒。信用承诺纳入市场主体信用记录，接受社会监督。根据信用服务市场、机构业务的不同特点，制定实施分类监管办法。落实国家信用服务法律制度，实施信用服务机构准入与退出机制，实现从业资格认定的公开透明。应用大数据技术加强对市场主体的事中事后监管，主动发现异常现象，提高政府科学决策和风险预判能力。

信用信息的有效供给。拓展重庆市公共信用信息平台功能，变被动式查询为主动式提供，提升其查询便利度和界面友好性。有条件、有选择地开放政府部门归集的信息，鼓励征信机构、平台公司等第三方机构进行差异化共享和使用，拓宽信息出口。因势利导，通过信息公示为社会力量参与市场监管提供便利，使失信主体有危机感，促进主体自治、社会共治的环境逐步建立。

规制信用监管的公权力。为把权力关进制度的笼子，明确信用监管的手段、适用的条件、标准、程序等内容。厘清政府与市场的关系必然要求政府避免介入平等市场主体之间的交易行为。研究建立更加科学的信用评价体系，明确相对统一的黑名单列入/移出的标准和程序、惩戒措施、公示渠道、信用修复、异议救济等，实现信用监管和传统监管手段的有机结合。

3. 促进信用行业自律

组建信用服务行业协会。加快信用服务行业协会的建设，制定信用服务机构及其从业人员行为准则，协调联络整个行业所有企业，建立行业信用约束机制和诚信服务承诺公开制度，推动行业自律发展。促进信用服务行业自律。积极发挥信用协会的作用，引导征信机构客观、独立、公正地开展业务，主动接受社会监督，不断提高行业整体素质和公信力。发挥企业行业协会的作用。充分发挥行业协会沟通协调、信用咨询服务、行业自律守信和失信联合惩戒等方面的作用。例如，物流协会、电商协会、软件协会等在行业内推行信用承诺制度，建立行业信用守则，推动行业内企业信用信息交换共享。

（三）保障信用信息规范安全

1. 信用标准规范建设

统一信用数据标准，完善信用信息数据库系统。按照国家统一要求，基于全市统一的社会信用代码，定期更新全市信用目录，通过信用平台及时向社会公布。在信用目录的基础上，制定平台建设规范、信用信息应用等信用管理标准和规范。完善重庆市公共信用信息平台数据规范。按照信用信息记录、交换和共享的标准和规范，推动全市各级、各部门建立健全信用信息记录、归集、处理、审核、报送制度和信息更正、异议处理等质量保障制度。在充分利用国家近期发布的信用数据标准基础上，结合重庆市市情，加大信用数据采集、清洗、交换、应用等数据标准的研究力度，尽快制定覆盖全市的开放式信用信息技术标准，鼓励和支持各市级部门、区县政府和信用服务机构以国家标准为准则建立信用信息数据库和信息系统。重庆市公共信用信息平台应引导各级政府部门依据本部门权力清单和信用目录，制定分类统一的信用数据标准，实现信用信息的互通和共享，减少重复建设和资源浪费，形成覆盖全市自然人和法人的信用主体信用记录，完善信用信息数据库，为信用信息利用、信用产品创造、信用形象展示等奠定基础。

2. 提升信用平台安全

随着重庆市公共信用信息平台建设的快速推进，平台接收的电子文件以及纸质档案、音像档案等数字化后的信用数据呈几何级增长，这些数据资源是全市宝贵的档案财富。按照等保三级的要求，继续完善安全建设，包括安全加固软件、数据库数据防泄漏系统、终端数据防泄漏系统、数据脱敏系统、基线扫描系统、VPN 设备、负载均衡设备、备份系统扩容、安全服务等内容的建设。海量信用数据的安全存储已成为本项目建设必须面临的挑战，许多人为与自然因素都有可能损坏数据，绝大多数信用数据损失后不可重建，即重建后其凭证效力会消失或削弱，其损失是无法估计的。为了避免信用数据的失真与损毁，确保信用信息的真实性、完整性与可用性，开展异地备份建设，备份的内容包括但不限于路由器、汇聚交换机、光纤交换机、防火墙、备份服务器、备份一体机、磁盘阵列等。

3. 保护信用信息安全

完善信用信息保护和网络信任体系，建立健全信用信息安全监控体系。加大信用信息安全监督检查力度，开展信用信息安全风险评估，实行信用信息安全等级保护。开展信用信息系统安全认证，加强信用信息服务系统安全管理。强化信用服务机构信息安全防护能力，制定实施信用信息采集、整理、加工、保存、使用等方面的规章制度。充分发挥司法监督、行政监管、行业自律和社会监督在信用信息主体权益保护中的作用，切实保护信用信息主体权益。加强对信用信息主体的引导教育，增强维护自身合法权益的意识。

（四）加快信用基础建设

1. 加强信用信息数据库建设

信用信息数据库作为全市重点建设的“六大基础数据库”之一，对来源广泛、海量化、异构化的信用数据进行全面的汇集整合，并在此基础上实现数据的关联挖掘，最终建设形成一个全市统一的信息量丰富、实时性强、来源可靠的信用信息数据库。由于信用业务数据产生在不同阶段，包含不同的数据实体，因此数据库建设总体可分为元数据库建设、支撑数据库建设、基础数据库建设、信用主题数据库建设。在已建数据库的基础上，重点加强对信用信息基础数据库的建设，升级法人、自然人信用基础库，并新建相关主题库。

完善市法人信用基础库。主要是在已建市法人信用基础库的基础上，继续扩大覆盖范围直到全市，并关联全国其他省市的法人信用库，为重庆市公共信用信息平台提供查询全国范围内的法人信用信息。同时，推动市电子商务领域、市农村和中小微企业领域、市政府采购领域、各级地方政府债务领域、市招商引资领域等的法人信用主题库建设。

升级全市自然人信用基础库。依托全市自然人库，建立完善自然人在社会活动中的信用记录，实现全市范围内自然人信用记录全覆盖。加强重点人群信用主题库建设，建立公务员、企业法定代表人、律师、会计从业人员、注册会计师、统计从业人员、注册税务师、审计师、评估师、认证和检验检测从业人员、证券期货从业人员、上市公司高管人员、保险经纪人、医务人员、教师、科研人员、专利服务从业人员、项目经理、新闻媒体从业人员、导游、执业兽医等人员信用主题库，为推广使用职业信用报告、引导职业道德建设与行为规范提供基础支撑。

新建一批主题库。主要是在法人信用基础库和自然人信用基础库的基础上，新建市信用关系基础数据库、联合惩戒主题库、城市监测主题库、绩效考核主题库、信用宣传主题库、信用预警主题库。

2. 构建信用大数据平台

大数据分析应用系统。加快实施重庆市公共信用信息平台二期工程建设，全面提升平台响应速度、并发处理、数据治理和安全保障能力，按照统一数据标准，全面归集公共信用信息。建立以自然人、法人和其他组织为基础的若干主题信用信息数据库，为开展市场主体信用评价、发布信用报告提供基础支撑。依法推进建立公共信用信息平台与市场化征信系统间的信用信息合作机制，鼓励公共信用信息平台与互联网、大数据机构建立信用信息互换机制，推动公共信用信息与市场信用信息共享交换、融合发展。在大数据平台的MPP架构或图数据库架构基础上，利用大数据技术与分析引擎，对信用主体数据进行深度的挖掘、钻取，按照信用主题利用可视化手段方式进行全市信用大数据分析的展示，凸显大数据分析价值。该类应用系统应重点建设互联网数据采集系统、信用关系基因图谱系统、信用预警与分析系统、信用大数据展示系统等。

信用应用服务系统。建立守信联合激励和失信联合惩戒的触发反馈、联动协同、信用公示、归集共享、红黑名单、惩戒措施清单、信用修复、权益保护、跟踪问效九类机制，在现有行政处罚和奖励措施基础上，健全失信惩戒和守信激励清单。建立信用结果部门间互认和联动响应机制，最大限度发挥守信联合激励和失信联合惩戒作用。应用服务系统基于传统多层系统架构，由J2EE与SOA ESB框架进行无缝融合，结构化模块化的系统架构可提升系统后期的可扩展性、可维护性，同时还将降低开发成本、增强系统运行稳定性、提升系统运行效率。该类系统基于SOA设计理念，其系统架构逻辑上将分为四层：基础层、应用支撑层、业务层和应用会话层。这类应用系统应重点建设绩效考核数据上报系统、联合惩戒服务系统、信用宣传服务系统、国家平台智能上报系统等。

3. 完善信用窗口功能作用

重庆市公共信用信息平台的三个门户，分别是指三个对外的“窗口”：一是基于互联网的“信用中国（重庆）”门户网站，主要是为公众提供信用信息的单次查询和服务；二是基于电子政务外网的“共享门户”网站，主要是为市级政务部门和区县信用平台提供信用信息的批量查询和服务；三是基于移动端的移动门户，主要是为了方便用户从手机、平板等移动设备上查询信用信息。因此，要提升信用窗口的展示作用，就必须加快以下建设内容：升级“信用中国（重庆）”与“共享门户”网站、整合信用移动门户、新建区县门户一体化系统。其中，“信用中国（重庆）”和“共享门户”网站是在一期建设的基础上，继续完善内容、调整栏目，通过这两个窗口为公众和政务部门提供最新的信用信息查询；移动门户主要是整合微信、App、Web等方式的展现方式，建立移动门户，统一提供信用查询等服务；区县门户一体化系统主要是按照统一的标准，为规范各区县信用平台的一致性建设提供服务。

4. 强化信用信息深度加工

围绕社会信用体系建设工作目标和工作任务，以应用为导向，有针对性、分步骤地开展各类信用信息的归集、挖掘和深加工应用。按照自然人、法人和其他组织分别建立信用信息基础库。加快从公共部门收集自然人、法人和其他组织信息，充分吸收采集第三方信用中介服务机构、行业协会、商会掌握的信用信息，丰富平台数据来源。以社会统一代码为基础，将自然人、法人和其他组织信用信息进行关联，加工、比对各类信息，为各部门开展应用提供全方位支撑。开展联合奖惩、行业监管、社会服务、社会治理等多方面的应用。

联合奖惩方面。主要是建立跨地区、跨部门、跨领域联合奖惩机制。通过国家信用信息共享交换平台建立数据交换通道，实现与其他省市“红黑名单”信息实时共享，建立跨地区、跨部门、跨领域联合激励与惩戒机制。开展联合奖惩信息深加工应用。通过分析、追踪黑名单背后的法人、实际控制人，对企业关键人实施穿透式的监管，对原始黑名单数据进行多维度分析，形成区域、行业、重点人群黑名单数据库，开展“黑红名单”

信息的深度应用，包括限制担任企业高管、限制融资授信、限制政府性资金支持、限制政府采购投标、限制申请政府土地供应、限制受让收费公路权益、限制企业债券申请、限制高消费、限制出境等。鼓励红名单主体，享受绿色通道或帮助办理涉税事项、享受出口企业管理一类企业便利措施、享受行政审批绿色通道，以及享受其他各部门各类激励措施等。

行业监管方面。表现为围绕行业监管工作建立行业信用记录，开展行业信息深加工。根据不同部门工作需要和不同工作进展节奏，叠加各行业各部门监管数据，分领域建立主题库，在政府采购、招标投标、资格评定、资金补助、评优评先等方面开展多元化、深层次服务。例如，在政府采购和招投标领域，利用信用图谱功能，发掘信用主体之间隐藏在数据背后的内在联系，展现主体群落，勾勒出信用主体的基因图谱，预防串标围标和金融诈骗等行为。

社会服务方面。重点是围绕社会服务开展数据深加工。建立和完善个人信息记录形成机制，在个人信用信息采集基础上，开发市民信用分，开展社会服务应用。通过建立自然人信用档案，开展信用评价，勾勒自然人信用画像，将信用主体标签化处理，形成信用名片，为市民在找工作、找对象、找保姆、日常消费等生活领域提供便利服务。通过大数据分析整理，筛选出符合条件的“诚实守信好市民”，给予借阅图书免押金，乘坐公交、地铁优惠，信贷服务“绿色通道”等服务，提升市民诚信意识和社会信用水平。结合城市大数据应用，实现大数据抓老赖，大数据挖掘“僵尸卡”，为公共服务部门减少损失。

社会治理方面。在全市范围内围绕社会治理开展大数据深加工。建设重点行业、重点人群、重点领域的信用信息公示、预警监测、风险提示、信用管理培训等服务应用。一是开展信用监测预警应用。根据专项监测业务需求，提供专项信用监测指标和模型，应用大数据监测和云计算技术，实施各类专项监测预警服务，提供城市信用监测分析、重点领域监测、行业信用指数、重大事件监测与预防分析、重点地区信用状况分析与预警等监测服务，为政府部门社会治理当好参谋助手。二是开展重点人群信用应用。建立企业法人代表、董监高信用档案和个人信用分，将其作为评价高管人员的主要依据，依法公示高管人员信用信息，对严重失信的高管人员实施联合惩戒。三是开展社会服务机构信用应用。在与信用服务机构开展信息共享、第三方评估、信用建设等合作的同时，建立相关从业人员信用记录，对信用服务机构和从业人员信用评级，对评级较低的机构中止合作，取消备案。

（五）发展信用服务机构

1. 引进专业信用服务机构

目前国内外知名信用服务机构主要集聚在北京、上海、浙江等经济发达省市，这类信用服务机构已经在企业评级评价模型、数据处理手段、产品应用领域等方面积累了丰富的经验。积极引进国内外知名信用服务机构龙头企业入渝开展信用服务，发挥其引领示范作用，带动重庆本地信用市场的发展。与此同时，鼓励外来信用服务机构与本土机构合作开展信用服务，以市场换技术，在评分模型研究、评级方法等方面充分应用外来机构的优势，借鉴学习其在信用服务领域先进的理念和方法，促进信用服务业发展壮大。

2. 培育本地信用服务机构

发挥政府在规划制定、资源整合、需求引导、政策扶持、联动监管和信息服务等方面的作用，加大政策引导、资金扶持和组织协调力度，为行业发展创造良好环境。一方面，明确公共服务机构在信用市场的作用：设立统一的信用服务大厅，开展信用信息查询、公示、修复、异议、消除等基本信用服务；负责公共信用信息归集共享公开和跨地区跨部门守信联合激励与失信联合惩戒信息共享工作；为有关部门和社会提供信用信息服务和大数据监测预警；制定公共信用信息归集、共享、公开与服务标准规范，指导各地区、各部门信用信息共享平台与归集系统建设和应用服务；开展社会信用体系建设重大问题研究等。另一方面，鼓励重庆本土市场信用服务机构利用人脉、地域优势，发展种类齐全、功能互补、依法经营、有市场公信力的信用服务机构，开展市场信用信息归集、信用主体信用评级评价、信用产品应用、信用修复等市场活动，促进本地信用服务机构健康发展。

3. 鼓励信用服务创新发展

信用服务业几乎涵盖了全社会所有领域的各个行业，完整的信用服务业产业链基本包括信用信息归集、信用模型制定、信用修复等环节，承担相应工作的机构间既有分工又有合作。引导国内外信用服务机构和本土信用服务机构结合自身优势和特长，开展信用信息归集、处理、加工，信用模型研究、制定、运用，信用修复，征信，信用研究等方面的特色服务，实现差异化发展，充分发挥信用服务在市场资源配置中的作用。

（六）培育信用服务市场

1. 政府引领示范用信

政府带头使用信用管理服务产品，创造信用管理服务需求，建立政府机构公共信用评价体系。推动政府部门在社会管理和公共服务的重点领域带头使用信用产品，探索应用信用方式赋能政府管理和政务服务。积极推动市级各个政府部门率先在行政审批、政府投资建设项目招投标、政府采购、土地交易、政府投资补助或贴息项目的选择、资质认定、专项资金安排等重点领域以及人才聘用、周期性检验、日常监督、评级评优等工作中带头使用和逐步推广信用产品及服务。按照授权和规范流程，查询企业信用报告或要求企业提供信用报告，扩大信用评级、信用报告的使用范围，创造信用管理服务市场需求。在部门年度绩效目标考核中引入信用评价，从依法行政、政务公开、勤政高效、守信践诺和履职成效五个维度，从行政复议信息、行政诉讼信息、政务服务网建设绩效信息、统一社会信用代码信息、政务办结效率、投诉举报信息、廉政建设信息、依法履行裁判信息、目标责任制考核信息、舆情监测信息十个方面开展政府部门信用评价。

2. 鼓励金融领域信用交易

相对传统金融领域，信用在促进金融创新方面更能发挥其降本增效的作用。一是降低信用消费门槛，鼓励商业银行、保险机构、担保机构及各类金融机构开发信用产品，扩大信用产品和服务应用范围和领域，激发各种消费需求。二是制定信用消费优惠政策和有效措施，扩大信用卡发放范围和额度、适用范围，开通个人支票账户渠道，引导市民和企业用支票或刷卡消费，做好金融基础服务和延伸服务。三是全面发展消费信用贷，探索鼓励企业以赊销、记账等方式向消费者个人提供信用消费，扩大消费额度，既要稳住当前市场，逐步扩大城市市场，也要挖掘发现乡镇市场，全面进入农村市场。四是发挥信用服务机构进入金融市场的主观能动性，引导和鼓励市场化信用服务机构积极归集、采集信用信息，研究研发法人、自然人等市场主体信用评价模型，建立完整、科学的信用调查和评价体系，增强技术创新、产品创新、业务创新和市场创新能力，对信用信息进行深度开发，除向市场提供传统的信用报告、信用评级、信用评价等产品外，还不断提高自身专业化、特色化水平，为金融机构提供有特色、多样化、高质量的信用产品。

3. 推进个人信用评价应用

建立以道德精神层面、社会活动和经济活动中的信用紧密结合为主的三维个人信用评价模型，以诚信度作为信用素质衡量基础，以合规度和践约度作为信用历史为信用评价的修订调整和应用场景提供参考①，通过大量的素材和案例深度分析影响信用水平的关键因素和行为习惯，对个人信用状态进行评价，构建更加科学、合理、有效的评价模型，精准判断个人信用状况，更好地为个人信用管理市场服务。在个人信用评价模型基础上打造覆盖全市自然人的个人诚信卡，将个人信用评分加载在社保卡或身份证上，扩大个人信用应用场景，将个人信用评分用在入学、考试、职称评定、表彰奖励、缴税、交通出行、水电气缴纳等场景。

六、重庆信用服务业发展的实施路径

（一）加快社会信用地方立法进程

加快建设信用体系相关法律法规立法进程，重点研究信用信息归集使

① 吴晶妹.以诚信度为基础的个人信用全面刻画初探——基于WU's三维信用论视角［J］.现代管理科学，2017（12）：3-5.

用、安全管理、异议申诉、信用修复、权益保护、信用行业规范等管理制度，出台《信用信息公示管理办法》《“红黑名单”管理办法》《信用修复和异议处理管理办法》《联合惩戒管理办法》《信用服务机构管理办法》等规章制度，明确《目录清单》《行为清单》《应用清单》等数据标准，确保信用信息归集查询、信用信息发布、信用奖惩应用、信用信息安全、信用主体权益保护和信用服务机构管理等有法可依。

（二）多措并举支持信用机构发展

除公共信用服务机构外，支持和引导各类市场化信用服务机构参与社会信用体系建设工作。一是开展社会信用信息归集。定期或不定期委托信用服务机构对政府部门指定的市场主体开展信用信息采集、整理，并将相关信用信息共享至重庆市公共信用信息平台，同时，鼓励信用服务机构主动采集重点领域市场主体信用信息，建立全面规范的信用主体信用档案。二是制定信用信息管理标准。根据公共信用信息归集要求，市场化信用服务机构对采集的信用信息进行规范化、标准化处理，对于公共信用信息未作出规定的，可以按市场化要求规范信用记录格式和数据标准，也可以将相应标准升级为行业标准供其他业界同人参考。三是吸纳引导市场化信用服务机构协同开展联合奖惩与失信专项治理工作。根据全国失信惩戒措施清单规定的事项、措施和范围，鼓励市场化信用服务机构将相应奖惩措施在商贸、租赁、旅游、金融、环保等领域开展应用；吸纳市场化信用服务机构在政府开展的失信专项治理工作中发挥积极作用，对失信主体采取跟踪提醒、发函问询、记入行业信用档案等措施。四是支持信用服务机构参与政府部门信用考核工作。支持市场化信用服务机构和公共信用服务机构参与信用工作政府考核评价、行政许可和行政处罚信息“双公示”工作和第三方评估等。鼓励和引导信用服务机构跟踪监测区域内市场主体信用风险状况，对相应的行业、区域做出风险预警提示，鼓励政府部门、行业协会等采购信用服务机构提供行业信用分析报告和监测报告。五是支持信用服务机构与高校科研院所合作。开展信用理论、信用规范、信用标准、信用评价等相关课题研究，为全市社会信用体系建设提供支撑。

（三）开展综合信用服务试点探索

一是开展信用大数据分析应用试点。支持市信用服务机构与大数据机构进行合作，充分分析重庆市公共信用信息平台归集的信用信息和市场化信用服务机构采集的重点领域、重点行业、重点人群、重点区域的数据，根据政府和市场的需求对不同区域、行业、人群、领域进行信用风险评价，并将信用评价结果作为行业分析预警和政府部门加强事中事后监管的重要参考依据。二是扩大信用服务应用场景试点。探索建立信用服务机构备案制度，对信用服务机构服务质量、服务产品、服务范围进行不定期检查，为信用服务机构规范管理建立“重庆模式”供全国参考。三是拓展信用激励与惩戒范围试点。加强信用服务机构与政府、市场合作，将守信激励对象和失信惩戒对象嵌入政府行政管理、公共服务流程和市场化交易及人际交往过程，对严重违法失信主体形成社会共治格局，让失信主体无处遁形，促进社会形成良好的诚信风尚。

（四）着力培养信用服务从业人员

培养信用服务从业人员是未来重庆市信用服务业快速发展的重要保证。一是加强信用服务从业人员的职业培训。引导、支持从业人员逐步获得国际、国内认可的信用服务行业从业资质，提高从业人员的道德素质和业务水平，发展一批具备公正、独立、高效，有较高执业能力和道德水准的信用产业人员，培育一批具有较高政治素养和专业技术水平的潜在从业队伍。二是开展公务人员的信用培训工作。针对全市各部门、各区县的社会信用建设工作人员，举办信用体系建设培训活动，加深信用工作的思想认识，提高信用工作的专业技能。三是推动重庆区域内高校设立社会信用管理专业并完成相应的课程设计。充分运用国内外信用研究成果和实践经验，加强符合我国国情和社会主义市场经济要求的信用理论研究和学科建设，培养信用理论研究、信用应用和信用服务专业人才，支持信用服务业持续健康发展。

（五）加强信用服务机构自身建设

信用服务机构自身的信用状况是信用服务机构提供的信用服务、信用产品是否具有社会公信力和市场竞争力的根本要求和发展前提，是信用服务市场健康发展的核心要义。一是建立信用服务机构及其从业人员的基本行为准则和业务规范。信用服务机构及其从业人员应以诚信履职、诚信服务、诚信收费为基本原则，以强化自律约束、全面提升诚信经营水平为发展目标，坚持加强规范管理，制定行业发展规范和个人从业规范，坚持执业的独立性和公正性，确保信用服务质量的科学性和规范性，在信用服务市场逐步形成行业标准。鼓励引导信用服务机构和信用服务从业人员在“信用中国（重庆）”网站进行认证，主动建立法人和从业人员诚信档案，并将机构和从业人员相关信用信息纳入统一档案进行管理。二是鼓励信用服务机构主动作出合法合规诚信经营承诺并主动公示。市发展改革委和有关行业主管部门对信用服务机构主动公示的信用承诺履行情况进行年度检查，收集社会公众对信用服务机构的舆情反映，并将信用服务机构作出的承诺信息及践诺情况在“信用中国（重庆）”网站公开，接受社会监督。三是建立信用服务机构的准入和退出机制。研究制定信用服务机构管理办法，对信用服务机构实行备案管理，促进信用服务机构规范、独立、合法运营。建立信用服务机构及其从业人员信用评估机制，对有违法违规行为的信用服务机构和从业人员进行曝光，联合市场监管等部门加强日常监管和“双随机、一公开”检查，对严重失信行为纳入联合惩戒，涉及违法犯罪的移送至司法机关。

七、本章小结

信用服务业属于现代新兴服务产业，是现代化服务体系的重要组成部分，是综合运用大数据、智能化、AI 等信息技术对信用信息收集、加工、整理、应用的信息服务业。与欧美等西方国家相比，我国信用服务业起步晚、规模小，还处于初步发展阶段，在我国特色社会主义经济体制下，发展具有国际竞争力的信用服务机构还任重道远。本章从美国、德国、日本等国信用服务业发展的历程分析了各国发展的特点，结合我国国情和重庆基础提出了重庆培育信用服务业的体系架构、制度体系、保障措施和相关发展建议，为重庆发展信用服务业奠定了理论基础。

第七章

决策建议[①]

① 重庆市综合经济研究院李大珊、裴多，重庆征信有限责任公司蔡红波、刘春、郑琼参与本研究。

一、关于加快打造“信用重庆”升级版的建议①

2023年，重庆深入贯彻党中央、国务院社会信用体系建设高质量发展总体部署，落实市委六届二次全会关于推进诚信体系建设的工作要求，聚焦“打造‘信用重庆’升级版”重大改革项目，持续固本强基、推陈出新，扎实推动信用理念、信用制度、信用手段与国民经济体系各方面各环节深度融合，有力支撑了全市经济社会持续健康发展。

（一）“信用重庆”建设步入快车道

1. 信用建设加快融入数字重庆发展大局

完成重庆市公共信用信息平台迁移任务，推送近4亿条公共信用信息至IRS平台，并建成全市统一的信用信息基础数据库，信用平台数据日均调用量超过1.7万次。围绕全市信用通用应用需要，部署开发信用查询、信用报告、信用评价、信用奖惩等系列功能组件，并嵌入“渝快办”“渝快政”和部门相关业务系统。梳理编制“渝悦·信用”三张清单，拓展信用平台网站在政府信用监管、市场“信用+”应用等场景的融跨服务。

2. 公共信用信息更加合理规范

结合《国家公共信用信息基础目录》，完成全市公共信用信息编目，涵盖58个单位、4971个事项，归集公共信用信息7.63亿条，并同步完成企业法人、个体工商户、自然人、事业单位、政府机构、社会团体等6类主体信用档案建立工作。强化信用信息质量管理，全市行政许可、行政处罚“双公示”数据合规率、及时率分别达到100%、0.11%，在全国各省市“双公示”评估中排名第4位。

① 本部分由张峰完成。

3. 以信用为基础的新型监管机制基本构建

事前，深化“证照分离”改革和“无证明城市”建设，新增告知承诺制事项14项，累计达到168项，市民一纸承诺即可替代部分审批要件，或变前置审查为后置核验，累计办件量超23万件，平均压缩办件时间60%以上。事中，率先完成企业法人公共信用综合评价全覆盖，市场监管、交通运输、生态环境等61个行业（领域）开展信用差异化监管，对守信主体“少打扰”、失信主体“密检查”。事后，进一步规范失信惩戒措施清单，动态更新A级纳税人、失信被执行人等信用“红黑名单”10万余条，在290个行政审批和公共服务事项中，触发并实施信用奖惩60余万次。

4. 信用融资服务实体经济持续深化

依托“信易贷·渝惠融”平台，贯通全市72家中资商业银行、1000余个普惠金融专营分支行，实现主要金融机构、网点全覆盖。在金融信贷产品方面，平台共发布73个特色产品和34个区域产品，其中，围绕产业发展，开发大足五金贷、军民融合贷、“专精特新”和“三农”服务专区。“三农”融资服务模式获国家发展改革委《发展改革情况通报》（地方“好经验、好做法、好建议”专刊）刊载推广。

5. 区域信用协同创新加快推进

川渝两地实现企业登记、行政许可、行政处罚、“红黑名单”等实时共享，信用联合奖惩、异地信用修复协同等场景全面铺开，累计共享信用信息1470余万条。涪陵、九龙坡、长寿、綦江、大足、璧山6个区成功入选全国第四批社会信用体系建设示范区。武隆、铜梁、渝中先后入围文化和旅游部文化和旅游信用经济试点城市。全市累计创建信用乡镇115个、信用村1666个。

6. 诚信氛围营造不断深入

举办信用应用场景大赛，“先诊疗后付费”、“信用+商业楼宇”、信用停车、企业信用管家等一大批信用应用场景，聚焦解决基层治理、社会民生、企业发展等急难愁盼问题，让信用惠民有感。持续推动失信被执行人涉政府机构、拖欠中小企业账款等案件动态清零，累计开展新录用公务员信用查询357批次、15295人次，让政府率先立信。

（二）“信用重庆”建设存在的差距与不足

1. 信用信息归集质量不高，信用数字化能力有待提升

尽管近年来重庆市建立了信用信息目录动态更新机制，以及信用信息合规率、及时率、瞒报率等评价机制，但受理念、技术等限制，司法判决、海关进出口、信贷担保及水电气讯等数据还未完全归集，区县部门、街、镇等部分领域信用信息零散、记录缺失，公安、医保等个别部门数据尚未实现数据直接提取，“信用中国（重庆）”网站、企业信用信息公示系统等社会关注度不高，信用的声誉影响力受限。特别是在“数字重庆”建设的大背景下，各类平台对信用大数据挖掘的需求不断增加，但海量结构化、非结构化数据处理能力不足，导致重庆市公共信用信息平台难以支撑快速发展的应用需求。

2. 信用监管拓展不足，信用助力“放管服”成效有待提升

重庆事前告知承诺事项数量远低于无锡（822项）、北京（211项）等城市；事中分级分类监管仅覆盖了全市40%的行政执法检查事项；事后信用奖惩虽依法依规明确了一批联合奖惩对象、奖惩措施和应用领域，但原则性表述多，措施不具体，奖惩边界不清晰，实际操作中存在难以“惩戒到位”的现象。

3. 用信场景较少，信用价值获得感有待提升

杭州、南京、苏州等城市已开展个人信用评价并推出市民诚信分，在租车、借书、租房、就医等方面实施了“免押金”“先享后付”等信用便民服务，重庆市在这方面才刚刚起步。同时，北京、上海、深圳、广州等城市的信用服务机构数量达上百家，而重庆市本地的信用服务机构仅6家。由于应用没有起来，市场没有激活，信用在老百姓中的价值“获得感”还没有显现出来。

（三）新形势下“信用重庆”建设需要全面发力

面对当前复杂的国际政经环境和国内区域发展格局，加快升级“信用重庆”，对提升重庆市综合竞争能力、促进经济稳中求进十分重要。完善的社会信用体系是供需有效衔接的重要保障，是资源优化配置的坚实基础，是良好营商环境的重要组成部分，对促进重庆市国民经济循环高效畅通、融入新发展格局具有重要意义。

1. 畅通的国内国际双循环需要良好的信用制度支撑

全球新一轮技术革命、产业变革和应用场景重塑，对社会信用体系建设提出了更高的要求，市场主体守信履约、相互信任形成良好的信用链条，已成为维系错综复杂的市场交换关系和正常有序的市场秩序的必要条件。为适应这一形势变化，我国乃至重庆市正在努力打造市场化、法治化、国际化的营商环境，高水平推进“经认证的经营者”（AEO）国际互认合作，加强对外投资、对外承包工程、对外援助等领域信用建设，推动信用领域适应“一带一路”开放合作的规则、管理和标准，为企业跨出国门增信赋能，为提升招商引资竞争力和国际多边治理话语权助力。

2. 高效的国内大循环需要健全的信用机制保障

党的二十大报告指出，社会信用是市场经济的基础制度。尽管当前中国经济大循环动力不断释放，但也面临前所未有的巨大风险挑战，需要充分发挥信用赋能的积极作用。一是发挥信用对提高资源配置效率的作用。通过信用信息的共享开放，依法依规实施信用奖惩，构建一个更加公平公正公开的市场交易环境，促进市场主体诚信经营。二是发挥信用对降低制度性交易成本的作用。通过拓展信用承诺、信用分级分类监管业务覆盖面，进一步推动行政审批和公共服务减材料、减环节、减时间，以及事中事后监管“少打扰”，构建一个更加宽松包容的市场发展环境。三是发挥信用对防范化解风险的作用。通过对失信行为风险预警监测、城市信用状况监测等，进一步提升重点行业、区域风险化解能力，提升城市的运行效率和水平。

3. 重庆市经济社会高质量发展需要信用建设的深度融入

在当下改革和数字化转型的背景下，重庆市经济社会发展对信用制度体系重塑、业务协同流程再造、数字化应用系统集成等提出了更高的要求，全社会也期待将“信用重庆”升级版重大改革进一步深化。一是全面提升重庆市公共信用信息平台枢纽功能，进一步发挥好平台在社会治理、产业发展和民生改善中的作用。二是深入构建以信用为基础的新型监管机制，全面推广证明事项和涉企经营许可事项告知承诺制，推动在重点领域结合公共信用综合评价结果实施信用分级分类监管，依法依规开展信用奖惩和信用修复。三是强化“信用+”应用，全面强化“信易贷”“信易游”“信易批”“信易购”等信用惠民便企服务。

（四）对策建议

1. 深入实施信用体系数字化升级工程

信用的基础在于信用信息归集、治理、公开和应用。一是深度融入全市IRS系统建设，落实“数字重庆”建设要求，高质量完成重庆市公共信用信息平台迁移工作，推动五大基础数据库融合互动。二是夯实目录指标体系，制定覆盖各领域、各地区、各方面的统一信用信息采集标准和分类管理办法，形成覆盖全部信用主体、全面信用信息的机制。三是以用促建推动数据合作，依托现有的重庆市公共信用信息平台和“信易贷”平台，围绕信用监管、信用惠民便企服务等场景，加强多部门间协作，打破数据壁垒，推动跨区域、跨行业、跨部门信用信息共享，变信用信息“被动”为“主动”归集治理。四是建立信用协同联动机制，推动公共信用信息与金融机构、协会商会、信用服务机构、企业等市场信用信息的深度融合，共同搭建多渠道、多元化的信用信息服务体系。

2. 深化以信用为基础的新型监管机制改革

一是逐步扩大告知承诺办理事项覆盖范围，鼓励、支持试点区县将告知承诺制推广至水、电、天然气、网络、教育等公共服务行业，推动行政审批和公共服务事项办理减材料、减环节，助推“一件事一次办”改革。

二是全面推广信用分级分类监管方式，实现行政监督检查事项信用分级分类监管全覆盖，对守信主体“无事不扰”、失信主体“利剑高悬”，进一步提升行政监管效能。三是完善信用约束机制，依法依规按照失信惩戒措施清单对责任主体实施惩戒，发挥信用在人身健康、生命安全、市场经济秩序、社会管理秩序等方面的保障作用。

3. 大力完善信用惠企助农融资服务功能

一是提升融资服务平台的融跨能力，促进与政务服务系统、市内金融服务平台资源整合和应用，将“信易贷·渝惠融”平台打造成为市政府公共信用数据对接金融数据综合应用的节点和枢纽，实现各类主体精准画像，发挥金融机构和融资主体的“金桥”作用。二是完善“信易贷”重庆模式，将“申请有额度、办理有时效、拒单有原因、服务有监管”的信用融资服务体系贯穿至金融信贷全流程。三是积极开展“信易贷”示范建设，依托产业园区、区域性产业集群等，打造一批“信易贷”试点示范区和特色“信易贷”产品，让融资服务体系融入市场主体生产经营活动。

4. 提升信用服务实体经济水平

一是拓展信用报告应用范围，推动各地各部门在政府采购、招标投标、行政审批、市场准入、资质审核、公共资源交易、政府补助、贯标示范创建等事项中广泛应用公共信用服务机构出具的信用报告。二是创新“信用+”应用场景，培育信用助农、信用教育、信用旅游、信用商圈、信用招投标、信用医疗、信用就业、信用养老、信用家政、信用租房、信用二手车等若干激励守信、褒扬诚信的市场化应用场景。三是创新信用信息查询服务，鼓励市场主体在合同签订、项目承包、投资合作、租赁等商业活动中主动查询信用信息。

二、关于重庆加快实施信用监管的几点建议①

当前，重庆正处在加快转变发展方式、推动经济转型升级的关键时

① 本部分由张锐完成。

期，在充分挖掘大数据商用、政用、民用价值，大力发展数字经济的进程中，学习借鉴先进省市经验和做法，构建以信用为基础的新型监管机制（以下简称“信用监管”），充分发挥信用在创新监管机制、提高监管能力和水平方面的基础性作用，更好激发市场主体活力，对提升区域诚信水平，优化营商环境，促进经济高质量发展意义重大。

（一）部分省市信用监管实施情况及启示

党中央、国务院高度重视信用监管工作。2014年，国务院印发《社会信用体系建设规划纲要（2014—2020年）》，将健全信用监管机制作为社会信用体系建设的一项主要目标，要求在交通运输、环境保护和能源节约等重点领域实施信用分类监管。2019年7月，国务院办公厅印发《关于加快推进社会信用体系建设构建以信用为基础的新型监管机制的指导意见》，要求建立衔接事前、事中、事后全生命周期的信用监管机制，不断提升监管能力和水平。近年来，随着国家各项政策措施的出台，各级地方政府多角度探索建立符合区域发展的信用监管机制。

1. 实施情况

（1）上海市。

全面加强政务诚信、商务诚信、社会诚信和司法公信建设，强化以信用为核心的全过程监管，着力改善社会信用环境。一是以党建促业务发展，加强党对监管工作的领导。成立全国第一个省部级市场监管工作党委——中共上海市市场监管工作委员会，将行政体制改革拓展到党政联动改革；组建全能型市场监管局，整合原有工商、质监、食药监、价检部门监管职能实施综合监管。二是以制度建设为统领，推进重点领域信用监管。出台《上海市食品生产企业食品安全风险与信用分级监管办法》《上海市家政服务条例》等制度，在食品安全、家政服务等重点领域实施信用监管。三是强化信用体系建设基础保障，提高信用监管效能。利用“诚信上海”信用信息平台建设全市统一的投诉举报、处罚信息申报、案件查处等系统，实现大数据辅助监管决策；充实街道、镇等基层一线执法人员，保持市、区、街镇人员配比为0.6∶2∶7.4，确保监管有力。

（2）浙江省。

结合数字政府建设，推进“信用浙江”发展。一是制定法规和专项规划，规范推进信用监管。颁布实施《浙江省公共信用信息管理条例》，连续制定《浙江省社会信用体系建设“十二五”规划》《浙江省社会信用体系建设“十三五”规划》专项规划，逐步建立机制健全、运转有序、奖惩有度的社会信用体系。二是实施信用“531X”工程，构建以信用为基础的新型监管机制。聚焦企业、自然人、社会组织、事业单位和政府机构五类主体，建立健全公共信用指标体系、信用综合监管责任体系、公共信用评价及信用联合奖惩体系三大体系，建设全省一体化公共信用信息平台，深化信用体系在若干重点领域创新应用，在审批服务、行政监管、公共服务、公共资源交易和其他政务事务等领域，打通全省279个信用相关业务系统（平台），实施信用联合奖惩。

（3）河北省。

依托省信用信息共享平台和“互联网+监管”系统，创新事前、事中、事后信用监管方式，积极构建新型监管模式。一是加强政务诚信建设，出台《关于开展重点领域政务失信问题专项治理 进一步加强政务诚信建设的意见》《“新官不理旧账”问题专项整治工作方案》，在政府采购、招标投标等重点领域，完善政务诚信监测评价、民主监督、司法监督、社会监督和政务失信惩戒问责机制。二是推行分级分类监管，制定《企业公共信用综合评价指南》，制定四级评价标准，实施分级分类监管，2022年，累计督促15768人主动履行债务，清理谣言和虚假信息1678条、网络诈骗10435件，处置网络诈骗类网站151家、侵权假冒类31家。三是实现京津冀区域一体化协同监管，签订《京津冀地区旅游信用协同监管合作备忘录》，搭建京津冀“交通运输信用”监管平台，促进三地在旅游、交通等领域实现协同监管。

（4）南京市。

南京市是全国首批信用体系建设示范城市，在推进信用信息应用、实施信用监管等方面均走在全国前列。一是以法律形式固化信用监管措施，2020年7月，《南京市社会条例》正式实施，明确对市场主体的联合激励和联合惩戒措施。二是加强信用体系建设的组织保障，建立以市长为组长、各市级部门主要领导为成员的社会信用体系建设工作领导小组，统筹推进全市社会信用体系建设；设立市信用办，牵头研究和推进诚信体系的规划、建设、政策制定、监督指导和综合协调；成立市公共信用信息中心，承担全市企业与个人信用信息数据库、管理服务平台及诚信南京网站的建设和运行等工作。三是建立信用分类监管制度，在医疗卫生、政府采购、不动产登记等重点领域建立分类监管制度，对不同登记失信行为进行分类监管，并按《南京市社会条例》进行约束。

2. 各省市经验及启示

（1）强化基础保障，确保监管工作推进有力。

一是在机构及人员保障方面，南京、苏州、宿迁等城市建立了以市长为组长、各市级部门主要负责人为成员的社会信用体系建设领导小组；湖北、四川、陕西、广东、江西、黑龙江等省份成立了省级信用体系建设办公室、信用中心，合力推动区域社会信用体系建设。二是在制度保障方面，上海、浙江、江西等省市相继出台了构建以信用为基础的新型监管机制的实施意见、实施方案、工作方案等多项文件。三是在资金保障方面，上海、南京、杭州等地设立了社会信用体系建设专项资金，培育信用服务市场、发展信用产业、促进信用信息应用、宣传诚信文化。

（2）推广试点示范，探索不同领域监管方式。

各省市结合地方实际积极探索事前、事中和事后各阶段的信用监管措施。一是在行政审批领域试行信用承诺和容缺受理办法，河北、广西、济南、青岛、大连、攀枝花等地在政务办理、投资申请、生产许可等事前环节，对于非关键性申请材料暂缺的，申请人作出相应承诺后，按照正常审批服务流程办理，提高审批效率、增加群众满意度。二是在招标投标领域推行信用报告制度，郑州市要求投标人在参加政府采购招标中，提供由市信用管理部门认可的信用评价机构出具的信用报告；江西省在政府采购、招标投标、行政审批、市场准入、资质审核等行政管理事项中，要求市场主体提供由第三方信用服务机构出具的信用记录或信用报告。三是在市场监管领域开展分类管理试点，安徽、上海、广东等地依托信用共享平台开发分级分类监管功能，根据企业信用状态在监管方式、抽查比例和频次等方面采取差异化监管措施；上海浦东市场监管局与芝麻信用合作，对其重点关注名单上的企业采取高风险预警、适当增加检查频次、实施全项彻查等重点监管措施。四是在事后监管环节实施联合奖惩，江苏、上海等省市根据国家联合奖惩备忘录及本地区守信联合激励和失信联合惩戒有关文件要求，推动各项奖惩措施落地，建立信用数据清单、应用清单、措施清单（统称“三清单”），对数据管理、应用事项、奖惩措施等进行规范。

（3）加强监管协同，促进跨区域一体化发展。

跨省域层面，沪苏浙皖成立长三角信用一体化合作示范区，整体推进信用制度建设、信用信息共享共用，在环境保护、食品安全、产品质量、旅游等重点领域实施跨区域联动奖惩、信用证明互认共用等举措；桂粤琼三省部分城市成立北部湾信用生态圈城市联盟，合作开展信用制度建设、促进信用信息跨区域共享共用、培育信用市场、探索重点领域的跨区域联合奖惩、防范区域金融风险等事项；成都高新区、上海市张江高科技园区、武汉东湖高新区、天津滨海高新区、长沙高新区五家国家级高新区联合发起成立全国高新技术园区信用联盟，利用互联网征信、大数据、反欺诈模型等技术，建立企业信用管理系统和跨区域统一信用管理制度。省内层面，四川泸州、宜宾、自贡、内江成立“川南经济区信用联盟”，围绕共建信用智库、共享信用信息、互认“红黑名单”、共育信用市场、共铸信用品牌等开展实践探索；中科大管理学院、安徽省征信公司、合肥市包河区消费者协会等单位成立包河信用联盟，签署《包河信用联盟公约》，在社会治理、社会管理和社会服务等方面加以限制，强化协同监管。

（4）依法依规监管，保障市场主体合法权益。

《上海市社会信用条例》《南京市社会信用条例》《湖北省社会信用信息管理条例》等均特别强调信用主体的权益。一是设置信用主体的知情权，当事人有权知道自己的信息由谁来采集、由谁去使用，限次数免费查询自身的信用记录；二是记录消除权，失信信用信息的记录期满消除；三是异议权，对记录的失信信息当事人有权提出异议；四是纠错权，发现信用信息记录错误或者失信信息被撤销的，有关机构应当及时改正；五是主动修复权，失信当事人可以通过主动履约、从事公益性活动等方式主动修复自己的失信记录。

（二）重庆市推进信用监管的现状及问题

1. 信用监管实施现状

近年来，重庆市贯彻落实国家关于建立以信用为基础的新型监管机制的要求，并在一些方面开展了积极探索。一是出台《关于加快推进社会信用体系建设构建以信用为基础的新型监管机制的实施意见》，要求部署建立健全贯穿市场主体全生命周期，衔接事前、事中、事后全监管环节的新型监管机制。二是依托重庆市公共信用信息平台建设联合奖惩系统，按照法院、财政、交通、社保、环保等30个领域建立的信用“红黑名单”制度，认定并上线信用“红黑名单”人数为38.4万人。三是市级各部门多举措推进信用监管，以“渝快办”、市投资项目审批等平台为诚实守信的企业提供容缺受理、加快办理等便利服务；市税务局建立纳税信用等级评价制度，对市场主体设置A、B、C、D四级，实施不同级别的监管措施；重庆海关实施AEO制度，获得认证的企业可以享受免担保、企业协调员服务、较低查验率及AEO互认国家或者地区通关便利等多项便捷措施。

2. 存在的问题

当前，重庆市以政府主导、社会参与的信用监管体系建设虽然取得一定成效，但还面临着诸多问题。一是信用监管法规依据不完善，《重庆市社会信用条例》尚未出台，缺乏保障相关工作推进的“红黑名单”认定及使用、信用修复、信用服务机构管理等配套制度。二是重庆市公共信用信息平台在处理能力方面难以支撑信用数据来源、数据种类、数据量和用户访问量的快速增长，在功能方面缺乏支撑全过程智慧监管的信用综合监管系统。三是以信用为基础的全生命周期监管、跨地区跨部门协同监管和新兴业态监管机制尚未建立。四是实施信用监管的范围不广，市场主体守信“获得感”不强等问题长期存在。

（三）重庆市实施信用监管的建议

1. 健全法规制度和相关标准，依法依规实施信用监管

一是加快推进《重庆市社会信用条例》配套制度建设。鼓励和支持各行业、各部门制定信用相关管理办法，为政府采购、工程招投标、环境保护、食品药品安全等重点领域开展信用监管提供制度保障。二是建立信用监管事项清单。依据国家“互联网+监管”系统监管事项目录清单、“双随机、一公开”事项清单，结合各级部门权责清单建立全市信用监管事项目录清单，明确监管范围、措施、依据和处理方式等内容，纳入信用监管系统统一管理、动态更新，避免传统监管存在的主体不明、措施泛化等问题。三是制定统一信用评价等级标准。按照市公共信用信息目录，结合国家有关标准，多维度梳理行业（领域）信用信息，实施市场主体公共信用基础评价，推动信用评价规范化、标准化，形成以A（优秀）、B（良好）、C（中等）、D（较差）、E（差）五档为展现形式的综合信用评价结果，供相关部门参考使用，奠定精准监管的基础。

2. 优化重庆市公共信用信息平台功能，充分挖掘信用信息价值

一是提高重庆市公共信用信息平台数据处理能力。充分运用云计算、大数据等新技术手段，提供动态、灵活、高效的计算服务，提升平台虚拟计算、PB级信用大数据处理能力，支撑拓展各类信用应用场景。二是建设信用监管系统。依托重庆市公共信用信息平台建设贯穿全流程的信用监管系统，开发信用承诺管理、综合评价和监管、信用核查和联合奖惩等主要功能，以及市场主体信用画像、风险防控预警等辅助功能，嵌入“渝快办”、全国“互联网+监管”系统（重庆）及其他市级监管系统，提高监管的规范化、精准化、智能化水平。三是加大公共信用信息归集力度。定期更新全市统一的公共信用信息目录，加大与市场主体生产经营状况密切相关的税收缴纳、社保缴纳、公共事业等关键信用信息归集力度，确保信用信息按目录实现应归尽归。四是促进监管信用信息实时共享。各行业监管部门在履行职能过程中，充分运用各种信息化手段查询、上传、分析、记录信用信息，实时归集更新市场主体信用状态信息，实现信用信息“以

归促用、以用促归”，提高监管的精准性和实时性。

3. 发挥信用监管基础性作用，建立新型市场监管机制

一是健全贯穿市场主体全生命周期的监管机制。创新事前环节监管，开展经营者准入前诚信教育，拓展信用报告应用范围，推广信用承诺制度；加强事中环节监管，全面建立市场主体记录，开展公共信用综合评价，依评价结果实施信用分级分类监管；完善事后环节监管，建立失信联合惩戒对象名单制度，开展失信联合惩戒，追究违法失信责任，建立信用修复机制。二是探索建立新兴业态审慎监管机制。建立完善新兴产业企业信用承诺、信用公示、信用修复等制度，实施以信用为基础的风险预警机制、“容错”机制和守信联合激励失信联合惩戒机制，对法律政策界限不清且没有造成严重社会不良后果的行为（涉及食品药品安全、生态安全、公共安全等除外），采取失信警示、约谈等措施，指导市场主体合法合规经营并充分体验到守信的“获得感”。三是建立西部地区信用监管协同机制。联合四川、陕西、贵州等省份建立区域信用联盟，逐步吸纳云南、广西、青海、宁夏等省份加入，以重庆市公共信用信息平台为基础打造西部信用信息共享平台，促进各类信用信息共建共享共用，共同培育信用服务市场，实现跨区域信用联合奖惩，构建区域信用协同监管机制。

4. 开展信用监管试点示范，逐步在更大范围推广应用

一是推动信用告知承诺制试点。在户籍管理、市场主体准营、社会救助、健康体检、资格考试、社会保险、法律服务等领域试点告知承诺制，相关行政管理部门在行使职能时，以书面形式（含电子文本）将证明义务、证明内容以及不实承诺的法律责任一次性告知申请人，减少证明事项，简化行政审批，方便企业和群众办事创业。二是探索实施以信用评级结果为基础的分级分类监管。行政监管部门依据市公共信用评价结果，综合运用“双随机、一公开”监管、重点监管、“互联网+监管”、智慧监管等方式在电子商务、金融、保险等领域试点差异化监管，对信用评价等级高的市场主体实施无事不扰、加快办理等激励性措施，对信用评价等级低的市场主体加大检查力度、提高检查频次。三是完善失信联合惩戒机制。根据联

合惩戒措施清单，重点实施惩戒力度大、监管效果好的失信惩戒措施，包括依法依规限制失信联合惩戒对象股票发行、招标投标、申请财政性资金项目、享受税收优惠等行政性惩戒措施，限制获得授信、旅游度假、入住星级以上宾馆及其他高消费行为等市场性惩戒措施，以及通报批评、公开谴责等行业性惩戒措施。

三、运用社会信用制度促进重庆优化营商环境的几点建议①

近年来，重庆市立足新发展阶段，贯彻新发展理念，积极融入新发展格局，在加快建设全国统一大市场背景下，以深化“放管服”改革为抓手，不断优化营商环境。为确保“简政放权、放管结合、优化服务”走深走实，亟须运用信用理念、信用制度、信用手段与重庆经济社会各领域深度融合，进一步发挥信用对提高资源配置效率、降低制度性交易成本、防范化解风险的重要作用，切实解决改革过程中遇到的难点痛点堵点，助力重庆经济社会高质量发展。

（一）重庆市社会信用体系建设发展现状

1. 信用数据稳步“夯实”

信用信息基础数据库初具规模。按照《重庆市公共信用信息目录》，依法依规归集全市各部门各区县的行政处罚、行政许可、行政强制等各类信用信息。截至2023年10月，重庆建成了法人、自然人的信用信息基础数据库，收录信用信息近8亿条，实现全市110万户存续企业、200余万户个体工商户、1万余家事业单位的信用信息应收尽收，并建立了36类、550万名重点人群的信用档案，为各级政务部门精准监管和市场个性化服务提供了基础支撑。

信用专题数据库日趋丰富。在支撑乡村振兴方面，构建市、县、乡镇三级数据归集体系，依托市“信易贷·渝惠融”平台建立涉农信用专题数据库，并在9个区县、16个乡镇、9个产业链开展试点应用，当前，已汇

① 本部分由张锐完成。

聚农业企业、农业合作社、家庭农场、种养大户、农户等五类农业经营主体，近4万户信用数据，涉及土地流转、土地确权、涉农补贴、人力资源补贴、农产品种植收入、畜牧养殖收入、果品种植收入等重点数据，共计15个大类60个子项。其中，农业经营主体中涉及自然人（农户）15万余人，已全部建立了信用档案。在支持教育领域方面，联合市教委建立了教师信用专题数据库，归集大中小学及幼儿园相关教职员工共计51万人信用信息，涉及基本信息、岗位信息、师德师风、荣誉表彰、婚姻登记、住房公积金等9大类14项子数据，并建立了教职员工信用档案，实现信息查询、教育管理分析、风险预警等功能。

信用数据管治能力逐步夯实。重庆市公共信用信息平台建立集技术、管理、业务于一体的信用数据资产管理功能，初步形成数据颗粒化、标签化、指标化并层层递进的数据治理应用体系。同时，制定信用工程标准，对数据归集、数据应用、数据标签、评价指标等进行规范。

2. 信用服务逐项“落实”

信用服务向标准化规范化迈进。制定出台《重庆市公共信用信息服务工作规范》，明确信用查询、自愿填报、异议处理、信用修复等服务标准、方式和流程。在线上服务方面，以“信用中国（重庆）”网站为全市公共信用信息服务的总窗口，为社会公众提供信用信息查询、信用报告下载等服务。在线下服务方面，设立信用综合服务窗口和信用热线，累计受理信用查询、信用修复、信用贷等各类咨询1万余次。

丰富信息服务内容。及时更新“信用中国（重庆）”网站的信息服务内容，提升信用主体信用信息透明度，针对不同需求，推出了企业信用报告（授权版）和个人公共信用报告（实名认证版），其中企业信用报告（授权版）增加了税收、房产、公积金等授权信息，个人公共信用报告（实名认证版）可实名认证查询自己的职称、职业资格、行政管理、司法判决、严重失信主体名单等相关信息。同时，通过党政内网、刻录光盘、专人收送等方式，为全市各级部门提供公务员招录、职务升迁、评先争优等事项的个人信用查询服务。

3. 信息应用便民“实惠”

开设综合信用融资服务窗口。依托重庆市公共信用信息平台建成“信易贷·渝惠融”App，支持有需求的银行、保险、担保、信用服务第三方金融机构有序接入，按照公益性原则为接入机构提供信用查询、信用报告下载等基础性信用服务，并鼓励接入机构应用平台的“信易查”功能，将信用信息作为市场主体融资的重要参考。同时，根据“可用不可见”原则对需用户授权的信息在平台建立预授信模型，预先判断用户资质。接入机构可创新开发或接入本机构已成熟的纯线上、纯信用的信贷产品，以提高平台的融资效率和企业服务体验。为助力接入机构强化贷后管理和风险防范，平台还建立贷后监测预警模型，实时跟踪监测融资主体及所属行业的各类信息及负面风险信息，将异动情况及时精准推送至相应接入机构。

不断丰富专项融资产品。以平台服务实体经济和支持特色产业发展为导向，持续强化水电气、纳税、社保等信用信息的归集共享，全面整合中小微企业的纳税、社保等信用信息，根据归集共享的信用信息以及产业特色，开发了针对“三农”的“花椒贷”“榨菜贷”等特色涉农信贷产品、针对大足五金产业的大足五金贷专区产品，探索开发工程建设“中标贷”“电力贷”等特色融资产品。

信用助力提升行政审批效能。出台《重庆市涉企经营许可事项告知承诺制目录》，以“定清单、建系统、线上办、成闭环”理念深化审批制度改革。其中，“定清单”对照国家证照分离改革事项基础清单，结合重庆市实际情况，制定《重庆市涉企经营许可事项告知承诺制目录》，涉及市场监管、公安、文化旅游、交通运输等20余个部门的80余个事项。“建系统”依托重庆市公共信用信息平台开发信用承诺信息管理系统，融入“渝快办”政务服务平台，实现承诺、核查数据填报、统计分析及信用查询等功能。“线上办”在“渝快办”政务服务平台开设“告知承诺专区”，创新推出告知承诺事项一站式、全线上、闭环化的“一网通办”，在不增加市场主体负担的情况下，实现自动触发办理、自动信用归档、自动推送核查结果等功能。“成闭环”将承诺事项与证照库、“双随机、一公开”、部门执法系统等业务系统对接，逐步实现跨层级、跨部门、跨地区数据共享和业务协同，全程跟踪履约情况。发现实际情况与承诺内容不符的，按违诺情节要求整改、撤销许可或给予行政处罚。截至2024年8月，“渝快办”及各部门业务系统累计办理告知承诺事项80余万件。其中，涉企经营许可事项3.6万件，证明事项76.4万件，最短单个办结时长仅5分钟，当天办结率高达70%，累计减少证明材料近50万件，推动重庆营商环境持续优化。

信用助力精准监管。结合全国“互联网+监管”企业信用风险评价指标、国家市场监督管理总局最新版信用风险评价指标，优化完善重庆市公共信用综合评价指标（分为A、B、C、D四个等级），完成全市110万家市场主体的综合评价，并将综合评价信息推送至全市各部门，供监管工作参考。市场监管、食品药品、环境保护、文化旅游、消防安全、水土保持、医疗卫生、房地产开发、公路建设、安保服务等领域出台分级分类监管文件，推动以信用为基础的精准监管。

“信用+”便民场景广泛落地。如涪陵区以问题为导向，结合自身实际，制定《重庆市涪陵区社会信用体系建设联席会议办公室关于涪陵区全领域开展合同履约信用监管工作方案的通知》（涪信用办发〔2021〕8号）在建筑施工、公路建设、物业服务、榨菜供销、医疗保障、政府采购、招商引资、金融服务、养老服务和校外培训10个领域相继开展合同履约领域信用监管。涪陵区社会信用体系建设联席会议办公室关于印发《涪陵区开展“信易+阅读”工作实施方案》的通知（涪信用办发〔2023〕8号），根据流通部、采编部推荐，对借还守时、借阅频率高的读者，发放优秀读者证，并向其赠送文创产品作为奖励。南岸区出台《关于开展2019年度物业服务星级挂牌管理工作的通知》，将第三方征信机构对企业作出的信用评价纳入星级评定内容，评定结果纳入南岸区物业企业诚信档案。南岸区公共资源交易监督管理局下发《关于在工程招标过程中运用第三方信用评价结果的通知》，在区政府投资工程建设项目招标中，中标人可选择提供第三方征信机构出具的信用报告，并根据报告中载明的信用评价等级享受履约保证金减免优惠政策。南岸区市场监督管理局下发《关于在“守合同重信用”和“南岸区放心消费创建示范单位”评选活动中建立信用承诺+信用核查制度的通知》，将信用信息纳入评优评先工作。

信用奖惩助力市场资源配置优化。将国家出台的拖欠农民工工资、重大税收违法、市场监督管理严重违法等失信主体名单查询嵌入全市统一的网上行政审批平台以及公安、人社等部门的业务系统。截至2023年底，全市已累计查询严重失信主体名单和守信主体名单超过5000万次，触发并实施奖惩措施超过55万次。同时，构建起“成渝”两地信用奖惩共施格局，实现两地A级纳税人、海关高级认证企业、失信被执行人、安全生产黑名单等守信激励对象和严重失信惩戒对象的信息按周全量共享，并严格落实《全国失信惩戒措施基础清单（2022年版）》要求，依法依规实施信用奖惩。

4. 信用示范取得“实效”

全国社会信用体系建设示范取得成效。铜梁区以信用承诺促进“放管服”改革。一是扎实开展告知承诺制工作，向全国信用信息共享平台上报符合规定要求的信用承诺信息及履约践诺情况信息数量3万余条，实现企业全覆盖。二是创新开展“信用+审批”工作，在商事登记、市场准营、许可证办理等43个审批事项实施全信任审批、非核心要件替代审批、要件后补式审批，打通网审平台办理通道。巴南区强化农村信用体系建设。一是建设西南首个、全国第五个“农村征信系统”，升级“信用巴南”门户网站，推进市区门户网站一体化建设。二是率先建立全市首个区县级信用监测平台，推进运用大数据构建新型监管机制，连续三年城市信用监测综合排名位列全市第一。三是提升全区中小微企业的信用意识，建立中小微企业诚信激励机制，引导金融机构增加对中小微企业的信贷投入。江津区加快“信易贷”建设。一是建立“信易贷”月度推荐企业名单常态化机制，向全国“信易贷”平台和地方“信易贷”平台推荐企业名单共83家中小微企业，其中获贷企业35家，获贷比例42%，获贷金额共计0.83亿元。二是建立小微企业融资风险缓释获风险补偿基金并在“信易贷”平台落地，资金池规模4亿元，由市、区财政各出资50%，专项用于中小企业商业价值信用贷款风险补偿。

市级信用体系建设示范亮点纷呈。九龙坡区从组织领导、信用基础等方面开展示范区建设。一是建立以常务副区长为召集人的联席会议制度，以召开联席会、办公会和专题会等形式研究部署社会信用体系建设工作。二是建成“一网站一平台”，“信用九龙坡”门户网站为社会公众提供信用信息“一站式”查询服务，初步实现各地区、各部门信息共享共用。三是开展信用监管，共有143个市场主体实行告知承诺制办理，基本实现各领域、各行业联合奖惩，累计查询45万余次、触发3万余次，并对失信主体实施限制性办理、取消补助等措施。南岸区从信用应用和信用权益保护方面开展试点。一是在招商引资、资金扶持、日常监管、招投标领域开展信用信息的应用，将信用报告作为重要的参考依据。二是在经开区创新“金融+信用”模式，试点推进弱担保、轻资产、信用类信贷产品，其间，累计投放信贷资金超3亿元。三是创新探索并出台信用修复文件，在信用门户网站开设信用修复专栏。涪陵试点推进信用监管机制。一是创新事前环节信用监管，在行政审批、企业注册登记、失信主体退出等领域推广信用承诺。二是完善事中分级分类监管，在建筑施工企业管理、物业服务管理、医疗保障协议、医疗机构管理、纳税信用管理等12个领域实施分级分类监管。三是健全事后监管机制，严格执行各领域联合奖惩措施，多个部门依托市信用平台联合奖惩系统实行了逢办必查。

（二）“放管服”改革面临的问题

1. 简政放权的作用发挥不够

一是传统审批机制需创新。全市40个区（县）行政审批大厅已经建立，但相应的行政审批集中行使机制尚未完全建立，需要集中行使哪些行政审批职能和如何集中行使尚未明确，各部门具体负责行政审批的人员也未划转到行政审批大厅开展集中行政审批。二是部分审批事项的办理方式需改变。跨地区、跨部门、跨层级间的数据壁垒还不同程度存在，数据互通依然不畅，一些部门、区县仅将权力事项在“渝快办”上以目录方式展示，却并未提供线上服务渠道，与“互联网+政务服务”“一网通办”的要求还存在差距。

2. 监管模式急需创新

一是监管缺乏协同性。涉及各部门、各区县的监管职责、范围、规范还不明确，在实施监管过程中，各部门的监管时间、方式、手段难以协调一致，距离真正意义上跨部门协同监管还有一段距离。二是监管缺乏精准性。传统监管采用“撒胡椒面”方式，监管方式粗放，耗费大量人力物力，但监管效果不理想。三是缺少统一高效的监管手段。全市尚无统一的监管综合系统，即贯穿“互联网+监管”系统、“双随机、一公开”系统、执法人员管理系统等全市已有的监管系统，各监管部门仅关注本领域的职能职责，难以确保全过程监管落地实施。

3. 政府服务的效能还需提升

一是在政策扶持方面，相关政策力度虽呈不断加大态势，但一些扶持政策的申请程序繁杂，限制条件多，政策效应难以充分体现。二是在信息服务方面，部分政府网站的信息缺乏系统性、针对性、专业性，仅仅局限于把一些法律、法规、政策、条文从纸上搬到网上，公开的政务信息数量少，质量也不高，信息更新不及时。三是在数据资源整合利用方面，由于政府管理机构的条块分割，使得信息资源管理长期处于分散状态，形成一个个信息碎片，企业在政府网站上能够查询到完整准确的信息不多。

（三）将社会信用制度融入“放管服”改革的对策

1. 加大数字化改革，更大范围优化政务服务

提升“渝快办”政务平台的一体化智慧化水平。将“渝快办”平台打造成为集申请、受理、核验、督查、执法等于一体的综合性平台，实现“渝快办”政务平台与“国家一体化政务服务平台”无缝对接，逐步实现“跨省通办”“一网通办”“智慧监管”。同时，基于“渝快办”政务平台加快开展“渝快投（投资）”“渝快融（融资）”“渝快游（旅游）”等“渝快+”场景试点示范。

建立涉企政策主动服务机制。结合“渝快办”“信用重庆”服务对象的信用状况，主动推送与市场主体行政审批、行政奖励、行政补偿等相关的政策，让政策找主体、主动服务主体。同时，给予信用状况好的市场主体减流程、减材料、加快办理等优惠措施，增强市场主体的获得感。

2. 建立信用监管机制，释放监管效能

建立健全完善以信用为基础的新型监管机制。重视事前环节监管，开展经营者准入前诚信教育，拓展信用报告应用范围，推广信用承诺制度。加强事中环节监管，全面建立市场主体记录，开展公共信用综合评价与行业评价相结合，依评价结果实施不同等级的信用分级分类监管。完善事后环节监管，依法依规建立失信联合惩戒对象名单制度，对纳入失信惩戒名单的市场主体开展失信联合惩戒，追究违法失信责任，建立信用修复机制。

优化联合执法机制。完善社会信用体系联席会议制度，建立协同监管信息沟通交流机制、监管人员协作机制、学习培训互动机制等多方面的协同监管工作机制，在电子商务、公共安全、消费投诉、资金往来、广告宣传等重点领域开展先行先试，从会议制度、人员调配、资源共享等方面建立和优化联合执法机制。以提升政务诚信为基础推进综合行政执法改革，结合全市执法人员数据库和权力事项清单，统筹配置行政处罚职能和执法资源，提高监管的公平性、精准性和透明性。

探索新兴业态审慎监管机制。建立完善新兴产业企业信用承诺、信用公示、信用修复等制度，实施以信用为基础的风险预警机制、“容错”机制和守信联合激励失信联合惩戒机制，对法律政策界限不清、没有造成严重社会不良后果的行为（涉及药品安全、生态安全、公共安全等除外），采取约谈告诫等措施，引导企业合规合法经营。

建立信用监管系统。应用大数据智能化技术，基于重庆市公共信用信息平台建设连接各级各部门的业务管理系统和专业应用系统的执法监管数据库，实现企业信用分类监管、信用风险预警、监管过程信息共享等多项功能。通过对监管大数据的分析挖掘，对苗头性、行业性风险及各类失信行为早发现、早提醒、早处置，提高监管的及时性、精准性、有效性。

3. 强化政府服务意识，增强市场主体“获得感”

推广应用信用承诺制度。扩大告知承诺制适用范围，针对“与企业和群众生产生活密切相关、使用频次高、获取难度大的证明事项”，以及“通过事中事后监管能够纠正和有效防范风险的涉企经营许可事项”，深化告知承诺制改革，持续出台适用事项清单，并逐步扩大覆盖面，推动政务服务便捷化办理。鼓励支持试点区县将告知承诺制推广至水、电、天然气、网络、教育等公共服务行业，替代公共服务机构所需要的证明材料，切实利企便民。逐步拓展信用承诺制在教育、医疗卫生等公共服务领域的应用，切实提升公共服务效率。创新推进多形式信用承诺，鼓励市场主体主动向社会作出信用承诺，支持行业商协会建立健全行业内信用承诺制度，加强行业自律。探索实施网络运营者事前信用承诺制度，健全网络信用信息共享机制，建立跨部门网络信用监管和协同处置机制。

加快推动“信易贷”助企惠民。确立全国中小企业融资综合信用服务平台（重庆站）为全市涉金融、工业、农业、服务业等信用信息的综合性应用平台，统一全市涉信用贷款出入口，规范市场主体融资申请、金融机构授权查询审核、政府部门监管行为，使市场主体全方面了解各金融机构的金融产品、金融机构能精准掌握融资需求主体信用状况，提高数据的完整性、多样性和借贷双方信息的对称性。出台政策要求银行、保险、担保等金融机构加大对中小微企业发放普惠小额贷款力度，鼓励各区县设立风险缓释基金，以降息、贴息、补贴等方式引导中小微企业、个体工商户、新型农业主体、家庭农场等市场主体在该平台登记注册并发起融资需求。

完善信息公开机制。拓展“信用中国（重庆）”网站的功能，变被动式查询为主动式提供，提升其查询便利度和界面友好性。同时，有条件、有选择地开放政府部门归集的信息，鼓励征信机构、平台公司等第三方机构进行差异化的公示和使用，拓宽信息出口，通过信息公示为社会力量参与市场监管提供便利。

四、信用赋能重庆中小企业高质量发展的几点建议①

中小企业是推进中国式现代化的生力军，是高质量发展的重要基础，是推动我国全面建成社会主义现代化强国、实现第二个百年奋斗目标的重要力量。党的十八大以来，重庆中小企业取得高速发展，并呈现“56789”的显著特征，即贡献了全市50%以上的税收、近60%的GDP、70%以上的技术创新成果、80%以上的城镇劳动就业、90%以上的市场主体数量。中小企业规模不断壮大的同时，暴露的政府、市场、企业失信问题也对经济社会发展带来了严重伤害，随着现代化新重庆建设的不断推进，急需运用信用理念、信用制度、信用手段为重庆市中小企业高质量发展保驾护航。

（一）中小企业高质量发展面临的信用问题

1. 政府履约、信息公开、行政监管等失信问题影响中小企业营商环境

政府是社会信用体系建设的示范者和领路人，诚信的政府就是最优的营商环境。失信的政府将会掉入“塔西佗陷阱”，导致公众对政府的决策和政策产生怀疑，进而影响社会稳定、阻碍市场主体良性发展。与全国其他省市类似，近年来，重庆市部分区县政府出现的失信问题给区域诚信营商环境建设带来巨大障碍。一是政府履约机制不健全。一些区县政府以机构调整、人员变动等为理由，“认账不赖账”无限期拖欠账款，“新官不理旧账”“朝令夕改”实为不履约的现象时有发生，最终导致民企投资打水漂、资金链紧张，严重的还危及企业生存。2023年，重庆市共受理政府机构及国有企业拖欠中小企业账款投诉483件，比上年增长255.15%，投诉数量呈加速上升态势，且企业投诉举报的案例仅占摸排案例的5%，“民不敢告官”的现象较为突出。二是政府信息公开机制不健全。政府信息公开是政务诚信建设的重要组成部分，当前数字重庆建设正进入快速发展阶段，政府信息共享开放取得一定的发展，但受“私权”思想、技

① 本部分由张锐完成。

术条件等影响，一些区县不愿公开共享或者公开共享不全面的现象长期存在。从2024年第一季度归集的公共信用信息看，行政处罚信息报送量最多的区县有459条，最少仅7条；行政奖励最多的为7万余条，最少仅1条。三是政府新型监管机制不健全。受长期的管理型政府思维影响，政府“有形的手”对市场主体干预过多，由于监管者对市场主体信用掌握不全面，对不同监管对象的监管重点、关键环节等相关信息的感知水平差，无法全面、准确、动态、及时地判断监管对象的状态，导致守信企业经营受干扰，而失信企业却无暇顾及。

2. 企业失信阻碍自身和社会发展

经济长期高速发展伴随着企业在各领域暴露的失信问题给社会发展带来了较多的负面影响。一是企业失信严重影响区域营商环境。从“3·15”曝光的失信案例和重庆市公共信用信息平台大量的行政处罚信息可以看出，当前存在的假冒伪劣、弄虚作假、合同违约、拖欠债务、逃税废债等失信行为，已成为社会稳定、经济发展的巨大阻力。截至2024年4月，重庆市存量严重失信主体为22732户，2023年新增严重失信主体数量比2022年退出数量多近1倍。二是企业失信限制自身发展。中小企业普遍数字化程度不高，规范性不足，经营管理比较随意，没有严谨的财务和审计制度，有的甚至没有建立会计账目，资金管理较为混乱、融资不按约定使用和偿还，不按规定缴费纳税，难以获得便利的公共服务。三是企业对信用重视程度不高。维护自身信用的意识不强，一些企业由于纳入失信被执行人名单、受到行政处罚等在政府采购、招标投标、政府补贴等方面受到限制，才感受到了“一处失信、处处受限”的不便。从重庆市公共信用信息平台数据统计，2023年，重庆市A级纳税人占比仅为3.5%，与浙江20%相比还有很大的差距。

3. 信用数据的价值尚未完全体现

截至2024年4月，重庆市公共信用信息平台共归集公共信用信息8亿条，已经初步构建信用大数据基础，如何挖掘发现信用大数据内在的价值成为当前急需解决的问题。一是信用数据促进政府管理服务的能力不够。

政府在对待不同信用水平的中小企业未能采取差异化的管理服务措施，信用评价等级高的企业守信“获得感”不强。同时，由于缺乏应用大数据、人工智能等手段对现有数据进行科学分析和效果模拟，区县政府在出台招商引资、创业创新等方面的政策的科学性有待提升。二是金融机构获取中小企业信用信息难度大。中小企业经营范围广、经营方式灵活、抗风险能力弱，除上市公司被强制要求披露经营相关信息外，其他企业采取自主方式每年向市场监管部门报送年报，但报送的信息质量不统一，可信度不高，金融机构对中小微企业的了解需要花费大量的人力、物力、财力，获取核实企业信用信息的成本较高，主动服务企业的意愿不强。三是市场化“信用+”场景亟须拓展。受传统思维影响，当前信用的手段主要还运用于政府层面，将信用的理念贯穿市场的场景不多，政府与企业、企业与企业之间制度性交易成本高，市场主体难体验到守信的“获得感”。

（二）对策建议

1. 试点推进政府诚信建设

一是建设政府合同履约管理系统。实现各级政府部门签订的招商引资、政府采购、招标投标等合同统一管理，系统接入人大、纪检监察、司法（仲裁）等部门完成合同实现事前签约通知确认、事中投诉督导督办、事后纠纷裁决等功能。整个合同履行过程实现自动记录、考核、评分，实时采集签订、履约过程中关键节点数据，实现保全存证，汇总生成电子数据保全报告供各级各部门、合同主体各方及时掌握。

二是开展政府信用评价。在重庆市公共信用信息平台建立各区县政府信用档案，将区域内发生的行政服务和行政管理等行为及做出该行政行为的相关人员信息、企业投诉举报信息、社会舆论信息等纳入统一档案管理。结合信用档案信息设列信用评价指标，按照法治政府、阳光政府、勤政廉洁、履约践诺、社会影响等维度对区县政府开展信用评价。将评价结果作为该区域公职人员政务晋升、绩效考核、资金划拨等重要参考，以诚信政府建设促进营商环境不断优化。

三是加快“数字重庆孪生”体系建设。按照“数字中国”建设整体要求从制度、系统、技术和保障等方面做好顶层设计，逐步构建“数字重庆孪生”体系，全面推进各级各部门政务管理和服务事项“渝快政”“渝快办”两端办理，准确把握各类政务信息性质，以“以公开共享为常态，不公开共享为例外”提高政务信息开放共享水平，为中小企业发展提供阳光、透明的发展环境。

2. 进一步完善信用监管机制

一是拓展信用承诺应用范围。首先，扩大行政领域信用承诺使用范围，除涉及国家安全、对社会影响特别重大的事项外，在政府采购、市场监管、卫生健康、社会保障、招标投标、税收等领域以信用承诺代替行政机关需要的各种证明材料，全面开展信用承诺制办理，实现“一（承）诺办全程”。其次，鼓励市场主体以信用承诺代替传统交易资质、资格证明，降低交易成本，充分发挥重庆市各类行业协会商会作用，组织行业企业开展行业自律承诺。最后，发挥政府和市场的融汇作用，将各级各部门、行业协会商会产生的主动型、容缺受理、审批替代、信用修复等各类承诺和履约践诺信息及时归集至重庆市公共信用信息平台，纳入市场主体信用档案统一管理。

二是推进以信用评价为基础的分级分类监管。迭代升级重庆市公共信用评价指标体系，对重庆市110万家企业开展信用评价，将评价结果与“互联网+监管”“双随机、一公开”等监管系统有机结合，根据信用等级高低采取差异化监管措施，全面树立对守法诚信者“无事不扰”，对违法失信中小企业“利剑高悬”的管理理念。同时，利用大数据、人工智能等技术“感知”企业发展状态，开展风险智能预警，及早防范化解行业性、区域性风险，推动监管关口前移，提升监管措施和对象的精准性、靶向性。

三是畅通信用不良企业退出机制。明确行政监管部门责任，制定严重失信名单企业、被列入异常经营名录企业、信用评价等级最低的企业、存量“僵尸企业”管理办法，对一定期限内通过登记的住所或者经营场所无法取得联系的企业进行吊销、注销营业执照，加速信用不良企业出清，避免“劣币驱逐良币”现象。

3. 深挖数据价值提升“信用 +”综合支撑能力

一是深化“信用+政务”管理服务。进一步提升重庆市公共信用信息平台信息归集、治理、共享开放、分析统计及综合应用的能力，融跨重庆市各级各部门业务（行政许可、行政处罚、行政补贴等）系统，行政管理人员在业务办理过程中，根据行政相对人信用状况，实施差异化服务，业务办理产生的数据及时回流至平台，逐步夯实信用大数据基础。决策部门通过对信用大数据的分析挖掘，充分掌握全市各区域主体分布情况、区县信用状况、主体信用状态等信息，制定符合市场发展的招商引资、创业扶持政策。

二是增强“信易+贷款”融资便利度。确立全国中小企业融资综合信用服务平台（重庆站）（以下简称“信易贷・渝惠融”平台）为全市涉金融、工业、农业、服务业等信用信息的综合性应用平台，整合“税银互动”“中小企业商业价值贷”“知识产权价值贷”等融资渠道，统一全市涉信用贷款出入口，提升“信易贷・渝惠融”平台知名度，方便市场主体全方面了解各金融机构的金融产品、金融机构精准掌握融资需求主体信用状况，提高数据的完整性、多样性和借贷双方信息的对称性。鼓励各区县建立完善质押融资风险补偿制度、设立风险缓释基金，以降息、贴息、补贴等方式引导中小微企业、个体工商户、农专、家庭农场等市场主体在“信易贷・渝惠融”平台登记注册并发起融资需求。在中小企业较为发达的区县建立个体工商户信用评价体系试点，提升个体工商户获得贷款的便利度。

三是建立“信用+担保”多元化体系。在金融监管部门、信用担保行业协会等支持下，规范市场主体融资申请、金融机构授权查询审核、政府部门监管行为，完善中小企业信用担保体系，促进形成良好的信用担保环境。培育一批政策性信用担保机构，发挥财政资金的导向性作用，重点支持中小企业。鼓励社会资本成立专业的中小企业融资担保公司，政府采用税收减免、奖励补贴等扶持政策，促进专业担保公司的发展更好地为中小企业提供融资担保服务[①]。

四是创新“信易+市场”应用场景。鼓励各部门、各区县结合行业特征和区域特征广泛实施“信易+”惠民便企措施，聚焦补助补贴、招商引资、园区入驻、科技创新、资产处置、财税申报、招标投标等与中小企业密切相关的领域不断拓展“信易+”应用场景，发挥信用激励机制作用，提升中小企业市场主体守信“获得感”。

① 曾光辉.江苏、浙江社会信用体系建设经验对福建的启示［J］.发展研究，2016：89-94.

附　录

信用体系建设调研报告[①]

① 本文由张峰完成。

信用是现代文明的重要标志，城市的重要软实力，营商环境的硬支撑。为提升城市品质，助推乡村振兴，加快社会信用体系建设，市发展改革委、市信用中心组成调研团队先后考察杭州、苏州、南京、成都、贵州等省市，调研两江新区、九龙坡区、经开区、芝麻信用、华龙信用等区县和企业，召开专题座谈会近10场，研究梳理各城市经验做法以及重庆市发展现状和重难点问题，形成本调研成果。

一、各城市经验做法及启示

南京、苏州、杭州、成都是全国首批创建社会信用体系建设示范城市，贵州是全国大数据综合示范区，各项工作走在全国前列，具有起步早、法规全、数据多、应用广、社会感知强等特点，积累了丰富的实践经验。

（一）城市主要领导亲自挂帅，健全社会信用组织机构，打造专业工作团队

杭州、南京、苏州早在2002—2004年就成立了社会信用体系建设工作领导小组，南京、苏州由市长亲自挂帅，杭州、成都、贵州则由常务副市长或常务副省长挂帅。同时，加强组织建设，杭州、南京、苏州三地均在发展改革委或经济信息委下设信用处或信用建设办等实体机构，行政编制6人左右，另在信息中心设“信用服务中心”，配备事业编制6~15人，承担重庆市公共信用信息平台建设、维护和应用等职能。高层领导的重视，专业且稳定的工作团队，为社会信用体系建设提供了强有力的组织保障。

（二）完善社会信用制度，构建形成信用信息记录、归集、共享、发布、应用、惩戒以及修复的一条龙、闭环式的信用管理法规体系

各地均重视顶层设计，制定了社会信用建设五年专项规划、年度工作要点，出台各类信用管理办法、规范性文件。杭州从2006年开始制定

“十一五”“十二五”“十三五”社会信用体系建设专项规划，每年以任务清单进行分解落实，同时以《杭州市公共信用信息管理办法》为统领，先后制定涉及“红黑名单”发布、联合奖惩、政务诚信、个人诚信等60余项信用管理制度。南京制定实施《南京市创建国家示范城市行动计划》《南京市十三五社会信用体系建设规划》等系列制度。苏州围绕信用承诺、“红黑名单”管理、信用分类监管、联合奖惩、信用信息应用、信用修复等出台各类信用政策制度170多项。信用制度体系的不断完善，让各地区、各领域、各环节信用建设敢于创新、有章可循、效果明显。

（三）构建多渠道信用信息归集机制，建立法人信用信息数据库和自然人信用信息数据库，对信用信息实行分类管理

各地均出台公共信用信息归集和使用管理办法，根据“权力清单”“责任清单”分批次梳理和发布信用信息目录，并通过数据交换、内网平台报送和人工Excel报送等多种方式归集共享信用数据。截至2023年底，杭州已归集所有市级机关、区（县、市）和主要公用事业单位，共338类2947项1.4亿条有效信用信息，形成1300余万份自然人信用档案和120余万份法人信用档案，实现全市常住人口、流动人口和各类注册法人全覆盖。南京实现52个市级部门信用信息常态化归集，并覆盖11个区，归集114万法人和1310万自然人的相关信用信息14亿条。苏州也实现法人、其他组织和自然人信用信息全覆盖，归集信用信息3.5亿条。成都出台《成都市公共信用信息管理暂行办法》《成都市公共信用信息目录》等系列配套制度文件，共归集240余万法人主体和4.1万重点人群的信用记录。各地还对信用信息进行分级分类管理，如杭州将信用信息分为社会公开、授权公开和政府共享三类，信用信息采取CA证书认证和查看痕迹追踪管理，确保信息安全。通过信用信息的归集全覆盖，为后续数据治理、分类监管以及信用信息服务创新奠定了坚实基础。

1. 依托云计算、大数据技术，建设一体化信用信息共享交换平台，构建智慧信用服务体系

通过建设一体化的公共信用交换平台和信用门户网站，交换平台支撑

数据归集、分析和处理等功能，门户网站提供信用查询、信用公示、信用报告、需求反馈等服务。南京建成由“信用南京”网站、南京市社会法人和自然人公共信用信息数据库、市区两级统一的公共信用信息归集和服务平台组成的“一网两库一平台”系统。杭州建成由“信用杭州”网站及App，法人、自然人和综合管理与应用数据库，城市治理信用支撑系统、城市服务信用辅助管理系统和信用大数据分析应用系统组成的“一网三库三系统”体系。苏州基于数据云化，打造市、县（市、区）两级一体化信用信息共享平台。贵州运用云计算、大数据、区块链、人工智能等新技术，统筹信用数据资源和服务资源，以数据为核心，建成“贵州信用云”。通过构建一体化信用信息共享交换平台，综合运用大数据、云计算技术，开展基于信用数据的信用画像、信用监测、信用评级、数据服务等综合性服务，搭建形成信用信息归集、共享与应用的总枢纽，为各类社会治理和公共服务提供了强有力的平台支撑。

2. 建立健全“红黑名单”制度，开展部门守信激励和失信惩戒联动监管，增强信用感知度

信用联合奖惩是社会信用体系建设的“牛鼻子”，抓住这个“牛鼻子”，全社会的信用建设才能活跃起来。杭州同时推出黑名单和红名单制度，目前在40多个行政管理中出台具体措施细则，在青年诚信、交通文明、医疗卫生等19个重点领域实现联合奖惩多措并举。南京开展“百企示范、万企贯标”行动对企业进行正向激励，将志愿者服务和“南京好人”纳入良好信用予以激励。苏州建立“红黑名单”制度，规范审核、确认、查询、公示、修复以及异议处理程序，累计发布“红黑名单”1.45万条。成都在税务、城管、医疗、旅游等40个领域建立“红黑名单”制度，确定联合奖惩对象24类，梳理联合奖惩措施202条。贵州加强信用“红黑名单”发布和管理，向社会公布首届贵州诚信示范企业名单，并享受35个部门提供的包括税收、工商、企业融资等61项联合激励措施。通过强化“红黑名单”管理，完善联合奖惩“措施清单”和“应用清单”，对守信主体给予正向激励，对失信主体给予联合惩戒，基本构建起“守信者处

处受益、失信者处处受限”的联合奖惩大格局。

3. 率先在行政管理事项中应用信用报告或开展信用审查，建立以信用为核心的新型监管体系，助力“放管服”改革

主要在安排财政资金、政府采购、招投标、评奖评优、融资发债等方面要求提供信用记录，并逐步形成以信用承诺、信息公示、协同注册、合同监督为核心运行机制的新型信用监管体系。杭州开展信用助力“容缺受理”，即允许信用良好的市民在办理过程中的任意时间补齐材料；信用推动“并联审批”，即将办理事项的绩效情况纳入政务诚信档案，约束相关审批部门在规定时间内完成现场勘查、材料审核等工作。南京在货物招投标等行政管理中使用第三方信用报告796份，出具信用审查报告409份，在财政资金安排、食药监、质监管理领域对14122家企业进行批量信用审查。苏州将90家金融机构接入征信平台，30家银行将查询征信平台嵌入信贷流程，累计查询征信报告28.3万次，为6600余户中小微企业解决2217亿元融资需求，其中首贷企业1400余户。贵州推动信用信息互动融合，对辖区内注册登记的协会、商会、银行、电商平台、社会征信机构等19家机构开放信用数据；在招标投标、企业债券核准发行、创业投资引导基金融资担保等领域推广使用信用证明或信用报告。成都通过创新事前书面信用承诺方式，对项目前期工作、审批流程、中介服务等全过程进行流程重构，推动“事前审批”向“加强事中事后监管”转变。通过以信用承诺助行政审批，以信息公示助行政监督，以协同备案登记助信息归集，以深度介入合同签约履约促守信践诺等方式，让“信息多跑路，百姓少跑腿”，有力支撑和推动“放管服”改革。

4. 通过“市民诚信卡”加载和应用个人信用信息，提升信用价值获得感，助推个人诚信建设

在公用市民卡基础上全面加载个人信用信息打造“市民诚信卡”，开展个人信用分级分类奖励，是运用大数据推动自然人信用信息应用的重要载体。杭州在全国率先推出“市民诚信卡”，依托其信用评分“惠信分”，让守信市民在图书借阅、公共园林、金融保险、学校体育设施闲暇

使用、先看病后结算等公共服务方面享受更多优惠。苏州首创的市民信用评价产品“桂花分”，让守信者在图书借阅、公交出行、公共场馆参观和积分入学等场景实现信用“有感”和“有用”。南京“市民诚信卡”让全市“诚实守信好市民”和无失信记录市民可享受乘坐公交地铁优惠、相关银行VIP客户和信贷服务“绿色通道”待遇、免费办理图书馆借阅证、在全市文博场馆费用减免等不同程度的便利优惠。成都积极探索“银杏通”等个人信用产品，开展特色个人信用分评价，引导市民重信用信。通过“数据+模型+场景”应用模式，让信用价值得以“变现”，从而有力引导市民崇尚诚信，践行履约。

5. 注重发展本土信用服务机构，打造大数据征信产业链，助推信用经济和信用服务市场发展

信用服务业是新兴产业，业务范围涵盖企业信用信息咨询、企业信用评级、个人信用评估、信用培训、信用担保、信用调查等，具有较大发展潜力。各级均支持发展本土信用服务机构，并依法将可公开的信用信息向第三方服务机构开放。截至2023年底，南京、苏州、杭州备案的信用服务机构均为30余家，对促进当地经济起到重要作用。如杭州本地金融机构和阿里蚂蚁金服公司将公共信用信息纳入各自信用评价体系后，已为5万多家中小微企业办理了贷款。南京通过信用信息和大数据手段为企业建立信用画像，并与金融机构开发“南京e贷”“税e融”“守重贷”“文化征信贷”等相关信用服务产品，已发放信用贷款58.1亿元，支持诚信小微企业创新创业。苏州财政设立1000万元专项资金，扶持引导信用产业发展，鼓励信用中介服务机构参与企业信用贯标验收、示范辅导等工作，建立大数据征信产业园，培育打造大数据征信产业链。成都在吸引信用服务机构落户的同时，还支持国有企业与其合作成立专业信用公司、专业征信公司等，培育信用服务市场。通过培育本土信用服务机构，在助推本地区信用体系建设的同时，也为产业发展转型和新经济发展注入新的动力。

通过此次调研学习，各地的创新推进和社会的热情参与，为重庆市社会信用体系建设提供了诸多案例和示范。与此同时，近年来党中央、国务

院越来越高度重视社会信用体系建设，习近平总书记在党的十九大、二十大、中央深改委（领导小组）会议以及在参加十三届全国人大一次会议重庆代表团审议时，均多次强调加强社会信用体系建设，政府工作报告也明确要求要发挥信用在全面深化“放管服”改革和优化营商环境中的重要作用，国家发展改革委在2022年全国社会信用体系建设工作会议上更是细化提出了“五个组合拳”“10项量化考核指标”的硬任务，信用建设已迎来全面发力、全面渗透、全面提升、组合推动的新阶段，加快社会信用体系建设步伐时不我待，必须勇于争先。

二、重庆市的差距和不足

重庆市信用体系建设虽然在全国城市信用监测排名中位居前列，但总体上与全国发展进程基本一致，仍处于初期发展阶段，相比南京、苏州、杭州等先行先试地区差距大，“不充分、不足、不到位、不强、滞后”等全国共性问题突出并将长期存在。现阶段，急需重点解决以下七大问题。

一是信用信息的归集范围还不全。在当前法律法规没有明确规定、国家部委没有明确表态的大背景下，全市部分部门缺乏沿海城市的主动担当、敢闯敢干和责任意识，或多或少出于涉密、个人隐私保护、企业商业秘密以及其他特殊原因，存在不便、不愿、不敢甚至不想归集共享信用信息的情况。主要包括：社保、税收缴纳、房产登记以及公安、交通类行政处罚等反映企业、个人信用状况的重要信用信息；国务院在《关于加强政务诚信建设的指导意见》中明确要求各级人民政府和公务员在履职过程中因违法违规、失信违约被司法判决、行政处罚、纪律处分、问责处理的信用信息等。

二是信用“红黑名单”覆盖面不足。国家出台的信用联合奖惩合作备忘录，明确规定了一批实施联合奖惩的对象，重庆市也在失信被执行人、政府采购、交通运输、拖欠农民工工资、环境保护、违规抵押已售房屋、文化市场、重大税收违法、安全生产、质量违法、食品药品安全等多个领域认定信用“红黑名单”30余万条，由于部分领域国家部委还未出台信用“红黑名单”认定标准等，重庆市电力、盐业、运输物流、电子商务等重点行业领域还未启动信用“红黑名单”认定工作，覆盖面不足。

三是信用联合奖惩尚未深化细化。通过2022年的督查考核，重庆市50余个市级部门和单位已将查询使用“红黑名单”嵌入部分行政管理办事流程，但突出存在落实“备忘录”的力度不够，一些部门没有认真组织学习和研究，部门相关处室不知晓的情况还较普遍，一些规定领域尚未实现“逢办必查”；对“红黑名单”实施联合奖惩的顾虑很多，虽然“备忘录”依法依规明确了一批联合奖惩对象、奖惩措施和应用领域，但原则性表述多，措施不具体，奖惩边界不清晰，实际操作中往往难以落地，无法真正“奖惩到位”。例如，《关于对涉金融严重失信人实施联合惩戒的合作备忘录》中明确，针对涉金融严重失信主体，在安排补贴性资金、享受优惠性政策时作审慎性参考，限制发行企业债券及公开发行公司债券。此条中的“审慎性参考”便不好把握。

四是信用服务产品及应用才刚刚起步。相比杭州、南京、苏州等城市已开展个人信用评价并推出市民诚信分，以此为基础在租车、借书、租房、就医等方面实施了“免押金”“先享后付”等信用便民服务，重庆市在这方面才刚刚起步。此外，杭州、南京、苏州等城市本地信用服务机构数量达几十家，而重庆市本地的信用服务机构仅6家。由于应用没有激活起来，信用在老百姓中的价值“获得感”还没有显现出来。

五是信用智能化应用才刚刚启动。基于信用大数据，上述城市已开展区县城市和重点行业领域的信用状况监测预警，依托重庆市公共信用信息平台对市场主体进行了“信用画像”、关联族谱分析和风险研判等智能化应用，但重庆市才刚刚具备信用大数据基础，智能分析与应用尚未启动。

六是信用法规制度建设滞后。近年来，上海、浙江、湖北、河北已在全国率先出台了相关信用条例，并以政府规章等形式配套出台了公共信用信息管理办法、“红黑名单”管理办法等制度规章，而重庆市仅2021年出台了一部《重庆市企业信用信息管理办法》，多数以政府工作通知、部门规章等形式在推动工作，制度建设很滞后。随着信用体系建设的不断纵深推进，信用信息归集、共享、应用过程中的矛盾问题将越来越明显，信用主体的诉求将越来越多，制度建设必须加快跟上。

七是机构保障和政策支持不足。长期、稳定且专业化的团队是工作开展的重要基础，杭州、苏州、南京等城市已成立信用办或社会信用处，所属区县还成立了专门的信用中心，工作力度很大。与此同时，苏州、贵州等地每年安排1000万元以上的专项资金，用于推动信用制度建设、信用产品开发、信用监测预警等工作。重庆市在这方面的差距很大，从市级部门到区县普遍存在信用工作人手不够、缺乏资金支持等问题。

三、工作思路与建议

全面贯彻党的二十大精神，深学笃用习近平新时代中国特色社会主义思想，全面落实习近平总书记在参加十三届全国人大一次会议重庆代表团审议时的重要讲话精神，紧紧围绕市委、市政府“3+8”行动计划，坚持“政府推动、社会共建，健全法制、规范发展，统筹规划、分步实施，重点突破、强化应用”原则，全面推进政务诚信、商务诚信、社会诚信和司法公信建设，力争用3~5年时间，通过实施信用“五大工程+四大保障”，基本建立起功能齐备、服务广泛的智能信用大数据平台，基本构建起跨区域、跨部门、跨行业的较完善的信用联合奖惩大格局，基本搭建起覆盖所有重点领域、以信用为核心的新型市场监管机制，基本形成覆盖全社会的征信系统和信用惠民服务系统，让重庆城市信用品质得以显著提升，让重庆市民普遍享有信用价值“获得感”。

（一）推动实施信用“五大工程”

借鉴先进地区经验，结合重庆工作实际，重点在大数据、联合惩戒、惠民利民、监测预警、诚信教育五方面取得突破。

1.“信用＋大数据”工程

提升公共信用平台枢纽功能。围绕推动信用信息共建共享，夯实信用大数据基础。实现市级部门、41个区县公共信用信息“应归尽归”；通过选择部分大数据机构、征信服务公司推动信用信息互动融合；2025年基本建立起政府与市场共建共享的信用大数据服务体系。实施市公共信用平台二期工程建设，全面提升平台响应速度和并发处理能力，增强数据精细管理和安全保障能力。基于电子政务外网构建与国家平台、部门系统、区（县）平台快捷互联、安全互通的一体化智能信用大数据平台，基于互联网构建集信用信息公示与查询、信用政策宣传、信用便民服务于一体的“信用中国（重庆）”网站。

提升信用信息归集共享水平。继续深化信用代码、信用目录、数据标准“三统一”，大力提升公共信用信息归集总量和质量。加强与人行重庆营管部的联动，实现公共信用信息与金融征信信息共享共用。依法推进建立重庆市公共信用信息平台与市场化征信系统间的信用信息合作机制，助力征信服务市场发展。鼓励重庆市公共信用信息平台与互联网、大数据建立信用信息互换机制，推动公共信用信息与市场信用信息互动融合，提升信用评价的科学性和公信力。

提升公共信用信息服务能力。依托重庆市公共信用信息平台建立信用大数据服务中心，探索政府服务与市场推动相结合的信用数据运营机制。建立以自然人、法人和其他组织为基础的若干主题信用信息数据库，为开展市场主体信用评价、发布信用报告提供基础支撑。依托“信用中国（重庆）”网站开通信用微信公众号等移动服务终端，与微信、支付宝等第三方公众平台信息对接，构建多位一体的公共信用信息便民服务渠道，提升公共信用信息查询应用的及时性、准确性和便捷性。

2.“信用＋联合惩戒”工程

推动重点领域“黑名单”认定全覆盖。制定严重失信主体“黑名单”管理办法，形成较完善的“黑名单”认定及联合惩戒机制，实现“一处失信、处处受限”。拓宽“黑名单”覆盖面，分领域制定具体管理细则，规范“黑名单”认定、公示、修复、退出程序及标准，实现“黑名单”依法认定、按期公示、主动修复、及时退出。

推动行政管理“应查必查，联合惩戒”。建立完善在行政管理事项中查询使用“黑名单”的事项清单和惩戒措施清单，推动将联合惩戒管理系统嵌入部门行政管理和公共服务办理系统流程，逢办必查、触发反馈、惩戒到位。

推动社会领域实施联合惩戒。开放“信用中国（重庆）”网站“黑名单”数据查询接口，鼓励市场主体将“黑名单”惩戒融入自身服务流程并落实到人，实现对失信主体采取取消优惠、提高保证金、提高融资成本、限制高消费等惩戒措施，显著提升失信成本。

推动开展失信主体信用修复。制定信用修复管理办法，分行业明确信用修复路径、条件、程序等，向失信者提供信用修复机会、创造信用修复条件，引导失信者主动修复信用。全面加强信用修复培训，对列入“黑名单”和信用状况重点关注名单的市场主体、法定代表人及涉嫌严重失信个人开展信用修复培训，力争“黑名单”企业信用修复培训覆盖率达到100%，力争“黑名单”企业通过信用修复做出信用承诺的比例不低于30%，逐步达到100%。

3.“信用＋惠民利民”工程

推动认定“红名单”并在行政管理事项中率先实施守信联合激励。包括制定守信联合激励对象（“红名单”）管理办法，依法依规认定信用“红名单”并在行政管理事项中率先推动跨部门、跨行业、跨层级联合激励，实施行政审批告知承诺、容缺受理、绿色通道，优先提供公共服务便利，优化行政监管安排，降低市场交易成本等激励性措施。

推动建立法人组织信用评价与服务应用体系。政务领域，在环保、建设、交通等方面加快建立完善信用评价应用管理办法，构建以信用承诺、信息公示、协同注册、合同监督为核心运行机制的新型信用监管体系，助力“放管服”改革。金融领域，进一步健全并推广使用信用报告，显著提升信用在提高效率、防范风险、服务普惠金融中的关键作用。社会领域，鼓励行业协会商会建立完善信用记录，加强信用评价，构建以信用为基础的新型自律机制。在此基础上，多渠道、多元化探索实施系列信用激励举措。

推动建立个人信用评价与惠民应用体系。以公共信用信息为基础，融合市场征信信息，组建个人信用评价与应用服务机构（国有控股），开展个人信用评价，在公共交通、医疗服务、餐饮住宿、就业创业、图书借阅、文化票务、旅游景区、社会交往、社会征信等领域广泛开发信用应用场景，对守信市民提供绿色通道、免押金、打折优惠、容缺受理、先享后付等便利化服务，增强信用价值“获得感”。

4.“信用＋监测预警”工程

推动建立大数据分析监测系统。围绕防范信用风险，辅助科学决策和重点失信领域专项治理。依托重庆市公共信用信息平台和大数据智能化技术，以政务、商务、互联网多维度信用信息为基础，建立大数据分析监测系统，实现对地区、行业、重点人群信用记录海量采集、智能分析、智能预警、智能展示、实时响应。

推动城市信用监测提升城市信用品质。以政务、商务、社会、司法领域诚信状况及信用体系建设工作动态为基础，建立城市信用监测指标体系，定期（按季度）开展区县城市信用监测指数排名，并出具区县城市信用监测报告。对监测排名靠前的进行社会公告，对监测排名靠后的实施督查约谈，倒逼各区县主动加强社会信用体系建设，提升城市信用品质。

推动行业信用监测提升市民信用安全感。紧紧围绕群众最关心的环保、食品、教育、卫生、交通、产品质量等重点领域，以重大失信事件发生率、严重失信行为信用修复率、网络媒体舆情反应、群众投诉举报集中度等指标为监测重点，对突出的失信问题、潜在的信用风险隐患及时预警，针对性开展严重失信问题领域专项治理，努力实现专项治理对象的整改和退出率达到100%，保持行业良好信用生态。

推动重点人群信用监测提升市民守信自觉水平。紧紧围绕公务员、企业法人代表、律师、会计从业人员、统计从业人员、注册税务师、保险经纪人、医务人员、教师、科研人员、导游等重点人群，完善个人诚信记录，建立个人诚信档案，推广使用职业信用报告，对失信问题集中的群体、对失信行为频发的个人开展信用跟踪监测预警，有针对性开展治理整顿，显著提升个人诚信意识和守信自觉。

5.“信用＋诚信教育”工程

弘扬诚信文化。围绕营造良好诚信环境，让信用真正深入人心。每年以多种方式宣扬一批守信企业典型、诚信个人模范、信用典型案例，分行业（领域）、分地区开展若干以诚信为主题的宣传教育活动，褒扬守信、鞭策失信，形成“3+N”诚信教育长效机制。编写诚信宣传读本，颁布公民诚信手册，播放诚信公益广告，制作诚信公益作品，开展诚信培训，多渠道、多形式普及信用知识，弘扬诚信文化。

加强诚信宣传。倡导社会主义核心价值观，将诚信教育贯穿公民道德建设和精神文明创建全过程，大力推动诚信教育进机关、进企业、进学校、进社区、进农村。

树立诚信典型。充分发挥媒体舆论宣传引导作用，推动部门和社会组织评选一批诚信道德模范、优秀志愿者等诚信典型。组织各类网站开设诚信专题，常态化宣传推广各类诚信典型、诚信事迹，营造守信光荣的浓厚氛围。

曝光失信行为。建立严重失信主体“黑名单”和行政处罚公示机制，依托“信用中国（重庆）”网站等平台开设曝光台，让失信行为无处遁形，形成失信可耻的舆论压力。

统筹工作机制。建立以市委宣传部、市社会信用体系建设工作联席会议办公室牵头，各部门、各区县及社会各界广泛参与的信用宣传联动机制，每年开展“重庆信用典型案例”评选活动，每年表彰一批先进集体和个人，宣传推广一批先进经验和做法。

（二）推动完善信用“四大保障”

社会信用体系建设步入纵深推进阶段，迫切需要制度、机构、资金、社会共建等关键要素做系统保障。

1. 制度建设保障

加快落实《重庆市社会信用条例》，配套建立完善信用信息归集使用、安全管理、异议申诉、信用修复、权益保护等管理制度，确保信息归集、查询、发布、应用、信用奖惩、信息安全和信用主体权益保护等有法可依。同时，持续将信用体系建设工作纳入区县政府和市级部门年度考核范围，充分调动各市级部门和区县的积极性。

2. 组织机构保障

参照其他省市做法，在市发展改革委设立信用体系建设专门机构，明确相应法定职能，统筹推进社会信用体系建设，主要包括推进社会信用体系建设法律法规、制度规范、统一的信用信息平台等基础设施建设，指导区县和行业信用体系建设，管理和培育信用服务机构等。各部门、区县配备相应机构和人员，负责推进相关领域社会信用体系建设工作。

3. 资金专项保障

建立信用建设专项资金，每年安排1000万~3000万元专项用于信用制度建设、标准体系建设、培育信用服务市场、研发信用服务产品、拓宽信用应用场景、加强信用宣传教育等。

4. 社会共建保障

打造信用产业创新集聚区，建设集信用信息服务、信用创业服务、信用惠民便民等于一体的信用产业创新基地，培育和集聚一批信用大数据公司、征信服务公司、信用信息运营公司在渝发展。

参考文献

[1] 路德维希·冯·米塞斯. 货币和信用理论[M]. 樊林洲译. 北京：商务印书馆，2018.

[2] JOETTA COLQUITT. 信用风险管理[M]. 扬农，周瀛，等译. 北京：清华大学出版社，2015.

[3] LYN THOMAS，JONATHAN CROOK，DAVID EDELMAN. 信用评分应用（第二版）[M]. 李志勇译. 北京：中国金融出版社，2020.

[4] 周月刚. 信用风险管理从理论到实务[M]. 北京：北京大学出版社，2017.

[5] 徐辉. 信用行为经济学导论[M]. 合肥：安徽大学出版社，2014.

[6] 焦国成. 中国社会信用体系建设的理论与实践[M]. 北京：中国人民大学出版社，2009.

[7] 吴晶妹. 现代信用学[M]. 北京：中国人民大学出版社，2009.

[8] 陈丽君. 中国社会信用监管体系构建研究[M]. 杭州：浙江大学出版社，2020.

[9] 黄勃. 现代信用体系建设[M]. 北京：中国人民大学出版社，2023.

[10] 李新庚. 信用理论与制度建设研究[M]. 北京：中国书籍出版社，2018.

[11] 姜楠. 信用评级机构监管研究[M]. 北京：经济日报出版社，2014.

[12] 张桂香. 我国社会信用评价体系初探[D]. 北京：首都经济贸易大学，2003.

[13] 李仕文. 信誉机制的经济学分析初探——简论我国社会信用体系的建设[D]. 成都：西南财经大学，2003.

[14] 曾小平. 美、德、日信用体系比较分析[D]. 长春：吉林大学，2004.

[15] 严小庆. 现代政府信用建设研究[D]. 上海：华东师范大学，2004.

[16] 周轶琼. 现代市场经济条件下我国社会信用文化建设研究[D]. 武汉：武汉科技大学，2004.

[17] 刘湘梅. 我国社会信用体系构建的研究[D]. 武汉：华中师范大学，2004.

[18] 李奋. 社会信用体系建设中的政府责任研究[D]. 长春：长春工业大学，2012.

[19] 伍秋琬. 我国典型地区社会信用体系建设成效比较研究[D]. 长沙：湖南大学，2015.

[20] 侯静. 我国个人信用体系建设法律问题探讨[D]. 南昌：江西财经大学，2016.

[21] 李乖琼. 中国社会信用体系建设研究[D]. 北京：中共中央党校，2016.

[22] 丁海涛. 中国特色社会主义诚信建设研究[D]. 西安：陕西师范大学，2017.

[23] 谢一奇 . 作为治理工具的社会信用体系建设 [D]. 南京：南京大学，2017.
[24] BLOMBERG V F M . 建构社会信用体系的法制路径探析 [D]. 杭州：浙江大学，2018.
[25] 侍子月 . 社会信用政府监管制度的比较研究 [D]. 南京：东南大学，2018.
[26] 黄恩浩 . 失信被执行人信息公开制度研究 [D]. 北京：中国社会科学院研究生院，2019.
[27] 张宇 . 我国企业环境信用评价制度研究 [D]. 贵阳：贵州大学，2020.
[28] 陈璐 . 重庆市社会信用体系建设现状、问题及对策研究 [D]. 重庆：重庆大学，2020.
[29] 秦丹妮 . 社会信用体系建设中的工具选择研究 [D]. 厦门：厦门大学，2021.
[30] 贺祎扬 . 社会信用体系建设对我国上市企业创新水平的影响研究 [D]. 长沙：湖南大学，2022.
[31] 王帅 . 社会信用体系改革与企业固定资产投资 [D]. 武汉：中南财经政法大学，2023.
[32] 国家经贸委青年理论研究会"社会信用体系建设"课题组 . 社会信用体系建设研究背景资料 [J]. 经济研究参考，2002（44）：17–20.
[33] 王旭，洪学智，宋旭升，等 . 我国社会信用体系建设初探 [J]. 中国卫生监督杂志，2017，24（6）：530–533.
[34] 宋立义 . 高质量发展对社会信用体系建设的新要求 [J]. 中国发展观察，2019（14）：38–39，45.
[35] 尹焕新，和辉 . 加快社会信用体系建设的建议 [J]. 中国财政，2021（5）：51–52.
[36] 刘馨蔚 . 中国信用建设颇具成效，数智化助力迈入新阶段 [J]. 中国对外贸易，2022（3）：66–67.
[37] 吴晶妹 . 信用立法思考：我国未来三大信用法 [J]. 法学杂志，2022，43（3）：85–98.
[38] 董成惠，陈芸芸 . 大数据时代我国社会信用体系建设研究 [J]. 征信，2023，41（8）：48–54.
[39] 刘菁 . 推动社会信用体系建设高质量发展 [J]. 人民论坛，2023（13）：75–77.
[40] 谷秀军 . 加大社会信用信息披露力度 努力推进社会信用体系建设 [N]. 金融时报，2005–09–15（A02）.
[41] 徐彦泓 . 我国开展企业信用等级评价加强行业信用管理 [N]. 中国建材报，2008–05–08（1）.
[42] 王春棠，邸铭旭，陶媛慧 . 社会信用体系建设应抓好"六项工程"[N]. 友报，2011–06–24（3）.

[43] 尹传刚 . 让信用体系实现社会全覆盖 [N]. 深圳特区报，2014-05-20 (B09).
[44] 吴东林，黄俊，张金望 . 推行“一二三”工作法构建全社会信用体系 [N]. 团结报，2021-11-25 (1).
[45] 强化社会信用体系建设维护全方位公平秩序 [N]. 第一财经日报，2024-11-01 (A02).
[46] 国务院 . 国务院印发《社会信用体系建设规划纲要（2014—2020 年）》[J]. 电子政务，2014 (7)：104.
[47] 国务院 . 国务院关于建立完善守信联合激励和失信联合惩戒制度加快推进社会诚信建设的指导意见 [J]. 中华人民共和国国务院公报，2016 (18)：6-10.
[48] 国务院办公厅 . 国务院办公厅关于加快推进社会信用体系建设构建以信用为基础的新型监管机制的指导意见 [J]. 中华人民共和国国务院公报，2019 (21)：29-33.
[49] 中共中央办公厅，国务院办公厅 . 中共中央办公厅 国务院办公厅印发《关于推进社会信用体系建设高质量发展促进形成新发展格局的意见》[J]. 中华人民共和国国务院公报，2022 (11)：5-8.
[50] 本刊讯 . 两部门联合印发《全国公共信用信息基础目录（2024 年版）》和《全国失信惩戒措施基础清单（2024 年版）》[J]. 招标采购管理，2024 (2)：7.
[51] 重庆市人民政府办公厅 . 重庆市人民政府办公厅关于印发重庆市社会信用体系建设“十四五”规划（2021—2025 年）的通知 [J]. 重庆市人民政府公报，2021 (20)：16-38.
[52] 重庆市社会信用体系建设联席会议办公室关于印发《重庆市关于推进社会信用体系建设高质量发展促进形成新发展格局的实施方案》的通知 [A]. 2022.
[53] 重庆市社会信用体系建设联席会议办公室关于印发《〈全国公共信用信息基础目录〉市内分工（2023 年版）》的通知 [A]. 2023.

后　记

社会信用体系建设进入新的发展阶段以来，在保障供需衔接、优化资源配置、改善营商环境等方面发挥了极其重要的作用。但由于上位法缺失，社会大众对信用的认识不充分、不全面，还有一些措施难以落地应用。除此之外，当前社会信用体系建设还面临以下困难：一是符合我国特色的社会信用体系理论研究不够。例如，对信用主体的范围划定、各类主体失信行为及失信程度的认定、信用评价的标准、各行业领域信用状况的互认等问题，全国各个地方在执行过程中还有较大的差异。社会信用体系的内涵丰富，但在实践中存在信用泛化的问题，如将不文明行为、违法行为和违约行为都简单认定为“失信行为”，导致信用体系的边界模糊。二是信用信息共享开放不足。企业账款拖欠问题严重，信用数据的收集共享存在较多困难，部委间数据共享难，特别是具体落实较难，不同地区、不同行业社会信用体系建设的进展不一致。三是信用服务市场主体活力受限。信用服务市场尚未形成真正的信用报告信息的产品或服务市场，信用服务市场存在供需两缺的现象，部分信用服务供给质量不高，服务机构行为不规范、公信力不足，同时需求也不足。虽然有政策支持信用修复，但缺乏操作性的细致规定，制约了失信者信用修复的实际行动。本书在最后提出这些问题，也将在后续的研究工作中加以推进，同时也期望各位业界同人、有识之士共同探讨研究，为充实信用体系建设相关理论和实践贡献绵薄之力。